COMPRENDER EL SIGNIFICADO DE LOS SUEÑOS

Rosemary Ellen Guiley

Comprender el significado de los sueños

Cómo interpretar los mensajes
que nos llegan cuando soñamos

U R A N O

Argentina - Chile - Colombia - España
Estados Unidos - México - Perú - Uruguay - Venezuela

Título original: *Dreamspeak*
Editor original: Berkley Books, a division of Penguin Putnam Inc.,
   Nueva York
Traducción: Luisa Estrella

© 2001 *by* Rosemary Ellen Guiley
© de la traducción 2002 *by* Luisa Estrella
© 2002 *by* Ediciones Urano, S. A.
   Aribau, 142, pral. - 08036 Barcelona
   www.mundourano.com
   www.edicionesurano.com

ISBN: 978-84-7953-786-9
Depósito legal: NA. 2.263 - 2011

Fotocomposición: Ediciones Urano, S.A.
Impreso por Impreso por Rodesa, S.A. – Polígono Industrial San Miguel
Parcelas E7-E8 – 31132 Villatuerta (Navarra)

Impreso en España - *Printed in Spain*

Agradecimientos

Me gustaría expresar mi agradecimiento a todas aquellas personas que han contribuido con sus sueños a que este libro sea una realidad. Quiero dar las gracias en especial a mis compañeras del taller de sueños, Sheryl Martin, Anne Dorsey y Teresa Berg, por su inestimable ayuda a la hora de iluminar mi propio trabajo con los sueños.

Índice

Introducción   13

1. **El maravilloso significado de los sueños**   15
    Repaso histórico. Las ventajas de entender los
    sueños.
    Preguntas más frecuentes sobre los sueños.

2. **Plan de acción para el estudio de los sueños** . . .   35
    Cómo trabajar con los sueños. La importancia
    de anotar los sueños. Mejorar la intuición.
    Mejorar la capacidad de recordar. Símbolos y
    juegos de palabras. Pautas, símbolos y sellos
    personales. Siete claves para trabajar con los
    sueños. La ética en la interpretación de los
    sueños. Cómo utilizar los siguientes capítulos.

3. **Volar y caer**   51
    Volar. Caer.

4. **El cuerpo y las funciones corporales**   65
    Los dientes. Los ojos. Las manos. Los pies. El
    corazón. Partes del cuerpo amputadas o
    dañadas. La eliminación de desechos. La sangre

5. **Ropa y desnudez**   85
    Cambiarse de ropa. Ropa inadecuada.
    Desnudez. Desnudez parcial.

6.   **Sexo, bodas y matrimonio** **101**
Sexo e intimidad. El fin de la finalización. *La conclusión de un viejo amor. Problemas sexuales y de otra índole. Sexo frustrado o interrumpido. Relaciones sexuales con alguien famoso. Sexo forzado. Preocupación por ser deseable. Avisos de infidelidad. Prostitutas y «las otras». Relaciones sexuales con alguien inadecuado. Equilibrio interior. Otras imágenes sexuales.* Matrimonio y bodas.

7.   **Dinero, objetos de valor y tesoros** **131**
Cumplimiento de deseos. Preocupaciones a causa del dinero. Objetos de valor estropeados. Retribuciones justas. El tiempo es valioso. El valor espiritual de los tesoros. Hallar un tesoro. Penetrar en las profundidades. Encontrar un propósito en la vida. Amor y autoestima. Validación.

8.   **Otras personas** **153**
Niños. Padres. Figuras de autoridad. Gente conocida. Extraños.

9.   **Celebridades y gente famosa de la historia y la literatura** **167**
Estrellas. Gente poderosa. Figuras religiosas. Personajes literarios.

10. **El animal que llevamos dentro** **181**

Índice

Los animales no están censurados. Animales que persiguen o que muerden. Animales escondidos o camuflados. Animales encerrados o refrenados. Animales enfermos o heridos. Animales con una parte humana. Animales portadores de mensajes espirituales. Animales mágicos, míticos y sobrenaturales.

11. Insectos 209

12. La comida 221

13. Casas, edificios y estructuras 229
Casas y hogares. *Un nuevo hogar. Casas que se desmoronan. Casas en llamas. Casas antiguas o viejos hogares. Casas que representan un cambio.* Hoteles. Edificios y otras estructuras. *Edificios altos y torres. Edificios públicos.*

14. Transporte y tráfico 253
Automóviles, carreteras difíciles y perderse. Aviones. Barcos. Trenes, autobuses y otros medios de transporte colectivo. Las calles y el tráfico.

15. Paisajes y los cuatro elementos 265
Agua. Tierra. Fuego. Aire.

16. Persecución, violencia y muerte 291
Persecución. Violencia. Morir y la muerte.

Relaciones destructivas. Relaciones que se están muriendo o que ya están muertas. Necesidad de cambio. Sueños de muerte premonitorios.

17. **Los muertos** 313
    Cómo y por qué los muertos se aparecen en sueños. Tipos de sueños con encuentros. Información sobre la muerte. Ver el Más Allá.

18. **Embarazo y alumbramiento** 333
    Sueños característicos de cada trimestre. Ventajas de tomar un papel activo en los sueños. Los sueños del padre que espera. Embarazo, alumbramiento y bebés en los sueños de personas no embarazadas.

    Apéndice Más información sobre los sueños . . 353

    Notas 355

    Bibliografía 361

Introducción

Los sueños son uno de tus mayores aliados en la vida, y pueden ayudarte a alcanzar tus objetivos, sea lo que sea lo que desees ser, hacer o conseguir.

Los sueños tienen un significado, y si les prestamos atención, éste surge en forma de intuiciones profundas. Al igual que muchas otras personas, yo misma he experimentado lo que hay de cierto en los sueños. Los he estudiado durante la mayor parte de mi vida, y he aprendido muchas cosas sobre mí misma e incluso sobre el «sentido de la vida» observando mi panorama nocturno. Los sueños han apoyado mis intuiciones, me han librado de tensiones innecesarias, han ofrecido soluciones a mis problemas, me han inspirado, me han llenado de creatividad, me han ayudado a seguir adelante y han iluminado mis dudas sobre el lado espiritual de la vida. Mi vida no ha sido perfecta en absoluto, pero los sueños han contribuido de manera importante al establecimiento y el mantenimiento de mi bienestar.

Desde que los seres humanos empezamos a soñar, nos planteamos el significado y la finalidad de los sueños, y hay numerosas formas de interpretarlos. Los sueños emergen de nuestras profundidades y nos comunican nuestras verdades interiores en forma de símbolos. Cuanto más sepamos sobre el lenguaje de los símbolos, mejor entenderemos nuestros sueños. Los símbolos siempre tienen significados personales, relacionados con el contexto cotidiano de la persona que sueña, aunque también pueden tener un significado más amplio, universal, común a muchas situaciones.

Este libro trata de algunos de los símbolos y los temas más comunes, y de lo que han significado en una amplia gama de situaciones reales. Los ejemplos que pongo tienen como objetivo servirte de inspiración para hacer surgir ideas que te aclaren lo que tus propios sueños significan. Tú, la persona que sueña, eres la máxima autoridad en el conocimiento de tus sueños.

El estudio moderno de los sueños se desarrolló a partir de la psicoterapia clínica. En la actualidad, este estudio se lleva a cabo tanto en el marco terapéutico como fuera de él. Mi propia experiencia se enmarca en el campo no terapéutico. Desde la década de 1980 me dedico al estudio de los sueños tanto en grupo como de forma individual, siempre desde un enfoque no terapéutico.

Cuanto más exploro los sueños, más me intrigan. No sólo los míos, sino también aquellos llenos de fuerza y emoción de otras personas. Nuestros sueños nos muestran nuestro interior, pero también nos revelan el corazón de la humanidad en su conjunto. Nuestros sueños no sólo tratan de nuestra vida cotidiana, sino que también abordan el Gran Misterio. Dirigir la mirada hacia los sueños es una manera de abrir ventanas en el alma.

1

El maravilloso significado
de los sueños

—¡Tengo unos sueños tan raros! Me gustaría saber lo que significan.

Este es el tipo de comentarios que oigo cuando la gente descubre cuál es mi trabajo. Los sueños nos fascinan, y a menudo son tan extraños que estamos seguros de que los demás pensarán que somos raros si los explicamos. Pero cuando nos decidimos a hablar de ellos, descubrimos que hay otras personas que tienen sueños parecidos a los nuestros. Es verdad que cada sueño es único para el que sueña, pero todos compartimos temas y motivos en distintas situaciones de la vida. Y al hablar de nuestros sueños, nos damos cuenta de que no son incomprensibles, sino sorprendentemente fáciles de entender.

Los sueños no son nunca incomprensibles ni casuales. Contienen enormes dosis de sabiduría, y aparecen en nuestro teatro nocturno con una finalidad concreta. Son un barómetro de nuestras emociones, nos ayudan a superar la ansiedad, a enfrentarnos a nuestros miedos y a resolver problemas, confirman nuestras intuiciones y nos animan a hacer realidad nuestras aspiraciones y ambiciones. Los sueños nos ayudan a curarnos y a crecer.

A pesar de la gran cantidad de libros sobre la interpretación de los sueños que existen hoy en día, hay muchas personas que no estudian sus sueños, tal vez porque no conocen su lenguaje. El estudio de los sueños es importante, no sólo por el beneficio personal que se obtiene, sino también por el que reportan al alma. Cuanta más atención prestemos a nuestros sueños, más progresaremos en la vida, y más oportunidades tendremos de conseguir que nuestra existencia sea más satisfactoria a todos los niveles.

Repaso histórico

Desde tiempos remotos se ha reconocido el poder y la importancia de los sueños. Se consideraban un don divino y una conexión con los reinos superiores. Se consultaban a la hora de tomar importantes decisiones de Estado, para predecir el futuro y para facilitar la curación. Peregrinos de todo el mundo visitaban templos y otros lugares sagrados para consultar a intérpretes de sueños profesionales y recabar orientación o para ser curados.

En Occidente, los sueños fueron perdiendo influencia a medida que la ciencia ganaba importancia, aunque la aparición de la psicoterapia a finales del siglo XIX atrajo de nuevo la atención sobre ellos, al considerarlos una ventana de acceso al interior de la psique. Sigmund Freud vio en los sueños la manera de hacer realidad los deseos infantiles reprimidos y los deseos sexuales. Creía que los acontecimientos ocurridos a lo largo del día, lo que él llamaba «residuos diurnos», desencadenan descargas nocturnas de esos elementos reprimidos en forma de sueños. Freud concedió un valor limitado a los sueños, pero su alumno Carl G. Jung se zambulló de lleno en el mundo de los sueños, y exploró otras dimensiones que tienen que ver con el objetivo y el significado de la vida.

Jung afirmaba que los sueños son la expresión del contenido del inconsciente personal (que pertenece específicamente al individuo) y del inconsciente colectivo (que pertenece a grandes grupos de personas, raciales o culturales, o a la humanidad en su conjunto). La finalidad de los sueños es compensatoria. Nos suministran información sobre nosotros mismos, nos ayudan a conseguir el equilibrio psíquico o nos sirven de guía. Los sueños se expresan en símbolos, algunos de los cuales provienen del inconsciente colectivo, que contiene un depósito de pensamientos y modelos de comportamiento que todos compartimos y que se ha ido constituyendo a lo largo de los siglos. Estos símbolos tienen un significado arquetípico o universal. Por ejemplo, un símbolo relacionado con la madre personal hace referencia a las relaciones y experiencias del que sueña. En cambio, un símbolo relacionado con la madre arquetípica contiene todas las asociaciones positivas y negativas inherentes al concepto «Madre».

Jung también observó que los sueños son alquímicos, es decir, que están relacionados con el proceso de transformación interior. La alquimia es un arte o una ciencia espiritual antigua y universal. El estereotipo de la alquimia es el del científico loco que intenta convertir el plomo en oro.

Los alquimistas de antaño buscaban los secretos de la transformación de los metales, pero el verdadero objetivo de la alquimia es interno, y comparable al proceso de individuación de Jung. Partimos de nosotros mismos con nuestras «impurezas» compuestas de defectos y carencias y, a través de la experiencia, la sabiduría y la intuición, nos purificamos y alcanzamos un estado de consciencia más elevado: un todo equilibrado. Para Jung, los sueños son especialmente alquímicos, ya que revelan los procesos internos de nuestros cambios y nos muestran cómo seguir progresando.

Desde Freud y Jung, otros han aportado su propia perspectiva sobre la naturaleza, la función y el significado de los sueños. La ciencia también ha contribuido mucho a que podamos entender los procesos del sueño y a analizar los contenidos de los sueños. Desde la década de 1970, la popularidad de la interpretación de los sueños como una disciplina aparte del psicoanálisis ha aumentado constantemente. En algunos casos es aconsejable trabajar los sueños con ayuda de un terapeuta o un consejero, pero la mayor parte de las personas pueden conseguir conocerse mejor estudiando sus sueños o formando parte de un grupo de interpretación de sueños.

Las ventajas de entender los sueños

No es necesario estudiar los sueños durante mucho tiempo antes de empezar a recibir información de ellos. Interpretar nuestros sueños resulta sorprendentemente productivo.

Cuanto más te dediques a ello, más te recompensará, ya que tu capacidad para comprenderlos se ampliará. El estudio ayuda. Leer sobre técnicas para interpretarlos y sobre cómo otras personas han interpretado los suyos te aportará perspicacia a la hora de profundizar en tus propios sueños. Nuestros sueños son únicos para nosotros, pero contienen hilos comunes que nos unen a las demás personas.

El máximo objetivo de los sueños es ayudarnos a encontrar el significado de la vida. Todas nuestras experiencias, buenas y malas, tienen una finalidad que nos ayuda a encontrar el sentido de la vida, sin el cual difícilmente seremos capaces de hallar la felicidad y la realización. La felicidad no consiste en tener sólo experiencias positivas en la vida. Siempre continuaremos teniendo experiencias positivas y negativas. Lo que cambiará será nuestra respuesta a ellas, y cómo las integramos a nuestra percepción del sentido de la vida. Eso es lo que proporciona felicidad y realización personal.

El sentido de la vida cambia a medida que envejecemos y ganamos sabiduría y experiencia. Los sueños son una fuente vital de energía y renovación.

Preguntas más frecuentes sobre los sueños

Presento a continuación las respuestas a las preguntas más frecuentes relacionadas con los sueños.

¿Cuáles son los sueños más comunes?

Determinados temas se repiten con frecuencia, y han adquirido un significado arquetípico compartido por muchas personas.

Probablemente los tres sueños más comunes son el de volar, el de caer y el de perder los dientes. Los sueños relacionados con volar son generalmente agradables, incluso vigorizadores. Pueden expresar una liberación de energía creativa o referirse a algo de lo que queremos escapar. Los sueños en los que caemos o perdemos los dientes expresan ansiedad. Los dientes a menudo están relacionados con el poder y el control personales.

Otros temas comunes que aparecen en los sueños son: estar desnudo o parcialmente desnudo en público; ser perseguido o atacado por un monstruo o una persona amenazadora; llegar tarde y extraviarse; perder dinero y objetos valiosos; no estar preparado para un examen o una prueba; conducir o ir en coche, especialmente cuando la carretera cambia de repente para convertirse en algo inesperado; perder un tren, un avión o un barco; orinar o defecar, y tener relaciones sexuales, a menudo con personas con las que nunca se tendrían estando despierto.

La mayor parte de los sueños tienen que ver con nuestras ansiedades y nuestros miedos. Nos preocupa nuestra capacidad en el trabajo o en el terreno sexual; cómo nos ven los demás; nuestra autoestima; adónde nos dirigimos en la vida, y de qué manera podemos controlar lo que nos pasa o al menos influir en ello. Nuestros sueños también nos ayudan a curar viejas heridas y a enfrentarnos a hechos que nos afectan negativamente. Si soñamos que nos persiguen, es que algo nos exige atención. Si soñamos que llegamos tarde o que nos hemos perdido o que el terreno se ha vuelto escabroso de repente, tal vez necesitemos revisar lo que estamos haciendo y hacia dónde nos encaminamos en la vida. Si soñamos que perdemos objetos de valor, tal vez nuestras prioridades deban cambiar. Estos y otros sueños frecuentes serán tratados con más detalle a lo largo del libro.

¿Por qué los sueños expresan su mensaje mediante símbolos?

Aunque todos los sentidos están involucrados en el proceso de soñar, los sueños son básicamente visuales y expresan sus mensajes mediante símbolos que a menudo nos parecen misteriosos y difíciles de entender. La interpretación de los sueños consiste únicamente en entender su lenguaje, que no es misterioso, sino muy sencillo, y está cargado de información.

Las imágenes y los símbolos transmiten más información que las palabras. Alcanzan un nivel intuitivo que nos llega mucho más adentro que el lenguaje escrito. Las imágenes evocan en nosotros emociones y experiencias. Involucran a todos los niveles de nuestro ser, no sólo a la mente racional.

Las imágenes que aparecen en los sueños llegan hasta nuestros miedos, esperanzas, recuerdos y ambiciones. En primer lugar están relacionadas con nuestra vida personal, pero también están ligadas a un banco colectivo de experiencias que se ha transmitido de generación en generación para toda la humanidad.

Podemos entender esas imágenes si hacemos asociaciones. ¿A qué nos recuerdan? ¿Qué emociones nos evocan? ¿Cómo encajan con lo que nos está ocurriendo en la vida?

En el segundo capítulo presento un plan de trabajo para la interpretación de los sueños.

¿Soñamos todas las noches?

Las investigaciones científicas indican que, salvo contadas excepciones, todos soñamos cada noche. Algunas personas con traumatismos o enfermedades cerebrales pierden la capacidad de soñar. Soñamos a lo largo de toda la noche, y no sólo durante las fases REM*. Antes se creía que los sueños siempre coincidían con las fases REM, pero estudios recientes han demostrado que el hecho de soñar y las fases REM son funciones del cerebro independientes.

Si soñamos todas las noches, ¿por qué no siempre recordamos nuestros sueños cuando nos despertamos?

Algunas personas parecen tener una habilidad natural para recordar sus sueños con todo lujo de detalles, mientras que otras tienen que esforzarse mucho para recordarlos. La tensión nerviosa, la alimentación, la medicación o los estimulantes pueden alterar los patrones del sueño, y con ello perturbar el tiempo dedicado a soñar. Los sueños son muy sensibles. La simple decisión por nuestra parte de intentar

---

* REM es la sigla de las palabras inglesas Rapid Eye Movement , que significan «movimiento rápido del ojo». *(N. de la T.)*

recordar nuestros sueños puede mejorar nuestra habilidad para hacerlo.

Es importante que anotemos o grabemos nuestros sueños justo después de despertarnos, ya que se olvidan con mucha facilidad. Las sustancias químicas del cerebro que actúan sobre la memoria a corto plazo disminuyen mientras dormimos, lo cual podría explicar por qué los sueños se desvanecen con tanta rapidez. Al despertarnos, debemos retener los sueños en la memoria registrándolos o repitiéndolos varias veces en voz alta.

¿Sueña todo el mundo en color?

Se estima que la mayor parte de la gente, más o menos un setenta y cinco por ciento de la población adulta, sueña en color. El porcentaje de mujeres que sueñan en color es superior al de hombres. Es bastante corriente soñar básicamente en color y tener de vez en cuando sueños en blanco y negro, lo que también es significativo de manera simbólica. Las emociones dentro de un sueño pueden provocar que los colores se intensifiquen. Los sueños lúcidos, aquellos en los que se es consciente de estar soñando durante el sueño, presentan también colores poco corrientes o muy intensos.

¿Cuánto duran los sueños?

¡Parece que algunos pueden durar toda la noche! La mayoría son cortos: entre medio minuto y varios minutos aproximadamente. Las fases REM, durante las cuales tienen lugar muchos de los sueños, se alargan de manera progresiva a lo largo de la noche y pueden llegar a alcanzar duraciones

23

que van de los veinte a los cuarenta y cinco minutos (dependiendo de la edad y factores individuales).

¿Sueñan hombres y mujeres de manera diferente?

Por regla general, los sueños de las mujeres contienen más diálogos, interacción social, emociones y detalles, y tienen lugar en sitios cerrados con mucha más frecuencia que los de los hombres, cuyos sueños suelen tener como escenario espacios abiertos y contienen más acción, más figuras masculinas y menos diálogo.

¿Cambian los sueños al envejecer?

Las pautas del sueño cambian al envejecer. Cuando se es joven, las fases REM ocupan la mayor parte del periodo de sueño. Por otra parte, la capacidad de recordar los sueños disminuye con la edad. Además, nuestras preocupaciones emocionales, que los sueños reflejan, cambian a lo largo de las diferentes etapas de la vida. Al entrar en la madurez, y a lo largo de todo este periodo de la vida, es más probable tener «grandes» sueños, es decir, sueños cargados de imágenes arquetípicas y significados trascendentales. Tales sueños pueden tener un gran impacto en nuestras decisiones, tanto en el ámbito profesional como en el personal, y en nuestra manera de enfocar la vida.

¿Por qué tantos sueños son negativos?

Los estudios muestran que unos dos tercios de los sueños son desagradables o negativos. Los sueños son una fuente de guía intuitiva para proteger nuestros intereses o nuestra salud. Nos impelen a actuar cuando la vida se desequilibra.

Las tensiones, la ansiedad, los miedos fundados o infundados, las dudas acerca de uno mismo o los sentimientos reprimidos necesitan ser curados. Los sueños son útiles porque nos hacen prestar atención a nuestros desequilibrios.

¿Por qué se repiten algunos sueños?

Los sueños nos indican cosas que necesitan un cambio, y se repiten hasta que ese cambio se ha producido. A veces se repite el mismo sueño, aunque lo más habitual es que se repita la temática. En ocasiones, los sueños repetidos son verdaderas pesadillas para el que los padece. Resolver el tema suele ser suficiente para acabar con esos sueños.

¿Son diferentes las pesadillas de los sueños «normales»?

Cualquier sueño que aflija al que lo tiene puede ser considerado una pesadilla. Las pesadillas más corrientes son las siguientes: caerse, ser atacado o perseguido o que a uno se le caigan los dientes. Todo el mundo ha tenido pesadillas alguna vez. Tal vez sea el modo urgente que tiene el sueño de llamar nuestra atención.

Algunas pesadillas están causadas por problemas psicológicos o por estrés postraumático. Muchos sueños recurrentes provocados por el estrés postraumático reviven un hecho terrible, y le añaden un final aún peor. Con el tiempo, ese tipo de sueños pueden volverse más metafóricos y simbolizar otras preocupaciones de la vida. Otras pesadillas contienen recuerdos que han sido reprimidos sobre malos tratos u otros hechos negativos. Es preferible que las pesadillas relacionadas con el estrés postraumático, malos tratos o desórdenes disociativos sean tratadas mediante terapia.

¿Sueñan los ciegos?

Sí, aunque no necesariamente con imágenes visuales. Según los estudios, si alguien es ciego de nacimiento o ha perdido la vista antes de los cinco años, sus sueños carecen de imágenes visuales. En lugar de éstas, sus contenidos incluyen a los demás sentidos, principalmente el oído, valiéndose, por ejemplo, de tonos melódicos para expresar emociones. Si se ha perdido la vista entre los cinco y los siete años, es posible que se conserve algún tipo de imagen visual. Es más común retener imágenes visuales si la vista se ha perdido pasados los siete años, aunque estas disminuyen con la edad.

¿Sueñan los animales?

Esta pregunta todavía no tiene respuesta. Se ha observado que los animales tienen fases REM de sueño, y que se mueven y emiten sonidos mientras duermen. A lo largo de la historia, los seres humanos siempre hemos creído que los animales sueñan. El filósofo griego Aristóteles y el historiador romano Plinio así lo creían, y mucho más tarde Charles Darwin atribuyó a perros, gatos, caballos y otros «animales superiores» la capacidad de soñar.

¿Qué es un sueño lúcido?

Es aquel en el que sabemos que estamos soñando mientras soñamos. En algunos casos, se puede dirigir los acontecimientos y el desenlace del sueño. Se cree que el quince por ciento de la población adulta tiene sueños lúcidos a menudo. Para el resto, es un fenómeno poco frecuente. Sin embargo, la investigación ha demostrado que es posible aprender a aumentar el número de sueños lúcidos, así como también el grado de lucidez, la duración de estos sueños y el nivel de control sobre ellos. Los sueños lúcidos están relacionados con un aumento de la creatividad y de la autocuración.

¿Abandonamos nuestro cuerpo mientras soñamos?

Nadie sabe a donde «va» la consciencia mientras soñamos, ni a donde «va» cuando nos despertamos. Sabemos muy poco de la naturaleza y las funciones de la consciencia, o de dónde «reside» en realidad. Sin embargo, desde los tiempos antiguos, se ha considerado que en los sueños la consciencia humana puede encontrarse con seres espirituales o con los muertos, así como también es posible tener experiencias reales. Las barreras y las limitaciones que nos impone nuestra mente racional desaparecen durante el sueño, y somos libres de viajar a través del tiempo y del espacio. Algunos sueños pueden tener una naturaleza profundamente espiritual (sentimos que estamos en presencia de seres espirituales o de lo Divino, o en lugares que forman parte de otros mundos). Puede tratarse de imágenes simbólicas o, según la sabiduría antigua, de hechos reales.

¿Son frecuentes los sueños «psíquicos»?

La gente tiene probablemente más sueños de esta clase de lo que se imagina. Lo que ocurre es que no les presta atención ni los comenta con los demás. Solemos oír hablar de sueños «psíquicos» únicamente cuando son dramáticos o están relacionados con alguna tragedia. Sin embargo, los estudios parapsicológicos muestran que la información premonitoria acerca de hechos futuros es más probable que se nos presente en forma de sueños que de cualquier otra manera.

Muchas personas que prestan atención a sus sueños descubren que suelen tener sueños premonitorios de poca importancia, pero a menudo. Tratan sobre acontecimientos, situaciones y encuentros con otras personas que están a punto de pasar. Parece ser que estos sueños tienen la finalidad de ayudar a la persona a prepararse para esas circunstancias.

Estudios realizados en el Centro Médico Maimónides de Brooklyn, Nueva York, durante las décadas de 1960 y 1970 demostraron que una persona despierta puede transmitir información de manera telepática a una persona dormida. Por supuesto, ¡las civilizaciones antiguas ya lo sabían!

¿Es posible que dos o más personas tengan el mismo sueño a la vez?

Sí. Se trata de los llamados «sueños mutuos», y son más habituales de lo que nos imaginamos. Lo que ocurre es que este hecho pasa desapercibido, de nuevo a causa de la poca atención que prestamos a los sueños y a nuestra falta de costumbre de comentarlos con los demás. Los sueños mutuos se dan con más frecuencia entre personas que tienen un vínculo fuerte, ya sea genético u emocional, aunque también pueden tener lugar entre personas que no tienen una relación particularmente estrecha. Este tipo de sueños no ha sido hasta la fecha objeto de demasiados estudios. Podrían aportarnos información sobre las interconexiones de la consciencia humana.

¿Afectan los estímulos sensoriales a los sueños?

Los sonidos, olores y sensaciones táctiles, así como las funciones corporales, pueden abrirse paso a través de los sueños y entrar a formar parte de ellos. Por ejemplo, si alguien se destapa durante la noche, puede soñar que se encuentra en un lugar cubierto de nieve y que tiene frío. La alarma de un coche que suena en la calle puede convertirse en el sueño en la sirena de un camión de bomberos. Al caerse de la cama, se puede soñar que se cae desde una gran altura. La necesidad de orinar durante la noche puede traducirse en un sueño en el cual se está orinando. Si se tiene sed, se puede soñar que se está bebiendo agua. Sigmund Freud descubrió que si se iba a la cama después de haber comido alimentos muy salados, como anchoas, siempre soñaba que bebía agua.

Uno de los ejemplos más famosos y espectaculares de cómo los estímulos sensoriales se entretejen con los sueños fue registrado en el siglo XIX por Alfred Maury, un científico francés que estudiaba los sueños. Una noche soñó que tomaba parte en los asesinatos cometidos durante el reinado del terror de la Revolución Francesa. Fue conducido ante un tribunal, en el que se encontraban Robespierre, Marat y otros personajes famosos. Fue juzgado y sentenciado a morir en la guillotina. Una gran multitud le observaba mientras era conducido al cadalso y atado a la guillotina. Sintió cómo la hoja le separaba la cabeza del cuerpo y se despertó aterrorizado. Descubrió que un barrote de la cabecera de su cama se había soltado durante la noche y le había caído encima de la nuca, igual que una guillotina.

Los estímulos sensoriales deben ser tenidos en cuenta,

pero no hay que rechazar el sueño por ello. La parte consciente del sueño utiliza cualquier tipo de información que se le presente. Los estudiosos de los sueños tienen aquí también un buen campo de investigación.

¿Es seguro trabajar con los sueños?

Los sueños tratan de nuestras emociones más auténticas, aunque muy a menudo las ocultamos o las desconocemos. También utilizan elementos del subconsciente. Siempre que examinamos lo que se encuentra debajo de la superficie, pueden aflorar emociones que nos perturben. En algunos casos es aconsejable estudiar los sueños bajo la dirección de un terapeuta. Durante los primeros tiempos de la psicoterapia, se consideraba que no era prudente examinar los sueños sin un terapeuta. Sin embargo, hoy en día se ha demostrado que un estudio no terapéutico puede ser también beneficioso y fructífero. La opinión más generalizada acerca del estudio de los sueños es que son curativos por naturaleza, y que no nos van a obligar a enfrentarnos a nada para lo que no estemos preparados.

¿Qué relación hay entre los sueños y el sonambulismo?

La mayor parte de los sonámbulos no actúan siguiendo un sueño. En algunos casos, especialmente en niños, el sonambulismo es una secuela de terrores nocturnos, durante los cuales se tiene la sensación de ser estrangulado o de notar un gran peso en el pecho.

Algunos tipos de sonambulismo u otras acciones que se realizan durante el sueño forman parte de una alteración llamada «desorden del comportamiento durante la fase

REM». Muchos de estos casos presentan un comportamiento violento o destructivo, que acompaña a los sueños de la fase REM que son excesivamente vívidos y activos. Los afectados por estos desórdenes, la mayoría de los cuales son hombres, mientras estaban dormidos y tenían sueños muy vívidos han llegado a saltar por la ventana, destrozar muebles, conducir coches, subir escaleras de mano o incluso atacar a los que duermen con ellos.

Una ansiedad muy intensa puede provocar casos aislados de acciones provocadas por el sueño. En mis archivos guardo el caso de una niña de trece años. Una noche regresaba a casa en coche con su madre. Al entrar en el camino que llevaba a su casa, el coche que llevaban detrás las siguió. Un hombre bajó del coche y se dirigió hacia su madre. Se había perdido y le preguntó una dirección. Una vez que madre e hija estuvieron dentro de la casa, la madre admitió que el hombre la había asustado y que estaba contenta de que tuviera buenas intenciones.

El episodio provocó en la niña un gran temor y una sensación de vulnerabilidad. Por las noches no quería irse a dormir. Tenía miedo de que alguien pudiera entrar en la casa y atacarla mientras dormía. Empezó a dejar la puerta de su habitación abierta para poder oír mejor cualquier ruido. Después de varias noches sin poder descansar, se guardó un pequeño cuchillo de cocina bajo la almohada sin que lo supiera su madre. Aquella noche tuvo un sueño muy vívido en el cual se despertaba y veía a un asaltante masculino que entraba en su habitación. Saltó de la cama chillando y blandiendo el cuchillo. Cuando se despertó, estaba gritando e intentando apuñalar a su madre. La madre se había levantado a medianoche para ir al baño, y al ver la puerta abierta, se había asomado para ver si todo iba bien, cuando de pronto la niña se abalanzó sobre ella. Afortunadamente nadie resultó herido.

Una vez se hubo resuelto el tema de la vulnerabilidad, la niña no volvió a tener más pesadillas ni volvió a actuar dormida.

¿Puedo controlar mis sueños?

Los sueños parecen funcionar con una mente diferente, aunque bienintencionada: nos muestran aquello que reclama nuestra atención. Aprender a soñar de manera lúcida es un modo de controlar los sueños. Otro modo, más común y usado en todo el mundo desde tiempos inmemoriales, es tratar de dirigir los sueños mediante un proceso de «incubación», durante el cual le pedimos a los sueños que nos muestren la respuesta a una determinada pregunta. Todos hemos experimentado en un momento u otro de nuestra vida que es mucho más sencillo resolver un problema después de haberlo «consultado con la almohada». Cuando se deja a un lado la mente consciente, la intuición tiene una oportunidad para hacerse oír mediante los sueños.

Las técnicas de incubación eran rituales complicados en el pasado, pero pueden obtenerse los mismos resultados con procedimientos más sencillos. Primero, hay que formularse una pregunta clara. Después escribirla y repetirla en voz baja, y pensar en ella durante el día. Hay que estar verdaderamente dispuesto a aceptar lo que la intuición nos apunte como respuesta. Es necesario tomar una cena ligera (hay quien prefiere ayunar) y evitar tomar estimulantes o antidepresivos. Así se reducirán al máximo las posibilidades de despertarse durante la noche. Antes de dormir, es aconsejable pasar algún tiempo meditando sobre la pregunta en cuestión. Un buen consejo es dormirse mientras se va repitiendo la pregunta, así como también convencerse de que se va a encontrar la solución en el sueño.

Al despertarse, hay que grabar todo lo que pueda recordarse, aunque sólo sean fragmentos. Cuando se disponga de tiempo, hay que estudiar el sueño, ya que la respuesta no tiene por qué ser evidente.

A veces la respuesta se muestra con claridad justo al despertarse, aunque no se recuerde el sueño. Otras, es posible que se tenga que repetir el proceso de incubación.

2

Plan de acción para el estudio de los sueños

Cómo trabajar con los sueños

Existen muchas técnicas para trabajar con los sueños. Su interpretación es muy subjetiva, y mi consejo es que pruebes distintas técnicas y utilices la que te funcione mejor. En este libro ofrezco las técnicas que me han funcionado mejor a mí, que son las que utilizo en las sesiones de grupo.

Es poco frecuente que un sueño contenga sólo un mensaje. Dado que los símbolos aportan una información que es más intuitiva que racional, ésta puede interpretarse de diversas maneras, y cada una de ellas puede significar algo para la persona que ha tenido el sueño. Lo habitual es que un sueño contenga un mensaje principal, pero también uno o más mensajes secundarios. Puede que todos ellos se refieran a la misma situación, o que se dirijan a diferentes aspectos de la vida.

Los sueños son muy emocionales, y nos aportan información sobre cómo afrontamos emocionalmente las diferentes situaciones de la vida. Revelan sobre todo nuestros miedos y ansiedades. Esa es la razón de que la mayor parte de ellos parezcan negativos. Trabajar con los sueños nos ayuda a enfrentarnos con las tensiones, las creencias que nos limitan, los obstáculos, las situaciones que nos preocupan, etc. El hecho de soñar, aunque sea acerca de situaciones y sentimientos negativos, es positivo y beneficioso, ya que nos hace recuperar el equilibrio en la vida. ¿Acaso no quiere todo el mundo ser más feliz y sentirse más realizado? El estudio de nuestros sueños nos ayuda a encontrar la manera de conseguirlo.

Sólo hay una «regla» en la interpretación de los sueños: el único que puede interpretar plenamente un sueño es el que lo ha soñado. Cuando se trabajan los sueños en grupo, los otros pueden expresar lo que les sugieren determinadas imágenes. Muchas de estas «proyecciones» pueden estimular nuevas perspectivas y enfoques en el que expone su sueño. También los diccionarios de sueños y los libros sobre su interpretación pueden aportar ideas y nuevos enfoques. La persona debe recoger todas esas aportaciones y hacer una interpretación que se ajuste a su propia situación. El significado de un sueño ha de pasar siempre por los filtros de la experiencia, el conocimiento y las creencias de la persona que lo ha soñado.

Si sientes curiosidad por tus sueños, ahora es el momento de comprometerte a dedicarles algún tiempo. Sólo con que tomes la decisión de comprender mejor esta parte de ti mismo, tu vida onírica se volverá más activa. Hay que tener una voluntad decidida de trabajar con los sueños de un modo regular. No se puede aprender un idioma si sólo se practica una vez al mes. Si es posible, trabaja con los sueños cada día. Si no, al menos hazlo una o dos veces a la semana. Algunos sueños son más fáciles de entender que otros, pero incluso los fragmentos más oscuros pueden contener alguna perla.

La importancia de anotar los sueños

Los sueños se olvidan con mucha facilidad, por lo que es muy importante anotarlos lo antes posible, justo al despertarse. Si no puedes escribirlos, grábalos en una cinta, cuéntaselos a alguien o repítetelos a ti mismo. Después anótalos cuando tengas la oportunidad.

Los sueños escritos se convertirán en tu expediente, tu historial. Es más fácil trabajar con los sueños sobre un soporte escrito. Con el paso del tiempo, podrás identificar distintos tipos de sueños, la repetición de ciertos temas y símbolos, etc., todo lo cual te aportará nuevas perspectivas.

Mejorar la intuición

El estudio de los sueños mejora la intuición, y los ejercicios para mejorar la intuición benefician a su vez al estudio de los sueños. El hecho de permitir que tu intuición desempeñe un papel más importante hará que tomes mejores decisiones. En mi libro *Breakthrough Intuition*, ofrezco noventa y cuatro ejercicios para mejorar la intuición, que puedes incorporar a tu vida diaria, con lo cual tu capacidad para trabajar con los sueños aumentará.

Mejorar la capacidad de recordar

Todo el mundo tiene dificultades de vez en cuando para recordar los sueños. Es normal. Atravesamos fases del sueño durante las cuales los mensajes pueden ser menos apremiantes. A veces, las tensiones externas, los viajes, los cambios en la alimentación, algunos medicamentos o ciertas alteraciones del estado de salud pueden provocar un aumento de la dificultad para recordar los sueños.

Prestar atención a los sueños ha hecho que muchas personas mejoraran su capacidad de recordar en general. Otra técnica consiste en irse a la cama dándose instrucciones precisas de recordar los sueños. Por ejemplo: «Recordaré mis sueños» o «Recordaré mis sueños con tanto detalle como sea posible». Prueba a tomar una infusión suave, de las que favorecen el sueño, para dormir sin interrupciones.

A algunas personas les cuesta más que a otras recordar los sueños. Eso puede llevarles a pensar que no reciben la información y la orientación que otros obtienen de sus sueños. Personalmente, creo que nuestra intuición siempre se abre camino para llegar hasta nuestra consciencia, gracias a los sueños o de otras maneras, como la sincronicidad, la inspiración, etc. Soñar es procesar, y los resultados de ese proceso siempre nos llegan. A veces, cuando he llevado a cabo un proceso de incubación de sueños para obtener la respuesta a una cuestión determinada, no puedo recordar los sueños que he tenido, pero la respuesta me resulta evidente al despertarme.

Si tienes dificultades para recordar tus sueños, invita a tu intuición a que se presente con la respuesta que necesitas. Presta atención a las señales y los presentimientos, y especialmente a las pistas que te dé tu cuerpo. La intuición a menudo nos envía señales a través de síntomas físicos, como por ejemplo dolor o hinchazón en el vientre, escalofríos o picazón en la piel.

Símbolos y juegos de palabras

Los sueños se valen de símbolos y juegos de palabras para transmitir su mensaje, porque son maneras compactas de enviar un montón de información. Los símbolos contienen mucha más información que las palabras, y además se entienden a un nivel intuitivo además del racional. Los juegos de palabras incluyen homónimos, sinónimos, argot y giros verbales.

Prestemos atención al siguiente sueño:

Me dirijo al trabajo. Estoy a punto de entrar en el edificio cuando me fijo en la zona de césped que hay al lado de la puerta, y veo una enorme serpiente enroscada que se esconde entre la hierba. Soy consciente de que quiere morderme. Me quedo paralizado mientras otras personas entran en el edificio, como si no se dieran cuenta de lo que está pasando o no les importara. El sueño acaba antes de que pase nada.

Este sueño lo tuvo un hombre joven que trabajaba en un campo muy competitivo y que acababa de conseguir un nuevo empleo en una empresa en la que se le consideraba un joven emprendedor y lleno de talento. En la vida real, no había ninguna zona de césped delante del edificio donde trabajaba. Era todo de hormigón, y estaba situado en un ambiente totalmente urbano, donde era imposible encontrar serpientes. Se le preguntó si podía pensar en alguien que pudiera ser una «serpiente entre la hierba», es decir, según la expresión inglesa, alguien agazapado, a la espera de hacerle daño. Inmediatamente, se le hizo la luz. Sospechaba que uno de sus colegas estaba resentido con él en secreto a causa de celos profesionales, aunque esa persona se mostraba agradable y servicial con él. «No he sido capaz de demostrar nada —dijo el joven—, y me siento mal por sospechar de él, que se esfuerza tanto por hacerme sentir parte del equipo.»

El sueño era una confirmación de sus intuiciones, que le avisaba para que tuviera cuidado con aquella persona. Con el paso del tiempo, sin embargo, los hechos demostraron que las sospechas eran infundadas.

Otro ejemplo de cómo los sueños utilizan los juegos de palabras podría ser el siguiente:

Voy en la cabina de un pequeño avión. Estamos volando cuando de repente el avión empieza a caer en picado. Nada lo detiene y chocamos contra el suelo. Extrañamente, no estoy herido. Me levanto y me voy andando, pero el avión está destrozado.

Los aviones pueden simbolizar el hecho de «vivir en

Items Out Receipt

Pico Branch
Friday, December 08, 2017 1:31:45 PM

Title: Diego saves Christmas!
Material: Book
Due: 12/29/2017

Title: Comprender el significado de lo.
enos : como interpretar los mensajes q
os llegan cuando sonamos
Material: Book
Due: 1/5/2018

las nubes» (no tener los pies en el suelo), el de «sentirse en el cielo» (estar muy animado), el de «volar alto» (tener éxito) o el de elevarse por encima de una situación concreta para verla de un modo más global. Quien tuvo el sueño no era piloto. La frase clave aquí es «caer en picado». Este hombre estaba involucrado en una operación financiera de alto riesgo que parecía ir viento en popa. Él mismo reconoció que era el tipo de operación que podía fracasar en un momento sin dar apenas tiempo de reaccionar, lo cual es lo mismo que caer en picado. El sueño era un reflejo de la ansiedad latente que sentía, de su miedo a que todo fracasara, ya que en ese caso, perdería su dinero, y con él la capacidad para volver a invertir (el avión destrozado). Durante el día, ese hombre no hacía más que repetirse que no había nada de qué preocuparse, pero el sueño mostraba cómo se sentía en realidad. Lo que es más, el sueño se repitió, señal de que existía una preocupación grave que requería su actuación para cambiar las cosas. Decidió vender sus acciones y buscar otra inversión menos arriesgada.

Pautas, símbolos y sellos personales

Cuando trabajes con tus sueños, notarás que van apareciendo ciertas pautas que se repiten. Pueden estar relacionadas con situaciones transitorias o repetirse a lo largo de toda la vida. El estudio también te permitirá descubrir tus propios símbolos o sellos personales. Todos tenemos nuestro diccionario personal de sueños. Cuando nuestros símbolos o sellos personales aparecen en nuestros sueños, sabemos lo que significan para nosotros. Pueden consistir en un tono emocional, alguna sensación física o ciertas imágenes. Por ejemplo, Brenda Mallon, que se dedica a la terapia inspiracional, autora de *Dreams, Counselling and Healing* entre otros libros, sueña con osos cada vez que está a punto de sufrir un cambio importante en su vida. Los osos son grandes, fuertes y protectores. Soñar con estos animales despierta en ella un mecanismo que la prepara para los cambios. El reconocimiento consciente por parte de Brenda Mallon de este símbolo personal la coloca en una situación privilegiada para afrontar los cambios.

Uno de mis propios sellos personales son los sueños en blanco y negro. Generalmente sueño en color, como la mayoría de personas. Siempre que tengo un sueño en blanco y negro, sé que debo prestarle una atención especial.

Siete claves para trabajar con los sueños

A continuación presento siete claves para trabajar con los sueños que me han parecido muy útiles:

1. Determinar el concepto primordial. El concepto primordial de un sueño es la esencia o tema que se destila de ese sueño, que te ayudará a encontrar el argumento o hilo principal. Una de las mejores maneras de expresar el concepto primordial es ponerle un título al sueño.

2. Examinar el sueño. Se trata de examinar los elementos que componen el sueño, tales como tus emociones mientras soñabas o al despertarte, los colores dominantes, los sonidos, las texturas, los olores, otras personas que aparecen en él, su planteamiento y su desarrollo, etc. ¿Cuáles de esos elementos llaman tu atención de forma más poderosa?

Utiliza asociaciones libres con los diferentes elementos, estableciendo conexiones espontáneas. Por ejemplo, la casa del sueño te recuerda a........., que a su vez te recuerda a........., y te hace pensar en......... Las asociaciones de ideas te permiten tener intuiciones inspiradas que podrías pasar por alto en un estudio analítico. Hay que ser desinhibido. No importa lo tontas que puedan sonar algunas asociaciones.

3. Haz asociaciones personales. Una manera de abordar el estudio de un sueño es considerar que todos los elementos que lo integran, incluidas las demás personas, los animales, los paisajes y los objetos inanimados, representan algo que hay en nuestro interior. Hemos de fijarnos en los diferentes elementos y determinar lo que significan para nosotros. Hay que considerar las actitudes, las creencias, los miedos, las pautas de comportamiento, los deseos, los objetivos, etc.

Es necesario que prestemos una especial atención a las emociones, tanto durante el sueño como al despertarnos. A veces, el propio guión de un sueño trata de las emociones, o de nuestras respuestas emocionales ante determinadas situaciones. Por ejemplo, un hombre de mediana edad, que había dejado los estudios hacía mucho tiempo, soñaba periódicamente que regresaba al instituto, donde tenía que hacer un examen para el que no estaba preparado. Este es un tema muy común, y a menudo refleja la ansiedad de pensar que no estamos adecuadamente preparados para algo. Otro modo de enfocar el sueño sería relacionar las emociones que sentimos en él con una situación actual que nos hace sentir de la misma manera. Tal vez lo que el sueño esté intentando expresar es: «Cada vez que me enfrento a alguna prueba de cualquier tipo, me angustio demasiado. Necesito relajarme y tener más confianza en mí mismo».

4. Haz asociaciones arquetípicas. Algunos sueños parecen especialmente importantes, poderosos y cargados de energía. Jung los llamaba «los grandes sueños». Muchos de ellos se nos presentan cuando nos enfrentamos a una decisión importante o atravesamos épocas de cambios cruciales en la vida. Los grandes sueños también tienen lugar cuando nos adentramos en el estudio de la filosofía, la psicología o disciplinas espirituales, o cuando nos enfrentamos a desafíos físicos importantes. A veces actúan como mojones a lo largo del camino de la vida.

Cualquier sueño puede contener símbolos arquetípicos, aunque en los grandes sueños es donde aparecen con más frecuencia. Los símbolos arquetípicos nos impresionan porque nos parecen más grandes que la vida misma, incluso con un significado cósmico. Por ejemplo, en un sueño normal, un río puede hacernos reflexionar sobre hacia dónde vamos en una situación determinada. A un nivel arquetípico, se referiría al «Río de la Vida».

Siempre recomiendo tener a mano un buen diccionario de sueños o de símbolos mitológicos para profundizar en el significado de los arquetipos. Hay que tener en cuenta que esos diccionarios no definen los sueños de manera personalizada, pero proporcionan posibles significados y asociaciones. Es importante dejarse guiar por lo que la intuición nos dice que encaja en nuestro sueño. Puedes probar con mi obra *Encyclopedia of Dreams: Symbols and Interpretations*, que recoge los símbolos oníricos más frecuentes. En los siguientes capítulos de este libro aparecen numerosos ejemplos de cómo los símbolos y temas más comunes se presentan en los sueños, con asociaciones tanto arquetípicas como personales. Puedes usarlos para que te inspiren y te den ideas sobre tus propios sueños.

5. Busca la dimensión espiritual o «el gran cuadro». Los sueños nos hablan de nuestra finalidad en la vida, nuestra visión del mundo, nuestras creencias espirituales (no necesariamente religiosas), nuestra sensación de conexión con algo más grande que nosotros. Algunos sueños son más obviamente espirituales que otros. Busca siempre los mensajes espirituales secundarios. El estudio de los sueños nos enseña cómo enfocar las distintas partes del sueño, pero el sueño en sí es holístico. Mi libro *Dreamwork for the Soul* ahonda en los aspectos espirituales, transpersonales, místicos y paranormales de los sueños, que son una parte importante de la alquimia de nuestra vida y nos ayudan a comprender su significado.

6. Expande el sueño. Aquí presento diferentes técnicas para conseguir más perspectivas:

- Entabla un diálogo con los distintos elementos de tu sueño, sean personas u objetos. Pregunta a la persona o al objeto qué mensaje te quiere transmitir. Este tipo de diálogo se denomina «gestalt»* y fue utilizado por vez primera por Fritz Perls, que fue discípulo de Freud.

- Describe todo lo que aparece en el sueño como si se lo estuvieras explicando a alguien que no sabe nada de ti. También puedes contárselo a un amigo, real o imaginario, escribirlo o grabarlo.

- Repasa el texto escrito y presta una atención especial a los verbos. ¿Son similares? ¿Se repiten? Por ejemplo, ¿constantemente sueñas que corres o gritas? Después, fíjate en los adjetivos que has usado para describir el sueño. Los verbos y los adjetivos son palabras que transmiten energía, y nos pueden encauzar en la dirección correcta.

- Usa la imaginación activa. Vuelve a entrar en el sueño y acábalo como si fuera un ensueño diurno. También puedes adoptar un papel más autoafirmativo cambiando la acción y el resultado del sueño. Trabaja posteriormente con los resultados que obtengas.

---

* Gestalt significa «forma» en alemán. *(N. de la T.)*

- Medita sobre un sueño o sobre los símbolos que contiene. La meditación estimula la intuición para conseguir nuevos enfoques. Jung meditaba a menudo sobre sus sueños enigmáticos. A veces tenía que realizar esfuerzos considerables, pero afirmaba que los resultados merecían la pena.

- Dibuja o pinta tu sueño. Hacer esto revela a menudo cosas que no se han expresado verbalmente en el sueño o que no se pueden expresar con palabras. Guarda una caja de colores y una libreta a mano, por si te sintieras inspirado para hacer un esbozo.

- Otros modos creativos de explorar los sueños incluyen bailarlos y trabajar con diversos medios para crear máscaras, herramientas y otros objetos artesanales que el sueño pueda sugerir.

7. Pasa a la acción. El proceso del sueño queda incompleto si no hay acción. Los sueños proporcionan información y perspectivas para llevar a cabo cambios beneficiosos en la vida. Si no hay acción, no ganamos nada. Los sueños repetidos a menudo van encarados a aspectos que necesitan un cambio con urgencia. Una y otra vez, nos piden que prestemos atención a ese aspecto de la vida, que actuemos. La acción no tiene por qué implicar cambios radicales, aunque en alguna ocasión así sea. A veces es suficiente con que reconozcamos el mensaje que el sueño nos ha transmitido.

La ética en la interpretación de los sueños

Es divertido y muy productivo estudiar los sueños en grupo. He recibido algunos de los mejores enfoques para mis sueños gracias al trabajo en grupo. Si quieres estudiar los sueños con otras personas, debes tener siempre presentes los siguientes principios éticos:

- Recuerda que un sueño sólo puede interpretarlo la persona que lo ha soñado. Sin embargo, tus comentarios o «proyecciones», como se llaman en el estudio de los sueños en grupo, pueden ayudar a la persona a entender mejor su sueño. Nada es correcto o incorrecto. Hay que respetar la valoración que haga el interesado. Nunca hay que decirle: «Esto es lo que tu sueño significa». Cuando ofrezcas tu «proyección», exprésala en primera persona: «Si éste fuera mi sueño, yo diría que...». Hay que dejar libertad a la persona para que asimile lo que considere que encaja en su vida.

- Sé cuidadoso con la integridad, la dignidad y la intimidad de los demás. Estudiar los sueños con otras personas es muy productivo si todo el mundo se siente libre de revelar asuntos personales. Todos los componentes del grupo deben ser conscientes de que el estudio de los sueños a veces saca a la luz emociones intensas e inesperadas. Un miembro del grupo puede decirle que quiere mantener algo en secreto, o trabajar un sueño de manera parcial.

Hay que respetar el espacio personal. El estudio de los sueños debe ser confidencial y no salir jamás del grupo. Los sueños y la vida personal de los demás no deben ser en ningún caso objeto de conversaciones sociales informales. Si se quiere usar un sueño ajeno como ejemplo, hay que pedir permiso previamente.

- El estudio de los sueños fuera de un entorno clínico no es un sustituto de la psicoterapia ni de otros tratamientos profesionales.

Se puede obtener más información sobre la ética en el estudio de los sueños en la Association for the Study of Dreams. En el apéndice se especifica cómo contactar con esta asociación.

Cómo utilizar los siguientes capítulos

En los restantes capítulos de este libro se exploran los temas y símbolos que aparecen más frecuentemente en los sueños. La mayor parte de los ejemplos pertenecen a mi propia colección de sueños de otras personas, usados con permiso. Ofrezco la interpretación de la persona y en algunos casos mis propias «proyecciones». Cuando ha sido posible, he constatado lo que hizo la persona como resultado de la interpretación de su sueño. Algunos de los sueños provienen de fuentes ya publicadas, lo cual viene indicado en las notas al final del libro. Los ejemplos muestran algunas de las formas en que los símbolos se presentan en los sueños. Eso no significa que todos los sueños con el mismo símbolo deban entenderse de la misma manera.

Encontrarás muchas cosas que te recordarán tus propios sueños. Ten en cuenta que cada capítulo examina fragmentos de sueños. Todas las piezas de un sueño deben encajar, lo cual hará que ese sueño tenga un sentido en el contexto de tu vida personal y de tus experiencias, creencias, emociones y deseos.

3

Volar y caer

Los sueños en los que volamos o nos caemos son los dos más frecuentes que aparecen a lo largo de la historia. Los sueños en los que volamos suelen ser felices, mientras que aquellos en los que caemos por lo general son pesadillas. Ambos pueden ser muy vívidos y realistas, como si eso nos estuviera sucediendo en la vida real. Los estudiosos han relacionado los sueños de volar y caer con sensaciones somáticas. Una respiración rítmica, presión en el pecho mientras se duerme y una activación del sistema nervioso central durante las fases REM se asocian con sueños de volar. La parálisis mientras se duerme está asociada a sueños de caer. Se trata de una relajación total de los músculos mayores, y es una condición natural durante las fases REM del sueño. Puede que algunas personas no sueñen que se están cayendo, sino que corren a cámara lenta o son incapaces de moverse en presencia de algún peligro.

Aunque los factores fisiológicos pueden desempeñar algún papel en los sueños de volar y caer, estoy de acuerdo con los investigadores que son conscientes del valor simbólico del contenido de esos sueños.

Volar

La sensación de volar es una de las primeras que aparecen en los sueños durante la infancia. Su presencia se hace cada vez menor al crecer. Disminuye especialmente al llegar a la edad adulta. Los sueños en los que nos elevamos en el aire por voluntad propia son casi siempre agradables, incluso extáticos y muy divertidos. A continuación presento algunos ejemplos de sueños típicos en los que se experimenta la sensación de volar, de flotar o de ingravidez:

Tengo un sueño repetido en el cual decido que quiero volar. Corro por el suelo, despego como un avión y me elevo en el aire. Vuelo dando vueltas y haciendo volteretas, y me siento muy feliz. Cuando me despierto y compruebo que el sueño ha terminado, me entristezco.

De repente no peso nada y levito en el aire. Esto sucede de vez en cuando en mis sueños. En ocasiones, puedo controlar mis movimientos, pero al darme cuenta de ello, a veces el sueño termina.

Me «despierto» en el sueño y me doy cuenta de que estoy volando por la habitación, justo debajo del techo. Me siento lleno de una alegría increíble. Si paso mucho tiempo sin tener este sueño, lo echo de menos.

Soy capaz de ir adonde deseo. Tan pronto como pienso en un sitio, ya estoy allí. Parece que no peso nada y que vuelo o me transporto en un instante.

Volar y caer

Floto escaleras abajo en mi casa, en vez de bajar por ellas como lo hago siempre.

Estoy bailando, hago graciosos giros y piruetas, como una bailarina profesional. Mis movimientos se hacen cada vez más lentos, como a cámara lenta, como si el tiempo se alargara. Tengo un compañero, que me eleva en el aire como a una bailarina. Cada vez soy más ingrávida, hasta que él me eleva en el aire y salgo volando por mi cuenta.

Salto arriba y abajo. Cada vez que salto, subo más y más alto y me siento más ligera, y cada vez me cuesta más volver al suelo.

Desde la antigüedad se tienen noticias de sueños de volar en todas las culturas. Todos hemos tenido un sueño así en algún momento de la vida. Mucha gente los tiene a menudo. El deseo de volar, de trascender los límites del mundo físico, está muy arraigado en la consciencia humana. Este sueño no es sólo uno de los primeros que tenemos, sino que también es una de las últimas sensaciones de la vida. Hay constancia de que algunas personas, que estaban lúcidas en los últimos momentos antes de morir, han explicado que notaban cómo se elevaban, ingrávidas.

También asociamos el hecho de volar con lo espiritual. Los seres divinos o semidivinos tienen la capacidad de volar. Las almas iluminadas se elevan hacia el cielo, y después de la muerte podemos ascender a los cielos. Los místicos, iniciados, santos y religiosos experimentan éxtasis que los hacen levitar y transportes milagrosos (la capacidad de estar de repente en un lugar lejano) como resultado de su intensa devoción y su práctica espiritual.

¿Qué significado tienen realmente los sueños de volar? Para la mayoría de las personas, sólo son experiencias placenteras que no parecen tener ningún significado ni finalidad especial. Este tipo de sueños pueden tener varios propósitos, algunos relacionados con estados de consciencia y otros que tienen que ver con el significado simbólico de los sueños.

En la infancia, el hecho de volar en sueños puede ir ligado a los miedos y la necesidad de escapar de ellos:

Mis primeros recuerdos de volar en sueños se remontan a cuando era una niña muy pequeña y vivíamos en Londres. Al principio, volar en sueños iba muy ligado a la sensación de miedo. A mitad de camino de la escalera poco iluminada que llevaba a la habitación de los niños, había un rellano que conducía a un invernadero. Durante el día, el invernadero era un lugar soleado, lleno de asociaciones agradables, pero cuando oscurecía cambiaba por completo. Por la noche, me imaginaba que cualquier cosa podía estar al acecho en alguno de los rincones oscuros. Decididamente, era más seguro pasar siempre corriendo por aquel rellano, e incluso por otros rellanos que, aunque no daban a ningún lugar oscuro, no eran sitios donde a un niño le gustara estar solo. En alguno de los primeros sueños que recuerdo, estaba en aquella escalera, temerosa de algo que me hacía sentir mucha ansiedad y que esperaba no tener que ver nunca. Fue entonces cuando hice el bendito descubrimien-

to: encontré que era igual de fácil bajar volando que andando, y que tan pronto como mis pies dejaban de tocar el suelo, el miedo desaparecía. Estaba segura, y ese descubrimiento alteró la naturaleza de mis sueños desde entonces. Al principio sólo volaba un tramo de escaleras cada vez, y siempre de bajada, pero muy pronto empecé a volar de un modo más activo. Si algo me alarmaba, solía elevarme en el aire, pero durante algunos años fui incapaz de subir a gran altura o de volar con facilidad. Gradualmente, el hecho de volar en sueños dejó de ir ligado a la sensación de miedo y de huir de algo. Durante mucho tiempo, a menudo volar me costaba un gran esfuerzo. Sin embargo, cada año me resultaba más fácil y más seguro. Las pesadillas me abandonaron de forma gradual. Cuando me di cuenta de que siempre podía escapar volando, el sentimiento de algo desconocido de lo que tenía que huir se convirtió en algo del pasado, pero la capacidad de volar se hizo más fuerte y ha mejorado todos los aspectos de mi vida.[1]

En un plano más esotérico, el hecho de volar en sueños se ha relacionado durante mucho tiempo con la habilidad del alma para abandonar el cuerpo. Consideremos el siguiente sueño, del que dejó constancia en el siglo XIX Hervey de Saint-Denis, un investigador de sueños francés:

Anoche soñé que mi alma abandonaba mi cuerpo, y que viajaba por grandes espacios abiertos con la rapidez

---

* Para las notas numeradas, véanse pp. 355-359 *(N. de la T.)*

del pensamiento. Al principio, fui a parar en medio de una tribu de salvajes. Presencié una lucha feroz, sin correr ningún peligro, ya que era invisible e invulnerable. De vez en cuando, me miraba, o mejor dicho, miraba hacia el lugar donde mi cuerpo debería haber estado si lo hubiera tenido, y me aseguraba de que seguía sin cuerpo. Se me ocurrió visitar la Luna, e inmediatamente me encontré allí. Vi un terreno volcánico con cráteres extinguidos y otros detalles, obviamente reproducciones de libros o grabados que había visto, aunque amplificadas de manera singular y más vívidas en mi imaginación. Era consciente de que estaba soñando, pero no estaba convencido de que el sueño fuera enteramente falso. La notable claridad de todo lo que vi me hizo plantearme la posibilidad de que mi alma hubiera abandonado temporalmente su prisión terrenal, una ocurrencia que no era más extrordinaria que cualquier otro de los misterios de la creación. Recordé algunas de las opiniones de los autores antiguos sobre el tema, y después este pasaje de Cicerón:

«Si alguien hubiera ascendido a los cielos y hubiera visto de cerca el Sol, la Luna y las estrellas, no obtendría ninguna satisfacción de la experiencia si no tuviera a quién explicársela...»

Inmediatamente deseé volver a la Tierra, y me encontré de vuelta en mi dormitorio. Durante un momento tuve la extraña sensación de estar mirando mi cuerpo dormido, antes de volver a tomar posesión de él. Pensé que me había despertado y, pluma en mano, anotaba de manera detallada todo lo que había visto. Finalmente me desperté, y mil detalles que hacía un momento estaban tan claros en mi mente se desvanecieron en un instante de mi memoria.[2]

Lo que le pasó a Saint-Denis es muy común. A menudo soñamos con tal riqueza de detalles que creemos que no podremos olvidarlos jamás. Y sin embargo, todo se evapora cuando recobramos la consciencia al despertar.

Su sueño era lúcido. Sabía que estaba soñando mientras soñaba. Volar es una característica bastante común de los sueños lúcidos. Y viceversa, los sueños lúcidos se caracterizan a menudo por el hecho de volar. Si aceptamos la premisa de que la consciencia dentro del sueño puede extenderse más allá del cuerpo, entonces los sueños de volar, más que cualquier otro tipo de sueños, nos ofrecen una clara consciencia del hecho de estar separados del cuerpo.

La finalidad de volar en sueños puede ser la pura alegría y el júbilo que proporciona. Tal vez esas emociones intensas son necesarias para nuestra salud y nuestro bienestar general. También pueden tener la importante función de expandir nuestra consciencia, haciéndonos ver que somos seres realmente multidimensionales. Asimismo pueden aumentar nuestra creatividad. Es significativo que este tipo de sueños se presenten en una etapa tan temprana de la vida y sean los que dominen durante la infancia, una etapa en que la imaginación y las posibilidades son ilimitadas. El horizonte de un niño no tiene trabas. Los límites los van creando las experiencias condicionantes y frustrantes. En la madurez, nuestros horizontes pueden haberse reducido mucho. Solemos pensar más en lo que no es posible que en lo que sí lo es, o en lo que no hicimos cuando tuvimos la oportunidad.

A veces, los sueños de volar parecen estar más ligados al simbolismo. Como en los sueños sobre aviones, puede que nos estén hablando del deseo infantil de escapar de las circunstancias en vez de afrontarlas, o de que no tenemos los pies en el suelo, o de que nos estamos dejando arrastrar por fantasías. Consideremos el siguiente sueño:

Me persigue una multitud de gente enfadada. Me escapo elevándome en el aire por mis propios medios y echándome a volar.

Para esta persona, el hecho de volar significaba claramente escapar de una situación desagradable. Tenía muchas deudas a causa de su mala costumbre de gastar demasiado. La multitud de gente enfadada representaba las instituciones y las personas a las que debía dinero. Hacienda le pisaba los talones y sus amigos ya no le prestaban dinero. En vez de encarar la situación de una manera constructiva y buscar una solución, deseaba huir de todo aquello.

Se trataba de un sueño repetido. Trabajar con él ayudó a este joven a afrontar con realismo su situación. No iba a escapar gracias a la magia. Afrontar las consecuencias de su irresponsabilidad no sería agradable, pero tenía que hacerlo.

Muchas personas descubren que pueden conseguir volar en sueños gracias a la autosugestión:

Volar y caer

Descubrí que si pensaba regularmente en algún sueño, como el de volar, pronto volvía a tenerlo. No es que viniera al momento, pero sí al cabo de un tiempo no muy largo. Nunca he sido capaz de decir con exactitud cuánto tiempo después; pueden ser dos o tres noches, o más, dependiendo de la fuerza con que mi mente despierta se haya concentrado en la idea. Especialmente después de haber hablado sobre volar en sueños, es más probable que muy pronto vuelva a tener uno de estos sueños.[3]

El poder de sugestión también sirve cuando una persona empieza a perder la capacidad de volar en un sueño y sólo flota o empieza a caer:

En esos momentos las «palabras poderosas» me vienen a la mente, y me repito a mí mismo: «Sabes que la ley de la gravedad no actúa aquí. Por lo tanto, puedes volar a voluntad. Ten confianza en ti mismo y no tengas miedo». La confianza es esencial para volar con éxito, y una vez recuperada, descubro que puedo volver a volar con facilidad.[4]

Hay un mensaje más profundo en el hecho de volar en sueños que nos atañe a todos. Si la ley de la gravedad es un símbolo de limitación (especialmente de las limitaciones autoimpuestas), el hecho de volar en sueños nos enseña a intentar alcanzar nuestro máximo potencial, la realidad que parece esperarnos en las estrellas. Sabemos gracias a la historia del arte, las invenciones, las innovaciones y el genio, que los seres humanos somos capaces de grandes y magníficos logros. Los sueños son una manera amable de prepararnos, una manera segura de subir a lo más alto. Pero depende de nosotros dirigir nuestros sueños, confiar en nuestras capacidades y convertirlas en realidad.

Caer

Al igual que en los sueños en los que volamos, aquellos en los que caemos son más comunes en la infancia que en etapas más tardías de la vida. A veces están relacionados con sentimientos de vulnerabilidad. Los niños, por supuesto, se sienten vulnerables a medida que van conociendo el mundo que les rodea. Como adultos también nos sentimos vulnerables cuando las circunstancias cambian, y entramos en una «caída libre». Caer en sueños suele tener lugar en periodos de transición, cuando no estamos seguros de nosotros mismos ni de lo que va a pasar. Tenemos miedo de perder algo: prestigio, dinero, autoestima, cosas materiales, amistades... Los estudiosos de los sueños señalan que estos sueños se dan con más frecuencia en hombres que en mujeres. También podrían englobarse dentro de los sueños de volar: primero volamos y después caemos.

Además del hecho de caer, estos sueños incluyen observar cómo caemos o cómo cae otra persona (que nos simboliza), o simplemente tener miedo de caer. También podemos ver cómo otra persona (que representa una parte de nosotros) empieza a caer, y después convertirnos en esa persona al tiempo que caemos.

Volar y caer

Los sueños sobre caer se caracterizan por las emociones intensas que los acompañan: pánico, miedo, confusión, incertidumbre, terror. A veces se presentan acompañados de una calma resignada ante el destino que sabemos que nos aguarda.

Estoy de pie frente a un edificio muy alto, de oficinas, mirando hacia arriba. Veo una figura que se asoma por una ventana y se lanza al vacío. De repente soy yo quien cae. Pienso: «Las cosas son como deben ser». Me despierto antes de chocar contra el suelo.

Este sueño lo relató un hombre cuya empresa acababa de ser adquirida mediante una operación hostil de absorción, y cuyo futuro profesional era incierto. Le preocupaba pensar si podría hacer frente a sus obligaciones financieras, y se resignaba a lo que tuviera que pasar, ya que no podía controlar su destino. También le encontró sentido al hecho de enfrentarse a una caída, es decir, un fracaso, en el trabajo. Se sentía bajo una enorme presión para actuar correctamente frente a la nueva dirección.

El siguiente sueño repetido era más impreciso, y confundió a la persona que lo tuvo.

He tenido este sueño durante años. De repente soy consciente de que caigo a través del espacio, que está totalmente a oscuras. No hay ni arriba ni abajo. Me despierto aterrada.

Esta mujer tenía una autoestima muy baja. En casi todos los actos sociales, se imaginaba que los demás la escrutaban y le encontraban defectos. Literalmente se encontraba en una «caída libre» de ansiedad.

Muchas personas han oído decir que si alguien sueña que cae y choca contra el suelo antes de despertarse, eso significa que morirá mientras duerme o que morirá pronto. Se trata de una superstición infundada. El miedo que se siente al caer suele despertar al que sueña, pero tampoco es excepcional soñar que se choca contra alguna superficie.

Soñé que un hombre de aspecto salvaje y amenazador me obligaba a saltar de un acantilado. Choqué contra unas rocas que había debajo. Me hizo un daño del demonio.

Esta persona estaba atravesando un proceso de transición doloroso y «salvaje» en su vida. Le costó y le dolió, pero gracias al sueño, supo que lo superaría.

Caí desde una cierta altura y floté hasta llegar al suelo. Aterricé de pie y empecé a caminar.

Este sueño informó al hombre que lo tuvo de que los cambios por los que estaba pasando no eran tan devastadores como él temía.

Un pozo o un foso en el que soñamos que caemos puede simbolizar un «pozo de desesperación», un agujero en nuestras finanzas o el rechazo de la sociedad (hemos «caído» en la escala social).

Los sueños sobre caídas, especialmente si se repiten,

pueden ser señales de que hemos de tomar las riendas de alguna situación, aumentar nuestra autoestima o buscar nuevas maneras de superar los obstáculos.

4

El cuerpo
y las funciones corporales

¿Te habías imaginado alguna vez que tus dientes pudieran tener algún mensaje que darte en sueños? ¿O tus manos? Pues así es, del mismo modo que lo hacen otras partes del cuerpo o las funciones corporales. Cuando los sueños te llamen la atención sobre alguna parte del cuerpo, busca un significado simbólico.

Los dientes

Soñamos con los dientes más que con cualquier otra parte del cuerpo. Uno de los sueños más comunes es el de tener los dientes cada vez más sueltos o que se caigan directamente. Estos sueños preocupan a la gente, sobre todo cuando se repiten, como el siguiente:

Sigo soñando que, de repente, me doy cuenta de que algunos de mis dientes están muy sueltos. No me atrevo a tocarlos, porque sé que si lo hago, se caerán. Es terrible.

El hombre que tuvo este sueño estaba en el mismo puesto de trabajo desde hacía mucho tiempo, y se había cansado de él. Solía quejarse diciendo: «No encuentro nada nuevo a lo que hincarle el diente». Además, se sentía impotente para cambiar su situación. Había trabajado durante muchos años para la misma empresa, y temía que cambiar de empleo pusiera en peligro su seguridad. Se sentía seguro pero aburrido, y menos importante cada vez.

El sueño en el que perdía los dientes se estaba repitiendo para llamar su atención sobre ese desequilibrio en su vida. Los dientes son símbolos de poder personal. La conexión entre los dientes sueltos y su queja lo impactó, y vio que debía tomar cartas en el asunto. Después de reflexionar mucho, se dio cuenta de que no quería dejar su empleo. En lugar de ello, decidió buscar maneras de realzar su trabajo y de cambiar su actitud con respecto a él. Se fijó en las ventajas que le proporcionaba ese empleo: seguridad, horarios regulares, mucho tiempo de vacaciones, etc. Mantuvo a raya sus quejas, y cuando se descubría quejándose, se obligaba a convertir la queja en una afirmación positiva. Con el tiempo, recobró la sensación de control sobre su vida y los sueños en los que sentía los dientes sueltos se acabaron.

El siguiente sueño sobre dientes sueltos se refería a un problema de relación:

Mientras estoy mascando chicle, se me caen dos dientes, uno de arriba y uno de abajo, los dos del lado derecho. Me preocupo pensando si la culpa es del chicle, pero sigo masticando, aunque sienta los dientes cada vez más sueltos. Me temo que se van a seguir cayendo, y me pregunto si todavía seré atractiva.

Esta mujer tenía una relación de pareja destructiva, pero se sentía incapaz de acabar con ella, o no lo deseaba realmente. Su novio mascaba chicle, una costumbre que a ella no le gustaba, pero a la que también se aficionó. Durante el sueño, ella «mascaba» la relación, que se alargaba y se alargaba, aunque sabía que no le convenía. Los dientes perdidos, el superior y el inferior, simbolizaban su pérdida de poder tanto en el plano superior (emocional, espiritual), como en el inferior (físico). Su preocupación por si seguiría siendo atractiva reflejaba una preocupación más profunda por su propio bienestar. Este sueño formaba parte de un conjunto de sueños más grande sobre su relación, y el trabajo que realizó a partir de esos sueños desempeñó un papel importante en su decisión de terminar definitivamente con aquella relación.

El próximo sueño trata del intento de una persona por hacer arreglos:

Me duelen los dientes. También me parece que no están bien alineados. Puedo hacerlos girar en la boca. Intento arreglarlos para que queden mejor. Entonces me doy cuenta de que están sueltos y a punto de caerse. Me miro en el espejo. Algunos se caen cuando abro la boca. Creo que voy a perderlos todos.

La empresa de este hombre había sido absorbida por otra. A él lo habían trasladado a otro departamento y le habían asignado un nuevo jefe. Estaba muy contento por no haber perdido el trabajo, como otros compañeros, pero no le gustaba la nueva situación. Estaba intentando adaptarse a las circunstancias, diciéndose a sí mismo que era lo mejor que le podía haber pasado. Pero su sueño repetido le contradecía. Aunque quería adaptarse a las circunstancias, no era feliz.

La mayor parte de los sueños sobre dientes tratan de su pérdida. El siguiente es diferente. En él aparecen nuevos dientes que reemplazan los que se han perdido.

Me miro al espejo y noto que los dientes de delante me bailan. Mientras miro, se me caen en las manos. Entonces veo que me están saliendo otros nuevos.

Para la persona que tuvo este sueño, una mujer con un cargo importante, los dientes delanteros simbolizaban su imagen pública y sus responsabilidades. Sin embargo, desde hacía algún tiempo, estaba perdiendo el interés por su trabajo, y cada vez se dedicaba más a otros temas, que le parecían más interesantes y gratificantes. Los dientes nuevos simbolizaban esos nuevos intereses. Sintió que el sueño le estaba mostrando que su corazón ya no se hallaba en su trabajo, sino en un nuevo perfil de su persona que estaba creando.

Tanto en este sueño como en el anterior aparece un espejo. Eso es algo bastante común, en sueños sobre dientes o sobre otras cosas. Los espejos simbolizan la verdad. Reflejan las cosas como son, no como nos gustaría que fueran. Mirar al espejo en un sueño a menudo significa afrontar la verdad sobre algo.

Los ojos

Los ojos son nuestra mayor conexión con los demás. Se dice que son la ventana o el espejo del alma. Revelan todo tipo de emociones, y nos proporcionan indicaciones del carácter, la honestidad y la sinceridad.

Una persona que, en un sueño, tiene ojos de animal, puede estar expresando la esencia o verdad de ese animal, y sus asociaciones simbólicas.

En el siguiente sueño, un ojo adicional cobra un nuevo significado:

Estoy mirándome en el espejo. No me veo con claridad. Mi cara está desenfocada. Cuando consigo enfocarla bien, veo que tengo un gran ojo en el centro de la frente, además de los dos de siempre.

Para esta persona, el ojo adicional que tenía en su sueño simbolizaba textualmente «el tercer ojo» de la capacidad psíquica y la intuición. La ciencia esotérica sitúa el tercer ojo en el chakra del centro de la frente. Esta mujer estaba recibiendo clases para desarrollar la intuición. El sueño le decía que se estaba acercando a una nueva manera de ver las cosas.

En el siguiente sueño, el ojo es la fuente de una herida:

Me despierto y veo que mi ojo derecho sangra por el lagrimal, como si estuviera llorando sangre. Cuando la limpio, me doy cuenta de que es gruesa y gelatinosa. Me asusto mucho y pienso que no puede ser, que es un sueño y voy a despertarme, pero al hacerlo, veo que todavía estoy rezumando sangre. Me horrorizo al pensar que pueda tratarse de una de esas terribles enfermedades, como el ébola, que te hacen sangrar por los orificios antes de morir. Le cuento a alguien (un hombre): «Estoy sangrando por los orificios», aunque el ojo no sea un orificio.

Llorar sangre simboliza una herida tan profunda que nuestro propio ser está amenazado. Esa mujer se sentía en peligro de muerte. El sueño se refería a una situación personal muy dolorosa y a su capacidad de enfocarla de manera correcta. Cuando ella se refería a esa relación, decía que «la estaba matando». Como veremos más adelante en este mismo capítulo, el hecho de rezumar sangre representa a menudo algo que nos está consumiendo física, emocional o espiritualmente.

Las manos

Después de los ojos, las manos son la parte más expresiva de nuestro cuerpo, en especial en lo que hace referencia a las emociones y las acciones. Hay pocos pensamientos, sentimientos o intenciones que no puedan ser simbolizados sólo con las manos. En el arte y en el simbolismo, las manos expresan más que las palabras.

La mano es un símbolo de fuerza, autoridad y poder, un significado que nos llega ya desde el antiguo Egipto, donde el término «mano» también designaba las columnas y las palmeras. Las manos simbolizan asimismo la creatividad y la acción en el mundo material, nuestros actos y logros.

Un ojo asociado a una mano (en un sueño, una mano que señala un ojo, por ejemplo) significa visión clarividente o visión sabia, que todo lo ve. La mano de Dios, el poder divino o la intervención divina se representa a menudo por medio de un haz de luz que sale de las nubes. Los dioses de la Antigüedad sanaban con la imposición de manos. Éstas han sido consideradas desde siempre poseedoras de un gran poder curativo y regenerador.

La mano derecha es la mano del poder, la que da, transfiere y confiere, mientras que la izquierda es la mano de la receptividad y la sumisión. La mano izquierda también ha sido asociada con la falta de honestidad. En la ciencia esotérica espiritual, la mano derecha significa el principio masculino y el pensamiento racional y consciente, mientras que la mano izquierda significa el principio femenino y el pensamiento intuitivo e inconsciente. Dos manos que se funden en un apretón simbolizan la unión mística de los opuestos, con la que se consigue unidad y plenitud, así como también la unión entre lo consciente y lo inconsciente. También pueden simbolizar los lazos emocionales irrompibles entre las personas, como el matrimonio y la fidelidad. Es por eso que el hecho de enlazar las manos forma parte de la litúrgia de las bodas.

Otros significados de las manos que pueden presentarse en los sueños son:

Estrechar la mano de alguien u ofrecer la mano: amistad, devoción, perdón.

Manos abiertas o palmas hacia arriba: receptividad, especialmente en términos de plegaria o bendición divina.

Manos levantadas con las palmas hacia arriba: adoración o asombro.

Manos levantadas con las palmas hacia abajo: bendición, favor, curación.

Manos levantadas por encima de la cabeza o juntas delante del cuerpo: sumisión, rendición.

Llevarse la mano (o las manos) a la boca: silencio, precaución, aviso.

Llevarse las manos a la cabeza: pensamiento.

Manos abiertas, extendidas: bienvenida, protección.

Manos relajadas a los lados: confianza.

Manos extendidas con las palmas hacia fuera: desviar, apartar.

Manos cerradas: desgana, secretos.

Manos cerradas en brazos cruzados: negación, sentirse amenazado.

Puños cerrados: agresividad.

Manos limpias: pureza.

Manos sucias: deshonestidad, desagrado.

Manos atadas: impotencia.

El *cuerpo* y las *funciones corporales*

Manos vacías: pobreza, carencia, pérdida.

Manos llenas: abundancia, éxito.

Manos que acarician: amor, preocupación, ternura.

Imposición de manos: curación, transferencia de poder o de autoridad, bendición.

Aplaudir: aprobación.

La persona que tuvo el sueño del tercer ojo tuvo también este sueño sobre su mano:

Estoy con J. y ella tiene una gata atigrada gris y amarilla. Voy a acariciarla y me muerde en la mano derecha, en los dos dedos pequeños. Me muerde tan fuerte que me temo que me va a romper los huesos. Es terriblemente doloroso, y la gata no me suelta. Finalmente consigo liberarme. Tengo heridas profundas, que no sangran demasiado. Le cuento a J. lo que ha hecho su gata, pero parece que no le preocupa.

J. era una buena amiga de esa persona, pero no tenía ninguna gata. Un mordisco de animal puede significar que quien sueña con ello necesita absorber o adquirir alguna característica relacionada con el animal. Esa mujer asociaba los gatos con la intuición, el misterio, la independencia y la feminidad. Además de las clases de desarrollo de la intuición, también recibía clases de energía curativa. Creyó que el sueño le estaba diciendo que confiara más en sus impresiones intuitivas que en la energía curativa. Su mano derecha era dominante. La gata se colgaba durante tanto rato de su mano para asegurarse de que recibía el mensaje.

Los pies

Los pies pueden darnos pistas sobre cómo andamos por la vida. Caminar penosamente con unas botas pesadas o unos zapatos que molestan nos proporciona información de cómo vivimos. Andar descalzo puede referirse a estar bien asentado en la vida y tener una buena conexión con la tierra, es decir, con la vida.

En el siguiente sueño, el hecho de ir descalzo tiene un sentido diferente:

Voy a una reunión. Cuando llego allí, descubro que no me he puesto los zapatos. Estoy descalzo.

Esta imagen parece ir más ligada a los temas de «ropa inadecuada» que se tratan en el capítulo siguiente y se refieren a no estar preparado para algo. Pero ese hombre sintió que su sueño estaba relacionado con la sensibilidad. A menos que estemos acostumbrados a ir descalzos, los pies son sensibles y delicados. Él estaba especialmente sensible en relación a un tema controvertido en el trabajo.

El corazón

Los sueños en los que nuestro corazón ocupa un lugar destacado suelen estar relacionados con temas emocionales. También pueden referirse a asuntos importantes. El corazón de una cuestión es el fondo del asunto. El corazón también simboliza valor y coraje, como en el siguiente sueño:

Soy la protagonista de cuatro obras de un solo acto cada una. Todas tienen que ver con el corazón, y cada una de ellas enseña una lección diferente sobre el tema. Cada obra tiene un corazón de diferente color. Cuando me despierto, creo que puedo recordar las cuatro, pero después, al intentarlo, sólo puedo recordar dos. La primera tiene un corazón amarillo, y la otra lo tiene de color púrpura.

En la primera obra soy un rey o un caballero medieval. Tiene algo que ver con cazar en un bosque. Me muero en alguna especie de accidente trágico. Mi papel me obliga a estar casi todo el tiempo muerta en escena mientras los demás hablan. En la segunda obra soy un monje. Es todo lo que recuerdo.

La escena cambia: tengo una libreta con páginas y páginas llenas de texto escrito en tinta de color púrpura. No sé lo que dicen.

Voy a un parque de atracciones que ofrece atracciones seguras, y veo cómo los demás se suben a una de ellas. Las instalaciones parecen hechas de plástico púrpura. Mientras estoy allí, veo cómo vuelan dos cabinas. Se supone que están diseñadas para que no se acerquen de-

masiado, pero alguien permite que se acerquen. Sé que es peligroso. También hay una montaña rusa de aspecto inofensivo.

La escena cambia: Estoy dando una clase sobre el corazón. Entrego corazones adhesivos de colores brillantes para que la gente los enganche en sus libretas.

La mujer que tuvo este sueño reconoció que había algunos residuos diurnos en él. Acababa de terminar de leer una novela de fantasía ambientada en la época medieval, donde aparecían luchas en los bosques y un rey que se defendía, pero no moría.

Los temas dominantes en este *collage* de escenas están relacionados con la seguridad. En la primera obra, ella corría pocos riesgos, al permanecer simplemente estirada mientras los demás actores decían el texto. Asociaba el corazón amarillo con la falta de valor. Tal vez el caballero murió a causa de su cobardía.

Ella asociaba el color púrpura de la segunda obra con la sabiduría, el porte real y el valor, pero su papel de monje implicaba que estaba apartada del mundo. Otro tipo de falta de valor.

En el parque de atracciones, ella ve cómo los demás participan. Las atracciones son inofensivas, pero no se atreve a subir. Es una observadora, no una participante. Sólo hay una atracción que parezca peligrosa.

El sueño ponía de manifiesto la pasividad de esa mujer. Reconoció que a menudo tenía la sensación de que la vida estaba pasando de largo mientras ella sólo observaba. No soportaba correr riesgos. La última escena no hace más que subrayar esto: lo único que podía ofrecer a los demás eran adhesivos en forma de corazón.

En el sueño se observa un progresivo crecimiento de esa pasividad. Al principio ella es un caballero, símbolo de la búsqueda para conocerse a uno mismo. Pero lo asesinan, y después de eso, aumenta la pasividad: primero como monje, después como observadora, y por último como una profesora que no tiene nada que decir.

La mujer reconoció estas pautas de conducta en su propia vida. Sintió que había tenido ese sueño porque en el fondo de su ser no quería seguir así.

Partes del cuerpo amputadas o dañadas

Cuando soñamos con partes de nuestro cuerpo amputadas o dañadas, eso implica importantes mensajes simbólicos acerca de disfunciones en la vida y cómo nos afectan. El siguiente sueño pertenece a una mujer que tenía una relación de pareja con un hombre que la maltrataba emocionalmente. Las imágenes del sueño la impactaron tanto, que tuvo que iniciar una terapia. Aquí está la descripción que hizo del sueño y lo que pasó después:

Él (su pareja) iba vestido como un miembro de las tropas de asalto nazis, con una gorra de visera y botas. Sostenía mis piernas amputadas en sus manos. Yo estaba horrorizada, y me «desperté» al darme cuenta de la naturaleza de nuestra relación. Yo estaba muy mal, y había perdido la capacidad de moverme.

Enseguida pedí una cita con una psicóloga. Se sintió tan amenazado, que se ofreció a venir conmigo a la primera visita, pero llevó con él una lista de mis defectos, que leyó a la psicóloga en voz alta, muy enfadado. Cuando ella dijo: «Parece usted muy enfadado», él salió de la habitación hecho una furia y cerró la puerta de un portazo. Entonces ella me preguntó si ese era el tipo de relación que yo quería. Cuando terminé de llorar, me pidió que le definiera, usando mis conocimientos sobre el trabajo social (estaba haciendo prácticas en aquella época). Pero yo no podía pensar. Estaba muy trastornada. Entonces ella me dijo que él muy probablemente era un esquizofrénico paranoide, y que la única terapia que funcionaría con él sería la medicación.

A partir de aquel momento empezó un largo viaje para mí. Un año de terapia para explorar por qué había elegido un hombre así, y por supuesto, para trabajar con las relaciones que había tenido en mi infancia con algunos parientes narcisistas, a los que él me recordaba en algunos aspectos. Al finalizar había crecido como persona. A veces hace falta una crisis para ir hacia delante.

Una relación que implica malos tratos «corta las piernas» de la víctima, que a menudo se siente impotente para cambiar las cosas o para marcharse. En el sueño, el hombre tenía un poder total. Al tener agarradas las piernas de su mujer, evitaba que se marchara. Su poder autoritario, abusivo y cruel queda reflejado en la imagen del soldado nazi. En realidad, cuando se le dio la oportunidad de comunicarse en un campo neutral, se puso hecho una furia.

En el siguiente sueño, el significado del miembro que falta se explica por un juego de palabras:

Voy andando por una calle cuando un hombre de aspecto amenazador se me acerca, se saca una pistola del abrigo y me atraca. Me sorprendo al ver que sólo tiene un brazo. Tiene que quitarme la cartera con la misma mano con la que sostiene la pistola. Sé que podría vencerle, pero no lo hago. Dejo que se lleve la cartera, con mucho dinero dentro. Hay mucha gente a mi alrededor, pero nadie hace nada.

Esta persona era un jugador compulsivo, y había perdido gran parte de los ahorros familiares en las máquinas tragaperras (que también se conocen en inglés como «ladrones de un solo brazo»). Se sentía culpable, pero al mismo tiempo impotente para controlar su necesidad de jugar. Sintió que el sueño le estaba diciendo que él era capaz de resistirse y recuperar el control, y que nadie más lo haría por él.

La eliminación de desechos

Soñar con orinar o defecar es frecuente, y a menudo esos sueños son el resultado de estímulos físicos. Por ejemplo, si se tienen ganas de orinar en mitad de la noche, se tiene un sueño relacionado con el tema. Pero hay que prestar atención a la historia completa, o tal vez nos perderemos algún mensaje importante. También hay significados simbólicos en la evacuación.

Orino muchas veces. Estoy haciendo cola para entrar en el lavabo de señoras. Cuando es mi turno, orino en abundancia. Me sorprende que mi vejiga pueda contener tanto líquido. Los retretes son estrechos.La taza es incómoda y muy pequeña. Me agacho y espero que no llegue a rebosar. Hay un hombre que se encarga del lavabo. Sé que lo conozco, pero no puedo recordar cómo es. La escena vuelve a repetirse completa.

El hecho de orinar suele tener que ver con la creatividad, que es algo que fluye desde nuestro interior. Cuando dejamos fluir nuestra creatividad, a veces nos sorprende comprobar todo lo que llevamos dentro. Este fue el caso de la mujer que explicó este sueño, que en esa época estaba descubriendo su habilidad para la pintura y necesitaba dejar fluir su creatividad.

El hecho de defecar también puede tener relación con la creatividad. Es algo sólido que surge del centro de nuestro ser. También puede tener un significado coloquial. Usamos palabras como «mierda» o «caca» para referirnos a algo que no vale nada. En este contexto, defecar en un retrete puede simbolizar algo que ha perdido su valor o que necesita ser expulsado.

Los excrementos son fertilizantes, y también pueden simbolizar el inicio de algo nuevo. El significado es alquímico por naturaleza. En la alquimia, lo viejo debe pudrirse (como los desechos) para que nazca algo nuevo. Jung reconoció que debemos «cavar en nuestra propia mierda» para encontrar el oro (lo que realmente tiene valor) que hay dentro.

El *cuerpo* y *las funciones corporales*

En el siguiente sueño, los excrementos simbolizan una situación desagradable:

Atravieso una especie de campo de refugiados. La gente está tirada en el suelo y cubierta con mantas. Estoy con dos mujeres más, y parece que tengo algún tipo de autoridad. Pasamos al lado de una joven, que tiene el pelo largo y moreno, y cuida de un niño. El niño está desnudo y lo veo de espaldas. Tiene diarrea y la mujer no para de limpiarlo con un pequeño trapo. Por alguna razón que está clara en el sueño, pero que no recuerdo al despertarme, hay que deshacerse del trapo sucio enseguida, y me toca a mí hacerlo. No puedo tenerlo en la mano, tiene que estar oculto a la vista. No hay papeleras en ninguna parte, así que no tengo otra elección que metérmelo en la boca hasta que encuentre una. Tengo la boca llena. Intento aguantarlo en la punta de la lengua con cuidado, pensando que podré lograrlo durante un momento o dos, pero no encuentro papeleras por ninguna parte. Camino sin parar. Cuando al final encuentro una, el trapo se ha convertido en una pelota pegajosa y apestosa. Lo escupo. La boca me apesta a caca. Siento mucho asco.

La persona que tuvo ese sueño lo encontró tan insoportablemente asqueroso que le costó mucho encontrarle un mensaje positivo. Al trabajarlo en grupo, enseguida quedó claro su significado. El sueño reflejaba sus verdaderos sentimientos hacia un trabajo que estaba realizando.

Trabajaba como relaciones públicas y tenía que impulsar un proyecto, aunque ella personalmente estaba en contra de aquello. Se dijo a sí misma que podría separar sus sentimientos personales de los requerimientos profesionales, pero el sueño le estaba diciendo que se sentía llena de mierda o soltando mierda por la boca. Los excrementos salían de un bebé, una fuente inocente, que simbolizaba a los clientes. Se sentía como si tuviera que ocuparse de «la mierda de los clientes», aunque en realidad estaba muy disgustada con ella misma por haberse «vendido».

El hecho de trabajar con este sueño la ayudó a formarse una mejor perspectiva de la situación. Reconoció que había sacado las cosas de quicio y eso la ayudó a conocerse mejor.

La sangre

La sangre simboliza nuestras emociones y nuestra fuerza vital. Cuando nos sentimos muy dolidos emocionalmente, a menudo decimos que estamos sangrando por dentro, o que nuestro corazón sangra. Una pérdida de sangre en sueños puede representar alguna cosa que nos esté agotando emocionalmente o incluso físicamente, que esté minando nuestras fuerzas.

La sangre también es un símbolo del bautismo, por lo que estar bañado en sangre puede representar una iniciación de carácter espiritual.

El flujo de sangre puede ser purificador, como en el caso de la «sangre vieja» o contaminada que es eliminada. La sangre menstrual, en una función corporal que limpia el útero, tiene esta misma connotación, como en este sueño:

El cuerpo y las funciones corporales

Estoy en mi habitación con otra mujer. Estamos hablando. Le cuento lo enferma que me pone que los demás lo dejen todo hecho un desastre. Veo que hay sangre en mi cama y pregunto: «¿Quién lo ha hecho?». Pienso que tal vez me ha venido la menstruación. Voy al lavabo y empiezo a limpiar tirando las cosas por la ventana. Quiero llamar al trabajo y decir que estoy enferma para quedarme en casa y acabar de limpiarlo todo. Sólo salvo un objeto que se puede arreglar: una aspiradora.

La limpieza es el tema principal de este sueño. Esta mujer está harta de limpiar lo que otras personas ensucian, y siente la necesidad de poner orden en su propia casa. Vacía el lavabo, aparentemente de cosas rotas. Lo único que se salva es un electrodoméstico de limpieza: una aspiradora. En su vida cotidiana, esta mujer estaba descontenta con su trabajo. Se sentía como si realmente tuviera que limpiar lo que otros ensuciaban con su trabajo mal hecho. El comienzo de la menstruación en el sueño simboliza una limpieza interna de actitudes. El lavabo representa las cosas viejas que ya no necesita. La palabra «enferma» aparece dos veces en el sueño, como una señal de la intuición de que su salud se estaba viendo afectada por la tensión y el estrés que sentía.

5

Ropa y desnudez

Usamos la ropa para hacer una declaración ante el mundo: somos conservadores, progres, modernos, ricos, desenfadados, seguros de nosotros mismos, ostentosos... Nuestra ropa refleja cómo queremos que nos vean los demás, y puede hacer que parezcamos algo distinto de lo que somos. Utilizamos la ropa para no llamar la atención, para ocultar defectos o imperfecciones. O, por el contrario, la empleamos para llamar la atención, proclamar nuestra posición social o pregonar nuestra belleza.

La ropa en los sueños tiene un papel simbólico importante referido a nuestra *persona*, en el sentido clásico del término, es decir, la máscara o la cara que presentamos ante el mundo. Cada uno de nosotros posee una variedad de máscaras que usa cada día. Por ejemplo en el trabajo, como padre o madre, como pareja, como hermano, como hijo, como vecino, como orador, como actor, etc. Según Jung, los problemas afloran cuando no tenemos una *persona* o máscara preparada para una situación determinada, o si permitimos que una determinada máscara ocupe todas las facetas de nuestra vida. Cada vez que experimentamos un cambio importante en el trabajo, las relaciones, los estudios o la casa, nuestras máscaras deben ajustarse a las nuevas circunstancias. A veces tenemos que desprendernos de las antiguas y dejar que se muestren otras nuevas.

Cambiarse de ropa

La ropa que aparece en los sueños nos habla de cómo nos sentimos con nosotros mismos y cómo creemos que nos ven los demás. Una ropa descuidada y harapienta, por ejemplo, nos indica que no nos sentimos a gusto, ya sea en general o con algo que hemos hecho. Sentirse infeliz en sueños por culpa de la ropa indica lo mismo. El hecho de cambiarse de ropa, querer hacerlo o intentarlo indica un cambio de dirección, una nueva fase de la vida, pasar cuentas con uno mismo o la necesidad de hacer un cambio.

Las mujeres tienen más sueños sobre ropa que los hombres, y suelen recordarlos con más detalle. También tienen más a menudo sueños acerca de ir vestidas de forma incorrecta o inapropiada. Esto no es sorprendente, ya que las mujeres pasamos más tiempo cuidando de nuestra apariencia que los hombres, nos preocupamos más por nuestro aspecto y tenemos más emociones relacionadas con la impresión que creemos que causamos en los demás.

A veces no sabemos descifrar el significado de la ropa en los sueños. Preocuparse por la ropa que uno lleva puede parecer superficial, como en el siguiente sueño:

Tuve un sueño sobre mi hijo, que ahora tiene veintiún años. En ese sueño él tenía seis o siete años. No sé en casa de quién estábamos. Estábamos mi marido, mi hijo y yo. Mi hijo empezó a tener una especie de ataque y nos preguntamos si debíamos llevarlo al hospital. No sé por qué no lo llevamos directamente. El caso es que no lo llevamos y todo volvió a la normalidad. Pero el sueño continuó, y mi hijo tuvo otro ataque. Decidimos llevarlo al hospital, pero yo tenía que cambiarme de ropa, porque la ropa que llevaba era HORRIBLE (me sentía como si no pudiera ir a ninguna parte con esa ropa). Aunque sabía que teníamos que darnos prisa para ayudar a mi hijo, seguía buscando ropa y no encontraba nada. Fui a mirar a mi armario. Ahora estaba en casa de mis padres, y aquella era mi habitación de pequeña, pero toda la ropa estaba sucia y tirada por el suelo. No había nada que estuviera limpio y colgado. Busqué y busqué y no encontré nada. Al cabo de un rato, estábamos en el coche, llevando a mi hijo al hospital, y de pronto mis padres también iban en el coche, y mi hijo era un bebé y tenía otro ataque. El sueño se acabó así. Cuando me desperté, me pregunté por qué me había preocupado tanto por la ropa. Durante todo el día, estuve muy preocupada por mi hijo.

Aunque esta mujer se preocupó en un principio porque el sueño trataba de su hijo, al iniciar el estudio se vio enseguida que ese sueño en realidad estaba centrado en la ropa, un símbolo de su propia imagen. Su hijo era ella misma en la infancia. Esta mujer era la única niña en una familia de cinco hijos. Formaban parte de una comunidad granjera, donde los niños eran mejor valorados por su capacidad para trabajar en la granja. Ella siempre tuvo que competir con ellos para demostrar su valía. El hecho de construir su propia autoestima era un proyecto que había tenido que ir desarrollando a lo largo de toda su vida. En el sueño, ella se siente «horrible» con la ropa que lleva, pero no encuentra nada adecuado en su armario infantil. Se siente incapaz de actuar (literalmente «de ir a ninguna parte») sin la ropa adecuada. El sueño le estaba enviando diversos mensajes: cómo se sentía con respecto a ella misma durante su infancia; su actual desagrado acerca de su aspecto o de la manera como ella cree que los demás la ven, y lo inadecuado de su ropa vieja (su imagen de sí misma) para sus necesidades actuales.

La edad de su hijo en el sueño era la edad en la que ella empezó a sentirse muy inferior a sus hermanos. Era la cuarta de cinco hermanos, y tenía seis años cuando nació su hermano menor. Este fue la niña de los ojos de sus padres, y siempre la comparaban con él. Sentía que no podría hacer nada bien mientras estuviera su hermano de por medio.

Los ataques podrían interpretarse como intentos de llamar la atención sobre algo que necesitaba curación. Interpretó la pasividad de su marido en el sueño como un signo de que cambiar la imagen que tenía de sí misma era algo que debía hacer ella sola.

El sueño obviamente contenía información muy importante para esta mujer. Aparentemente fue estimulado por la práctica del estudio espiritual, que hizo que centrara su atención en ella misma.

Varias semanas más tarde, tuvo otros sueños que parecían estar relacionados con el primero:

Ropa y desnudez

Mi hijo se desmayó y tuvimos que llevarlo al médico, pero en este sueño no tuve que cambiarme de ropa, nos fuimos inmediatamente.

Aquí ella no se preocupa por su aspecto. La actuación para conseguir el remedio es inmediata. No hay dudas ni vacilaciones como en el primer sueño. Otro sueño que tuvo en esa época fue el siguiente:

El sueño empezaba cuando mi hijo desaparecía. Estaba muy preocupada. Mi jefe me pedía que le ayudara a preparar una reunión importante, pero se trataba de algo que no tenía nada que ver con el trabajo. Había una larga mesa de reuniones con gente sentada a su alrededor que yo no conocía. Había bonitos vestidos situados alrededor de la mesa. Hacía dos semanas que mi hijo había desaparecido, y le pedí a mi jefe que me ayudara a encontrarlo. Me informó de que, después de dos semanas, lo más seguro sería que no lo encontrara. Empecé a llorar. Entonces la escena cambiaba y se convertía en una calle desierta, donde yo estaba teniendo relaciones sexuales. Entonces se acababa el sueño.

El sueño indica más cambios internos de naturaleza positiva. El hijo, símbolo de la fuente que tenía efectos negativos en su autoestima, ha desaparecido del mapa. El jefe, figura autoritaria, es un símbolo de nuestro Yo Superior: esa parte de nosotros que sabe lo que es mejor y que ve el «gran cuadro». La angustia de esa mujer por la desaparición de su hijo representa una necesidad innata de aferrarnos a los antiguos patrones de conducta, incluso los que no nos favorecen. El mensaje del jefe o Yo Superior, sin embargo, la incita a desprenderse de esos patrones, lo cual a ella le produce angustia. No nos resulta fácil desprendernos de las cosas que conocemos y nos son familiares.

El tema de la ropa se repite aquí en forma de bonitos vestidos. Son las diferentes opciones que tiene esa mujer. Es un tema personal, no relacionado con el trabajo. La calle desierta tiene relación con el nuevo territorio de la autoestima, que debe ser ocupado y organizado de nuevo. Todavía no está marcado.

Mantener relaciones sexuales en un sueño a menudo representa el deseo de integrar algo dentro de nosotros mismos. En este caso muestra que esta mujer está dejando atrás viejos patrones y adoptando otros nuevos.

—Me siento como si estuviera haciendo progresos espirituales —me dijo—. Creo que me estoy convirtiendo en una persona más cariñosa.

Ropa inadecuada

Soñar que se va vestido de forma inadecuada o poco apropiada es bastante corriente, y puede simbolizar sentimientos de inadecuación, como en el siguiente ejemplo:

Viene gente a cenar. Parece que son amigos o socios de mi marido. He preparado una cena muy elaborada. Pero cuando llegan los invitados, todavía no me he cambiado de ropa. Llevo algo viejo y andrajoso. Me siento avergonzada.

Ropa y desnudez

Esta mujer se había casado hacía poco tiempo con un hombre cuyo trabajo requería muchas comidas y reuniones con socios y clientes. Se sentía inquieta por lo que pensarían de ella en «su mundo». ¿La considerarían una igual, o la verían como era ella «en realidad»? En el sueño también aparecía un juego de palabras, con lo de la ropa «vieja y andrajosa». Revelaba su miedo a que pudieran «tirarla» como se tira un trasto viejo, por no ser la compañera adecuada para su marido.

En los sueños, la ropa puede indicarnos cómo nos sentimos respecto a nuevos papeles que hemos adoptado en la vida. El siguiente sueño se presentó después del nacimiento de un primer hijo:

Busco por todo mi armario algo que ponerme. Nada me queda bien, o yo no me veo bien con nada. Parece que sólo tengo trajes de chaqueta, y todos están pasados de moda.

El sueño reflejaba cómo se sentía esta mujer respecto a su cuerpo. Había ganado peso durante el embarazo y deseaba perderlo. Realmente, casi ninguna de sus piezas de ropa de antes del embarazo le servía, pero el sueño también se refería a su nueva imagen, y a cómo iba a cambiar su vida. Se había tomado una baja laboral temporal, pero no sabía lo que pasaría cuando volviera al trabajo. Además, dudaba de que su máscara, orientada hacia lo profesional, pudiera servirle en ese nuevo mundo de la maternidad.

Cada vez que hacemos un cambio en la vida, como mudarnos a una nueva casa, cambiar de empleo o de condiciones laborales, asumir nuevas responsabilidades, entablar nuevas relaciones o modificar la dinámica de las ya existentes, nuestra máscara o *persona* necesita volver a adaptarse. Este proceso a menudo se refleja en los sueños sobre ropa.

Tengo que vestirme para una ocasión especial, un banquete o algo así. Estoy en unos grandes almacenes, y voy siguiendo las hileras de ropa. Una mujer que no conozco se acerca a mí. Va vestida con ropa muy antigua, diría que casi de anticuario. Está absolutamente fuera de lugar. Me ofrece un traje. Se ve pasado de moda. No lo quiero, pero no me gustaría ofenderla.

Esta mujer se estaba desprendiendo de lo viejo, de las cosas que ya no le servían. Los banquetes celebran y honran algo o a alguien. Ella se estaba vistiendo (o se estaba preparando una nueva máscara) con un atuendo que le fuera bien a su nueva persona. La mujer desconocida del sueño era su antiguo yo, aquella parte de sí misma que no quería desprenderse de las viejas costumbres y las antiguas pautas de comportamiento, simbolizadas por la ropa pasada de moda.

Las imágenes de su sueño convencieron a esta mujer de que debía mirar hacia delante y no hacia atrás:

—El traje viejo que ella me ofrecía parecía cómodo —me dijo—, pero supe enseguida que no quería llevarlo.

Las viejas pautas de comportamiento son, sin duda, cómodas. Si creemos que no vamos a tener éxito en algo, nos construimos una zona de comodidad a nuestro alrededor, para no tener que correr riesgos ni afrontar desafíos. Si nunca lo intentamos, nunca fracasaremos, nos decimos. Tenemos éxito por defecto. Esa mujer se dio cuenta de que le resultaría fácil caer en las viejas costumbres. También se dio cuenta de que debía respetar a su viejo yo por todo lo que le había enseñado.

Expandió su sueño utilizando la meditación. Volvió a entrar en él y entabló una conversación con la mujer desconocida. Le explicó que agradecía su interés, pero que el traje no era de su estilo y que prefería elegir uno por sí misma. Fue mirando las hileras de ropa hasta que algo le llamó la atención. Era un bonito vestido azul ajustado y brillante. Era mucho más llamativo que la ropa que solía llevar. Se lo probó, se volvió hacia la mujer y le preguntó:

—¿No crees que estoy mejor así?

La mujer asintió.

Este ejercicio le reportó una gran satisfacción emocional, ya que sintió que, efectivamente, había conseguido una nueva imagen personal.

A veces, los sueños que tratan de ropa inadecuada no se están refiriendo a nuestro temor de ser inadecuados, sino a una auténtica inadaptación a un papel determinado. Wallace B. Clift, un profesor de estudios religiosos e investigador de sueños, experimentó una serie de sueños repetidos sobre ropa inadecuada durante un periodo en el que se estuvo planteando un cambio en su carrera:

Wallace, durante el tiempo en que fue párroco, solía soñar que llegaba a la iglesia sin el atuendo adecuado. Le faltaba la estola, por ejemplo. Aunque le gustaba ser pá-

rroco, entendió que esos sueños le indicaban que su auténtica vocación iba por otro camino. En la enseñanza ha experimentado un proceso de adaptación mucho más cómodo entre las exigencias del mundo exterior y su propia individualidad.[1]

Desnudez

Uno de los sueños más comunes es el de no llevar nada encima, y provoca a menudo un gran desasosiego, tanto mientras se está soñando como al despertarse, especialmente si se repite. A continuación presento algunos ejemplos de sueños en los que aparece la desnudez:

Voy caminando por una calle y entro en una tienda a comprar algo. De repente, descubro que voy completamente desnudo. Me siento terriblemente avergonzado e intento taparme. Lo curioso del caso es que nadie más parece darse cuenta de que no voy vestido.

Estoy en una fiesta con G. No sólo estoy desnuda, sino que soy la única persona que lo está. Me siento muy al descubierto y me pregunto si la gente me estará mirando.

En el primer ejemplo, el hombre que tuvo el sueño reconoció que estaba demasiado pendiente de sí mismo, siempre preocupado por lo que los demás pudieran pensar de él. Había sido ascendido hacía poco tiempo. Aunque decía que se sentía seguro en su puesto de trabajo, el sueño, que se repitió, le estaba indicando lo contrario. Al trabajarlo, se dio cuenta de que, a un nivel subconsciente, tenía miedo de que los demás pensaran que no estaba cualificado para el cargo.

En el segundo ejemplo, la mujer que tuvo ese sueño acababa de iniciar su primera relación seria después de divorciarse. G. era su nuevo centro de interés. Interpretó este sueño como un reflejo de su vulnerabilidad emocional y de su miedo a resultar herida si revelaba sus verdaderos sentimientos.

Los sueños relacionados con la desnudez a menudo tratan de nuestra sensación de vulnerabilidad o nuestro miedo a ser vulnerables, especialmente cuando nos hemos embarcado en algo nuevo en la vida. La desnudez también puede referirse a la sinceridad o la ingenuidad ante los demás. Uno no tiene nada que ocultar ni tampoco puede ocultar nada cuando está desnudo. El hecho de sentir vergüenza a causa de la desnudez puede indicar temores: tememos que salgan a la luz nuestros defectos o nuestra falta de preparación, o que nuestro auténtico yo no satisfaga las expectativas de los demás.

A veces nos encontramos desnudos en un sueño y no nos preocupamos por ello:

Estoy en una estación de ferrocarril. No llevo ropa. Todos los demás van vestidos. Nadie me presta atención. No parece que me importe estar desnuda. Me siento absolutamente cómoda.

Aquí la desnudez se refiere al sentimiento de bienestar y satisfacción personal de esta mujer. Podía mostrarse tal como era, sin artificios. Este sueño vino después de un largo periodo de cambio y transición, que incluía rehacer su vida después de perder a su pareja y de un cambio laboral radical, en el que pasó a hacer lo que quería hacer en vez de lo que sentía que debía hacer. «Siento que por fin he llegado —me comentó—. Soy en casa la misma persona que soy frente al mundo.» Las estaciones de tren son encrucijadas de la vida. Se sentía cómoda «viajando» por la vida.

En el siguiente sueño, la persona que aparece desnuda no es la misma que sueña:

Iba conduciendo en un coche de camino al colegio, no al instituto ni a la universidad, sino a la escuela elemental. Aquel día había una clase muy importante para mí, y tenía muchas ganas de llegar. Seguí conduciendo de ciudad en ciudad, pero no encontraba el colegio. Recuerdo que me sentía muy inquieta, porque tenía miedo de llegar tarde. Entonces giré a la derecha para volver. Al dar la vuelta, me encontré un hombre desnudo frente al coche. Tenía el pelo gris, y supe que era un locutor de radio. Se suponía que estaba haciendo una intervención sensacionalista para la radio y llevaba un micrófono en la mano. Estaba nevando y afuera hacía mucho frío. (Por cierto, odio pasar frío.) Se deslizaba hacia atrás sobre sus pies, de cara a mí, y me miraba a través del cristal. Yo le empujaba. Se suponía que iba a reunirse con su familia. Me di cuenta de que sus pies cada vez estaban más rojos e hinchados, e intentaba llevarlo tan deprisa como podía. Entonces, apare-

ció un hombre por la izquierda de la carretera y lanzó un montón de nieve en el camino del hombre desnudo. Se reía con mucha fuerza, como si se estuviera burlando de él. Al hombre desnudo empezaron a salirle esquís en los pies, pero tropezó y se cayó sobre el montón de nieve. Entonces me desperté.

La persona que tuvo ese sueño era una mujer joven que se sentía enclaustrada, tanto en su matrimonio como en su vida profesional. Se había repetido muchas veces que no estaba preparada para un cambio, pero su Yo Superior le decía en sueños que necesitaba cambiar. En este sueño, la intuición está tratando de enviarle un mensaje «elemental», es decir, algo que debería resultar muy claro para ella, aunque su lado lógico aún no quiera verlo. Así, en el sueño se pierde, y no puede encontrar el colegio (un sitio donde aprendemos lecciones). Su lado lógico le está diciendo que ya es muy tarde para hacer cambios en su vida.

El hombre desnudo, el locutor de radio, representa su intuición o Yo Superior (que le anuncia un mensaje). La desnudez significa, literalmente, la «verdad desnuda». Él intenta anunciarle la verdad desnuda acerca de su vida, y se enfrenta a ella. Ella no establece una relación con él, sino que sólo lo empuja. La nieve es muchas veces un símbolo de emociones congeladas. El hombre que lanza la nieve podría ser su marido, o su lado lógico (o masculino), que intenta racionalizarlo todo. También puede representarlos a ambos.

En el seguimiento posterior del sueño, esta mujer realizó una «incubación»:

Le pedí una respuesta concreta, sí o no, a mi Yo Superior antes de meterme en la cama, en relación a qué era lo correcto (la verdad desnuda). No conseguí esa respuesta concreta (sí o no), pero recibí un mensaje claro: «No te estás permitiendo ver». Así que pienso que debo librarme de unas cuantas cosas y abrirme más, es decir, estar preparada. Ya no estoy tan preocupada sobre el tema, y me siento más animada.

Esta mujer fue capaz de pasar de «estar cerrada» a considerar el cambio una opción deseable.

Desnudez parcial

También son comunes los sueños en los que descubrimos de repente que estamos parcialmente desnudos, sueños que, asimismo, suelen ser embarazosos.

Estaba en casa de mi tío, en una pequeña localidad sureña. Se celebraba una fiesta y yo estaba invitado. Me había vestido cuidadosamente para la ocasión, y estaba hablando con algunos invitados, cuando de repente descubrí que me había olvidado de ponerme los pantalones. Me pregunté qué podía hacer. Nadie parecía darse cuenta. Sin llamar la atención, intenté encontrar los pantalones y ponérmelos. No lograba encontrarlos, y había invitados en todas las habitaciones a las que entraba. Me desperté, ligeramente confundido sobre qué era lo que debía hacer.[2]

Ropa y desnudez

Este hombre intenta ponerse una máscara de persona conservadora y formal (simbolizada por el tío y la pequeña ciudad sureña), que considera que será bien aceptada por los demás. Sin embargo, descubre que lo mejor es ser natural. Es aceptado de esa manera vaya donde vaya. De hecho, es incapaz de ponerse la «máscara». Parece que el sueño le está diciendo: «Sé tú mismo».

En el siguiente ejemplo, la desnudez parcial representa un deseo de exponer sentimientos y pensamientos:

Voy caminando por la empresa en la que trabajo con una compañera. Mi ropa no para de cambiar. De repente, descubro que voy desnuda de cintura para arriba. Intento cubrirme el pecho con las manos.

Esta mujer no se sentía a gusto en su trabajo, y estaba haciendo planes en secreto para dejarlo. Su decisión, que no había contado a nadie, le creaba tensiones, ya que le costaba guardar el secreto. Deseaba poder explicar a sus compañeros sus verdaderos sentimientos con respecto a su trabajo. Quería «abrir su corazón» y ser muy sincera. Pero hacerlo tendría consecuencias, simbolizadas en el sueño por la vergüenza. Se dio cuenta de que habría un momento y un lugar apropiados para revelar sus planes, aunque, por otra parte, ese sueño era también un aviso de que debía ser cuidadosa a la hora de revelar sus sentimientos.

6

Sexo, bodas y matrimonio

Todo el mundo tiene sueños de naturaleza sexual, sensual o erótica, y la mayoría de nosotros nos sentimos demasiado avergonzados (o incluso escandalizados) para hablar abiertamente de ellos. A veces, estos sueños se refieren a deseos y fantasías sexuales no realizados. Otras, tratan de la naturaleza sexual de nuestras relaciones. En ocasiones se relacionan con nuestros sentimientos por nosotros mismos, como el hecho de sentirnos o no atractivos o deseables, no sólo en el terreno sexual, sino también en general. Y otras veces son metáforas de otros temas que tienen que ver con sentimientos muy íntimos y profundos. El sexo y la pasión en los sueños pueden representar sentimientos y deseos apasionados que tenemos con respecto a diversos aspectos de la vida.

Los sueños sexuales varían en ambos sexos. Las mujeres solemos tener más a menudo sueños románticos y apasionados, en los que nuestra pareja se muestra sensible a nuestro cuerpo y pasa mucho tiempo en prolegómenos para excitarnos. En cambio, los hombres tienden a tener sueños sobre sexo rápido y amantes ansiosas. Tanto los hombres como las mujeres soñamos que tenemos relaciones sexuales con personas famosas y con extraños, aunque las mujeres somos mucho más propensas a soñar con antiguos amantes. Ambos sexos solemos tener orgasmos durante nuestros sueños sexuales.

Después del deseo de vivir, el impulso sexual es la fuerza más poderosa de la vida, así que no es sorprendente que la sexualidad tiña gran parte de nuestros sueños. En vez de esconderlos, debemos examinarlos por sus mensajes y su sabiduría.

Sexo e intimidad

El sexo en sueños es a menudo menos inhibido que en la vida cotidiana. Los sueños nos liberan sexualmente. Hacemos cosas provocativas que por lo general no haríamos; tenemos relaciones sexuales fortuitas con extraños. Los sueños sobre sexo no deben animarnos a perder la moralidad y actuar de manera irresponsable, pero nos dan una cierta libertad para experimentar.

A veces, los sueños muy eróticos nos animan a ser más abiertos con nuestra pareja. La mujer del siguiente ejemplo era demasiado «rígida» en la cama, según su marido. Una noche tuvo el siguiente sueño:

R. y yo estamos en la cama haciendo el amor. De repente me siento muy sexy, de un modo casi animal. Hago el amor como nunca lo he hecho antes. R. está muy satisfecho y responde a mi comportamiento descarado. Es la mejor experiencia sexual que he tenido nunca.

Este sueño resultó embarazoso para esa mujer, que nunca se había comportado de aquella manera. Sin embargo, el placer que experimentó, así como la respuesta positiva de su marido, la animaron a ser más atrevida al hacer el amor. No llegó a los extremos del sueño, pero se permitió actuar de manera más abierta y experimental.

LA CONCLUSIÓN DE UN VIEJO AMOR

Como ya he dicho, las mujeres tendemos a soñar más con antiguos amantes que los hombres. Los amores del pasado pueden idealizarse de manera romántica, especialmente si no se ha convivido con ellos. Vivir con alguien día a día revela fallos y defectos en incluso la mejor de las parejas. Para que un amor sea duradero, hace falta paciencia, aceptación, sinceridad y flexibilidad. Los niveles iniciales de pasión no pueden mantenerse en una relación a largo plazo. Los antiguos amantes pueden simbolizar en los sueños el ideal de la pasión sin las responsabilidades de la vida diaria.

El siguiente sueño sobre un antiguo novio se presentó de manera inesperada, mucho tiempo después de que la relación hubiera terminado. La mujer que tuvo este sueño había tenido una relación muy intensa con ese amante, y había creído que realmente él era «el hombre de su vida». Habían salido juntos varias veces, pero él siempre se había mostrado emocionalmente distante. Aunque ella estaba más que dispuesta a tener relaciones sexuales, él no había ido más allá de los besos y las caricias. Ella intentaba mandarle todo tipo de señales positivas, pero él no parecía darse cuenta. Nunca hablaron de sexo.

Ella se sentía frustrada porque su relación no prosperaba. Entonces, de repente, él desapareció de su vida. Mucho más tarde, le llegó el rumor de que probablemente tenía problemas de impotencia, lo que explicaría su conducta sexual. Durante mucho tiempo pensó en él y en lo que pudo haber sido. Entonces, años después, cuando ya no pensaba en él a diario, se le apareció en un sueño lúcido:

Voy a una convención y me encuentro a B. Han pasado años, y para mi grata sorpresa, está contento de verme. Hablamos brevemente y le cuento mis planes de viajar. Me pregunta qué he estado haciendo y se muestra muy interesado en lo que le cuento. La conversación es corta y él parece esquivo. Esta vez, sin embargo, algo ha cambiado. Hay un brillo en sus ojos. Pienso: «Tal vez». Voy a la habitación del hotel y me meto en la cama. De repente, él está allí y hacemos el amor por primera vez. Soy muy feliz, ya que B. es muy tierno y apasionado. Hay una auténtica emoción. Cancelo mi viaje, me quedo en la convención y la relación crece. Él ya no es frío, sino que se preocupa por mí. Casi no puedo creérmelo, y me pregunto si nos casaremos. Sé que se trata de un sueño, y que debemos resolverlo entre los dos.

B. me dice por primera vez que me quiere y que siempre me ha querido. Le digo que yo también le quiero. Tenemos esta conversación en una playa rocosa al lado de un mar resplandeciente. Está en algún lugar de la costa norte, y parece que aún hace fresco, aunque hay personas sentadas en tumbonas. El agua es profunda, de un azul os-

curo. Alrededor de la bahía, se alza una cadena montaño-
sa de cumbres nevadas.

Llegados a este punto, espero que las cosas se re-
suelvan, que reconozcamos nuestros sentimientos y diga-
mos: «pero no en esta vida» o algo parecido. Pero el sueño
empieza a desvanecerse. Me distraigo pensando que cuan-
do por fin he conseguido lo que deseaba, lo pierdo. Duran-
te un momento, sin embargo, siento un calor y una felici-
dad que no recuerdo haber sentido nunca antes en un
sueño.

El sueño expresa sus viejos y profundos deseos de un
romance apasionado, el que una vez creyó que tendría lugar entre ella y B. Como amante ideal, él satisface la fantasía que no fue capaz de satisfacer en la vida real. Hay un reconocimiento sincero del amor, algo que realmente nunca
ocurrió. Y hay una apertura del corazón muy gratificante
para el alma, en un marco natural. El mar representa las
emociones. La playa rocosa es un símbolo del establecimiento de la relación. Las montañas lejanas representan
otras metas, otros objetivos. El ambiente fresco es la tem-
planza. Al igual que un centro comercial, una convención
representa la capacidad de elegir. También simboliza lecciones y aprendizaje, ya que vamos a los congresos para adquirir conocimientos y aprender nuevas técnicas. La acción
se desarrolla en un lugar de opciones y aprendizaje.

Aunque la charla sincera no alcanza el nivel que a ella
le hubiera gustado, el sueño consigue que se materialice
una sensación de conclusión, la aceptación de que aquella
relación no estaba hecha para «esta vida». El sueño capaci-

tó a esta mujer para cerrar el «libro» emocional de esa relación como un recuerdo agradable, en vez de un recuerdo frustrado.

PROBLEMAS SEXUALES Y DE OTRA ÍNDOLE

Una mujer que estaba perdiendo el interés sexual por su marido tuvo el siguiente sueño:

Estoy comprometida con K. y no me siento particularmente entusiasmada ni demasiado atraída por él, pero sigo con la relación. Vivimos en una pensión para solteros y solteras mientras intentamos ahorrar dinero para comprarnos una casa. Me pregunto por qué me he comprometido con un alcohólico en rehabilitación, que puede volver a beber cualquier día. Pero es un hombre grande y siento que me protegerá. Él se queja, sin embargo, de mi falta de interés en tocarle de manera íntima, así que lo hago, pero de un modo superficial.

K. era un hombre al que conocía sólo ligeramente. Su matrimonio pasaba por dificultades. Su marido bebía demasiado y negaba que tuviera ningún problema. Se peleaban a menudo, generalmente debido a alguno de los ataques de mal genio que tenía su marido después de haber bebido. Cuando estaba enfadado, era verbalmente muy agresivo, y la insultaba. Ella se sentía traicionada en lo más profundo de su ser. Él no era grande físicamente, pero sí a nivel financiero. Esta era la protección que la mujer sentía en su sueño: el dinero la protegería del mundo, e incluso de sus propias emociones. Su vida sexual se había deteriorado, y era un esfuerzo para ella tener relaciones sexuales. Pensaba a menudo en el divorcio, pero seguía adelante con su matrimonio porque le parecía más fácil que separarse.

Sintió que la pensión para solteros y solteras simbolizaba su falta de intimidad. Esos hombres y mujeres solteros simbolizaban su ambivalencia emocional: ella no se sentía sentimentalmente unida a su marido ni a nada. Ahorrar dinero para comprar una casa representaba su deseo de tener un nuevo y seguro estilo de vida. Como pareja, estaban emocionalmente en bancarrota y no tenían lo que hace falta para llevar adelante una relación sana.

K. era un hombre físicamente grande, y se estaba recuperando de un problema de alcoholismo. Estaba divorciado y vivía solo. Esta mujer sintió que, ya que no bebía, representaba una esperanza para ella de que su marido también pudiera dejarlo.

SEXO FRUSTRADO O INTERRUMPIDO

Los sueños en los que aparece el deseo de mantener relaciones sexuales, o en los que éstas empiezan pero enseguida se interrumpen o se frustran, suelen representar algo que interfiere en la unión íntima de la pareja. Esos obstáculos pueden ser otras personas que se entrometen demasiado en la relación (padres, otros miembros de la familia, antiguos amantes) o distracciones por parte de uno de los miembros de la pareja, tales como el exceso de trabajo o el abuso de sustancias como el alcohol. Estas interferencias crean resentimiento en el otro miembro de la pareja.

Tengo este sueño recurrente: cuando me voy a meter en la cama con mi marido, un hombre con un rifle de caza aparece de repente en la habitación. Tengo miedo de que mate a mi marido.

Esta mujer se dio cuenta de que el hombre representaba la ávida afición de su marido por la caza. Cada temporada de caza, hacía frecuentes excursiones a los bosques con algunos compañeros. Cuando no iba de caza, pasaba mucho tiempo con esos compañeros igualmente. A ella le dolía que pasara tanto tiempo fuera de casa. Se sentía como una «viuda de caza» y temía que esa afición acabara con su intimidad.

El siguiente sueño presenta un tema muy habitual de sexo frustrado por las principales figuras de autoridad: los padres.

D. y yo vivimos con sus padres, que duermen en la misma habitación. No hay posibilidad de tener relaciones sexuales, y eso me vuelve loca. En el salón, quiero leer, pero no funciona ninguna de las luces. Parece que no hay manera de conseguir nada que alumbre. Así han sido las cosas con sus padres durante dos años y le digo a D. que tenemos que hacer algo porque estoy harta.

Esta mujer tenía una relación difícil con sus suegros, que quedaba claramente reflejada en ese sueño. Sentía que ellos se entrometían en su matrimonio, y eso estaba representado por el hecho de compartir el espacio íntimo y ser un obstáculo para el sexo. En el salón, el punto central de una casa, intenta enfrascarse en la lectura, pero no puede encender ninguna luz. En el sueño, habla con su marido de su frustración, algo que no pasaba en la vida real.

El sueño, literalmente, encendió una luz para esa mujer. Se dio cuenta de que no sacaría nada de ignorar la situación y callar, ya que sus frustraciones iban en aumento. Tenía que hablar con su marido, especialmente antes de que su irritación creciera tanto que explotara, lo que no haría más que incrementar los daños.

El sueño también abordaba otra cuestión, aparte de los suegros. En los sueños, los suegros representan figuras de autoridad que se aseguran de que no haya placer en las relaciones sexuales. En este caso simbolizaban la propia autoridad interior de esa mujer, que había aprendido de su madre que el sexo era algo sucio y no se debía disfrutar con él.

RELACIONES SEXUALES CON ALGUIEN FAMOSO

Como otros sueños en los que aparecen personas famosas e importantes, las relaciones sexuales con alguien famoso pueden representar nuestro deseo de ser amados y sentirnos importantes:

Estoy en un aeropuerto. Vuelvo a casa después de una conferencia o reunión de negocios, y me encuentro con Robin Williams, que también vuelve a casa. De alguna manera rompemos el hielo y es muy amable conmigo. Aunque otras personas lo reconocen, nadie parece atreverse a acercarse a él excepto yo.

Los dos estamos esperando. Mi equipaje se ha perdido y tienen que devolvérmelo. Él está esperando su coche. Charlamos un poco (no recuerdo de qué). Entonces me devuelven mi equipaje, una pequeña maleta negra sobre ruedas. Notifican a Robin Williams que su vehículo está listo. Se ofrece a llevarme a casa. Decido aceptar. Subimos a un Jeep descubierto, que él mismo conduce. Las cosas van tan bien que quiero invitarle a salir. Empiezo a decir: «¿Sería ir demasiado demasiado deprisa si...?» y él empieza a preguntar lo mismo al mismo tiempo que yo. Nos reímos. Me invita a cenar a su casa. Acepto, muy contenta.

Cuando llegamos a su casa, veo que está rodeada de bellas fuentes y jardines. Me siento muy atraída por Robin y sé que él se siente atraído por mí también. Me coge en brazos y me mete en casa. Me sube hasta el dormitorio. La electricidad me recorre el cuerpo. Hacemos el amor apasionadamente en una gran cama.

Esta mujer asociaba al actor y humorista Robin Williams con el humor, la diversión y el atrevimiento. La pequeña maleta negra perdida representa su sentimiento de identidad, y revela lo que piensa de sí misma. Desea que se fijen más en ella, ser más atractiva y abierta, como el Jeep que Robin conduce de camino a casa. El jardín precioso y exuberante añade sensualidad a la escena, y también expresa su profundo deseo interior de ser vista como una mujer hermosa y sensual. Algunas veces, las características o el comportamiento del amante famoso nos recuerdan a los de nuestra pareja. Otras, son un reflejo de las cualidades que nos gustaría que tuviera.

SEXO FORZADO

Los sueños sobre violaciones y sobre sexo forzado y desagradable son casi exclusivamente patrimonio de las mujeres. Esos temas pueden representar un resentimiento latente por el marido o novio («Estoy resentida por tener que acostarme contigo cuando siento que me has hecho daño»). Las mujeres que han sufrido malos tratos son las más propensas a tener sueños en los que son amenazadas o violentadas, o en los que el sexo es doloroso y humillante.

Los sueños sobre sexo forzado pueden ser también metáforas del hecho de tener que cumplir con alguna tarea u obligación que la persona considera humillante o desagradable, o que viola su sentido ético o moral, como en el ejemplo siguiente:

Estoy durmiendo en mi cama cuando dos criminales entran y me atacan. Me atan a una esquina y sé que pretenden violarme.

Esta mujer se peleaba frecuentemente con su marido. Las peleas nunca llegaron a un terreno físico, pero sí incluían insultos que la herían profundamente. Cuando una discusión terminaba, ella necesitaba tiempo para retirarse y recuperarse, pero él esperaba que todo volviera a ser «normal» otra vez y que reanudaran sus relaciones sexuales como si nada hubiera pasado. Se sentía emocionalmente violada en ese aspecto.

En el siguiente sueño, la amenaza de sexo forzado describe una elección desagradable en la vida de una mujer:

Estoy en mi habitación en un hotel, pero es una habitación muy grande. Cuando me despierto, me doy cuenta de que hay alguien más allí. Un hombre retira las sábanas. Es alguien que había conocido el día anterior, uno de dos gemelos. Es guapo y tiene buen tipo. Tiene el cabello oscuro, el pecho peludo y gafas con montura negra. Sólo lleva puestos unos calzoncillos negros. Estoy tumbada y él se estira encima de mí. Le digo que no, que se vaya, que no me interesa, que estoy casada y soy fiel a mi marido. Él cree que podrá convencerme.

Justo entonces el organizador del congreso entra. Dice: «Ya veo lo que habéis estado haciendo», en tono desaprobador. Yo digo: «No, no es verdad», y hago que el hombre se marche. Ya se lo explicaré al organizador más tarde. El hombre está enfadado y dice que volverá.

Esta mujer estaba en un congreso cuando tuvo este sueño, y le quedaba algún residuo diurno. La amenaza sexual es una metáfora de algo que la amenazaba de un modo íntimo o muy personal. Probablemente se refería a algo que ella se sentía obligada a hacer aunque no quería hacerlo. El sueño no trataba de su marido, sino de su trabajo, y le mostró lo fuerte que era su respuesta emocional negativa respecto a ese asunto. El organizador del congreso simbolizaba su autoridad interior, que mostraba desaprobación. El hombre enfadado era su miedo de enfadar a los demás si no actuaba de la manera que se esperaba de ella.

Un tema sexual relacionado con un asunto profesional aparece también en el siguiente sueño:

Sexo, bodas y matrimonio

Tengo una aventura amorosa con E. Nos encontramos en su casa, que es muy lujosa y está vistosamente decorada. Cada vez que tenemos una oportunidad de estar solos, nos embarcamos en los abrazos y besos más apasionados. Se sobreentiende que tenemos una relación, aunque en el sueño no hay sexo explícito.

E. está casado con una mujer muy fea. Es baja y achaparrada además de fea, y lleva el pelo castaño cortado como un paje. Me recuerda a la reina de Alicia en el País de las Maravillas. Me preocupa que se entere de lo nuestro, ya que a veces nos arriesgamos más de lo debido, pero la satisfacción del contacto físico con E. es demasiado fuerte. Parece que discutimos sobre las posibles consecuencias, o que ya hemos llegado a alguna conclusión. Si ella se entera, lo echará de casa. Un par de veces tengo la sensación de que nos ha visto (no nos separamos lo suficientemente rápido). Pero no hay confrontación.

La mujer que tuvo este sueño conocía a E. Había tratado con él por cuestiones de trabajo, y vivía a poca distancia de su casa. No era alguien por quién se sintiera sexualmente atraída. Estaba felizmente casada. Es más, no había visto a E. ni hablado con él desde hacía unos tres años, cuando lo vio por última vez en un congreso. Había conocido a su esposa, que era muy atractiva y no se parecía en nada a la del sueño.

A esta mujer no le pareció que su sueño fuera compensatorio en términos de afecto. Mantenía unas relaciones sexuales cálidas y cariñosas con su esposo. «Hay algo que quiero de E., pero no sé qué es», me dijo.

Después de trabajar el sueño en grupo, tuvo una intuición: en realidad, trataba del hecho de ser valorada profesionalmente. E. tenía mucho éxito, y era considerado una autoridad en su campo (su «casa» en el sueño). En el congreso en el que habían coincidido por última vez, él era realmente una estrella. Esta mujer trabajaba en el mismo ámbito. Aunque sabía que era competente y que podía hacer su trabajo a la perfección, sentía que los demás no reconocían su verdadera valía profesional. Ella no obtenía el mismo reconocimiento que él.

Este sueño la ayudó a enfrentarse a dos grandes verdades sobre sí misma: La primera, que todavía tenía por resolver el tema de la confianza en sí misma, a pesar de lo que afirmara. En lo más profundo de su ser, no estaba convencida de que fuera tan buena como decía. La segunda verdad se refería a correr riesgos. Ella era conservadora, jugaba sobre seguro. Por el contrario, E. era una persona independiente que corría riesgos. Según sus propias palabras, E. era de los que se llevan la fama, mientras que ella era de las que «cardaba la lana».

La mujer fea era aquella parte de sí misma que, literalmente, estaba «casada con ella», y que no quería reconocer su talento ni su éxito. Esta esposa desempeñaba un papel muy parecido al de su madre en la vida real, una persona que siempre trataba de empequeñecer las aspiraciones y los logros de su hija. Su madre no mostraba esta faceta negativa de manera directa, sino que prefería crear tensión detrás del escenario, igual que en el sueño, como en una guerra de guerrillas, que crea miedo y tensión al no saberse la hora y el lugar del próximo ataque. La esposa del sueño está dispuesta a rechazar cualquier vislumbre de éxito.

La mujer que tuvo este sueño desarrolló un plan de acción. Lo primero sería no volver a empequeñecer sus logros y éxitos, sino «sentirlos» y saber que eran válidos, sin importar la respuesta de los demás. La aprobación pública no es necesariamente una medida de éxito. Por ejemplo, algunos de los grandes artistas de la historia no fueron apreciados en su época.

Esto no significa que dejemos de tener en cuenta los valores contemporáneos del éxito. Vivimos en un mundo en el que el reconocimiento es importante. Sin embargo, hay muchas personas que realizan un trabajo de gran calidad y no se convierten en superestrellas. La clave de la felicidad en la vida está en la satisfacción que nos produce lo que hacemos, no en la aprobación de los demás.

La segunda parte del plan, por lo tanto, consistía en dejar de buscar la aprobación de los demás. Hay una gran diferencia con la primera parte del plan, que consistía en sentir su propio éxito. Uno puede ser capaz de reconocer su propio éxito, pero todavía necesitar que los demás también lo reconozcan y lo validen. Esto pone en marcha una búsqueda incesante de aprobación. En palabras de la propia interesada: «Siempre me falta algo para sentir que por fin ya he llegado».

La tercera parte del plan fue dejar de compararse con los demás. Lo que es válido para una persona no lo es necesariamente para otra.

PREOCUPACIÓN POR SER DESEABLE

Cuanto más envejecemos, más soñamos con nuestro atractivo. Las mujeres que se acercan al ecuador de su vida se preocupan de un modo especial por la posibilidad de perderlo. A las mujeres se nos dice, a través de la publicidad, los medios de comunicación y el comportamiento social, que los hombres siempre prefieren mujeres más jóvenes.

Soñé que mi marido tenía una aventura con otra mujer, una amiga mía. Los encontré en mi casa besándose apasionadamente. Me sentí fatal.

En este sueño, las emociones fueron tan intensas, que esta mujer llegó a preguntarse si había sido un aviso de que su esposo realmente tenía una aventura amorosa con su amiga. Su marido, sin embargo, estaba muy enamorado de ella y tenían una excelente relación. No había ninguna señal externa de que nada fuera mal entre ellos. Ella reconoció que a menudo se sentía preocupada al pensar que no sería capaz de mantenerse atractiva e interesante para que él siguiera siéndole fiel. El sueño reflejaba esa ansiedad. La amiga representaba las características que ella deseaba tener. El sueño la ayudó a darse cuenta de que sus miedos eran infundados, pero que necesitaba reforzar su autoestima.

Una mujer que sentía que su marido estaba perdiendo el interés por ella tuvo este sueño:

Soy la señora de una casa rica con mucho servicio. Le digo con crueldad a una de las jóvenes ayudantes de cocina que mi marido no siente nada especial por ella, que no se haga ilusiones, que sólo es una más entre muchas. Ella se queda destrozada. Mi marido está furioso por lo que le he dicho. Yo me siento indignada. Humillada, ella se va.

Esta mujer es tanto la esposa mayor como la joven ayudante de cocina. En la vida real, disfrutaba de un buen nivel de vida, pero se sentía empobrecida emocionalmente, a causa del miedo que le daba que su marido se sintiera interesado por mujeres más jóvenes. Emocionalmente, sentía que no le quedaba más opción que huir.

AVISOS DE INFIDELIDAD

En casos excepcionales, los sueños sobre infidelidad realmente son un aviso de infidelidad en la vida real. Por ejemplo, una mujer soñó que su marido tenía una aventura con una vecina. Le contó el sueño a él, que le dijo que era sólo «un sueño absurdo». Más tarde, la mujer descubrió datos que confirmaban la infidelidad de su marido. En su libro *Sexual Dreams*, Gayle Delaney relata el caso de una mujer que daba muchas cenas y fiestas con su marido. Una noche soñó que estaban dando una fiesta y la cesta del pan iba pasando de una mujer a otra. Cuando volvió a sus manos, dentro no encontró pan, sino el pene de su marido. Resultó que él había mantenido relaciones con muchas de las mujeres que acudían a aquellas fiestas. La mujer se divorció.

Esas mujeres probablemente recibieron signos sutiles,

o incluso obvios, de la infidelidad de su marido, pero prefirieron ignorarlos. O tal vez la intuición capta señales que no podrían ser reconocidas de manera consciente. Los enredos sexuales son muy difíciles de ocultar. La electricidad que hace saltar chispas entre los amantes salta a la vista, aunque los demás no quieran verlo.

Si tienes un sueño en el que aparezca una infidelidad de tu pareja, no te apresures a sacar conclusiones. Fíjate primero en cómo el sueño se relaciona contigo y tus emociones.

PROSTITUTAS Y «LAS OTRAS»

Cuando una mujer sueña con prostitutas o con «la otra», puede estar soñando con su propia sexualidad reprimida. Si la sexualidad se niega o se ignora, es probable que encuentre una forma de aparecer en los sueños en la forma extrema de una mujer muy sexual, incluso grosera. Esa figura es una sombra, una parte reprimida de uno mismo que Jung definió sucintamente como «lo que una persona no desea ser». La sombra suele presentarse con un aspecto amenazador o indeseable.

Mi marido tiene una aventura con otra mujer. Ella viene a mi casa y me desafía. Tiene el cabello oscuro, es voluptuosa y viste de manera muy provocativa. Tiene un aspecto totalmente sexual, muy diferente al mío. Le pido con frialdad que deje de ver a mi marido. Ella empieza a seguirme por la casa, y a gritarme que yo no estaría perdiéndolo si me pareciera más a ella. Intento ignorarla, pero después me vuelvo y le grito yo también. La agarro y la sacudo con mucha fuerza. Luego cojo unas tijeras y la recorto como si fuera una muñeca recortable.

La mujer que tuvo este sueño lo experimentó como una pesadilla, y lo tuvo poco antes del fin de su matrimonio. Mientras la madeja de su matrimonio se deshacía, el sexo se había ido reduciendo hasta desaparecer. La mujer voluptuosa del sueño era su parte sexual, que pugnaba por expresarse. «La otra» también es un símbolo de lo que amenaza al matrimonio, que en este caso no era una infidelidad, sino un cúmulo de fracasos. Esta mujer intentaba alejar su lado sexual, e incluso extirparlo de su vida.

RELACIONES SEXUALES CON ALGUIEN INADECUADO

Un sueño sexual común es mostrarse apasionado con un miembro de la familia (incesto), un amigo, un compañero de trabajo o un conocido por el que no se siente atracción. Estos sueños suelen causar vergüenza, desconcierto y asombro en las personas que los tienen.

A veces los sueños incestuosos tienen relación con un incesto real o una amenaza de incesto en épocas anteriores de la vida, pero es más frecuente que sean una metáfora de cualidades que vemos en esas personas con las que tenemos una relación íntima.

Una mujer, que ocupaba un puesto de directivo en una gran empresa, soñó que se besaba y abrazaba apasionadamente con un compañero, un directivo de otro departamento. Sólo lo conocía superficialmente. Le gustaba y le respetaba, pero no se sentía atraída por él. Cuando se le preguntó qué representaba ese hombre para ella, respondió que le gustaba su sentido del humor y su manera desenfadada de hacer las cosas. Se dio cuenta de que deseaba que su marido fuera así, y no tan rígido y autoritario.

Los sueños en los que se tienen relaciones sexuales con los padres o los hermanos pueden estar relacionados también con cualidades que buscamos por asociación. Hemos de pensar que seleccionamos a nuestras parejas entre las personas que nos recuerdan a nuestros padres, o que repiten comportamientos paternos o maternos que buscamos de un modo inconsciente.

EQUILIBRIO INTERIOR

El amor apasionado y armonioso simboliza a veces la armonía interior conseguida por la persona que sueña. Si sus naturalezas masculina y femenina (el *animus* y el *anima*) están equilibradas y en armonía la una con la otra, están entrelazadas de manera íntima, como amantes:

Sueño con un lago al lado del castillo Chillon en Suiza. La escena es muy, muy bonita, mágica y serena, muy tranquila. (Chillon es un castillo de Suiza que siempre me ha encantado: le Chateau de Chillon.)

Sobre el lago hay una esfera blanca brillante que parece una bola de cristal. La esfera flota sobre la superficie del lago, y en el interior, cada vez que miro durante la noche, veo dos amantes blancos (de mármol o de alabastro). Los amantes están íntimamente entrelazados en un abra-

*zo, como los de Rodin, aunque sus cuerpos son como las
estatuas blancas de los amantes G. y B. que vi cuando pa-
seábamos por el golfo de Finlandia.*

Este sueño proporcionó a la mujer que lo soñó una
gran cantidad de energía curativa, con respecto no sólo a sus
relaciones, sino también a su equilibrio interior entre lo
masculino y lo femenino. En lo más profundo de nuestro
interior, todos tenemos un lado masculino y un lado femenino, y ambos son importantes para nuestro bienestar. Cuando los dos trabajan en armonía y equilibrio, pueden aparecer en sueños en forma de amantes, como testigos de una
profunda interconexión interior.

Esta mujer también interpretó su sueño como un signo
de que una nueva relación que había iniciado iba a convertirse en un importante apoyo emocional para ella.

El lago simboliza las emociones calmadas (sin olas
preocupantes), y la bola de cristal que contiene a los amantes parece una mirada, idealizada y mágica, hacia el futuro.

Esta mujer escribió en su diario:

*Este sueño me conmovió mucho, porque los amantes
que vi en la bola de cristal que flotaba en las serenas
aguas del lago al lado del castillo de Chillon se parecían
mucho a los que había visto durante aquel paseo por el
golfo de Finlandia. Sólo que en el sueño, estos amantes
estaban entrelazados como los de Rodin, y eran blancos,
como los que vi en la playa, que ahora tengo reproducidos
en casi todas las habitaciones de la casa. Me traje una
postal de los amantes desde Suiza.*

A lo largo de mi vida he tenido relación con muchos hombres maravillosos, todos ellos casados. Eran como miembros de mi «mesa redonda». Todos me querían y me respetaban mucho, y me apreciaban de verdad, como los amigos más queridos. Todos ellos eran hombres de los que me hubiera podido enamorar, si no hubieran estado casados.

Así que, en vez de eso, se convirtieron en amigos muy queridos. De uno de ellos no pude evitar enamorarme, ni él de mí, pero llegamos al acuerdo de que sólo seríamos buenos amigos, a causa de su compromiso, que yo respeto mucho. Pero este hombre me ha ayudado (como amigo) a mantener el equilibrio entre mi parte interior femenina y la masculina.

Los amantes del lago me recuerdan la unión que he conseguido en términos de equilibrio y armonía internos y externos desde que conocí a esos maravillosos hombres, y desde que su amor y su respeto entraron en mi vida.

En el pasado me sentí muy confundida con los hombres, que a menudo me maltrataron, me ignoraron o me invalidaron como persona. Así que, después de un largo periodo de celibato para curar las heridas, estos sueños me sirvieron de ayuda para demostrarme que ya me había curado. Mi yo interior masculino y el femenino parecen haber empezado a convivir en armonía y equilibrio, y así los dos me ayudan.

OTRAS IMÁGENES SEXUALES

Muchos sueños cuyo contenido no es abiertamente sexual tratan, sin embargo, del sexo, como este:

F. y yo estamos durmiendo en nuestra casa. Me despierto en mitad de la noche, y de algún modo me doy cuenta de que se ha ido la luz. Despierto a F., que se levanta y baja al sótano para ver si la caldera se ha apagado. Lleva una linterna.

La mujer que tuvo este sueño, divorciada, estaba viviendo una nueva y apasionada relación. Durante los últimos años de su matrimonio, no había tenido relaciones sexuales con su marido. La caldera y la linterna tienen obvias connotaciones freudianas (hembra y macho). La falta de luz que hace que se apague la caldera se refiere a la falta de sexo en su anterior matrimonio. De hecho, ella comentaba a menudo que notaba como si la luz piloto de su feminidad estuviera apagada. Su nueva pareja tenía la solución.

Puede encontrarse un significado sexual en muchas imágenes oníricas. Por ejemplo, otra mujer que vivía una nueva y apasionada relación soñó que sentía el deseo de limpiar su casa. Con gran energía, empezó a aspirar la alfombra. La alfombra y el aspirador son símbolos sexuales, al igual que la caldera y la linterna (curiosamente, los aspiradores aparecen con frecuencia como símbolos fálicos en los sueños con un mensaje sexual). Limpiar la casa representaba la nueva energía que ella sentía que entraba en su vida. Era el momento de librarse de los trastos viejos.

El fuego y la electricidad aparecen como símbolos de pasión intensa en muchos sueños sexuales:

M. y yo estamos en un hotel. Él enciende un fuego y yo me voy a la cama. Viene a darme un masaje. El fuego quema la habitación.

También se encuentran mensajes con contenido sexual en frases de argot o juegos de palabras que contienen partes del cuerpo o actos sexuales. Los animales salvajes, especialmente aquellos que intentan cazarnos o que corren descontrolados, pueden simbolizar también la sexualidad que intenta liberarse.

Matrimonio y bodas

Estos sueños están relacionados con los de sexo e intimidad, ya que tienen que ver con aspectos de la vida muy íntimos y personales. Los sueños que tratan del matrimonio pueden ser un reflejo del verdadero estado de nuestro matrimonio, como en el siguiente:

Soñé que dábamos una cena de aniversario, para celebrar los diez años de nuestro matrimonio. Mi hija pequeña estaba sentada a un extremo de la mesa, y yo al otro. Además de mi hijo, también se encontraban allí algunos de mis amigos y sus esposas, y otros invitados. La criada servía una cena excelente... El sueño cambiaba; los adultos jugábamos al bridge. Hubiera faltado una persona, ya

*que mis amigos estaban todos casados, de no ser porque
apareció una amiga soltera justo cuando íbamos a empezar
el juego. Me desperté pensando qué noche más maravillosa habíamos pasado.*[1]

Lo más importante de este sueño es lo que falta en él:
la esposa de este hombre no está presente. En la fiesta de
aniversario hay otros familiares y amigos. Él disfruta muchísimo, a pesar de la ausencia de su mujer. De hecho, admitió que su esposa y él no pasaban por un buen momento.
El sueño revelaba sus auténticas emociones: que la vida era
más agradable sin ella. El juego del bridge* podía verse
también como símbolo de un puente hacia una nueva vida,
en la que habría amigos, incluso alguna amiga soltera.

Los sueños sobre matrimonio también pueden simbolizar cosas con las que nos sentimos comprometidos o ligados, para bien o para mal.

*De algún modo me encuentro aceptando casarme con
P., aunque no me siento atraída por él, y siento que mi
vida va a resentirse por ello. Los demás me empujan a hacerlo y yo les sigo la corriente, aunque sé que no es lo mejor para mí. Me estoy condenando a una vida de pobreza.*

En la vida real, P. era un amigo con el que esta mujer
nunca había tenido ningún tipo de relación romántica. Ambos estaban casados con otras personas. P. solía tener un

---

* *Bridge* significa «puente» en inglés. *(N. de la T.)*

aspecto descuidado y siempre estaba tratando de conseguir algún dinero. En el sueño, representaba los temas que la preocupaban y con los que había estado luchando durante años. Tenía dificultades para administrar su dinero. Le gustaba cuidar su apariencia y gastaba mucho en ello. Vivía permanentemente endeudada y juraba que no le volvería a pasar, pero siempre había algo que la tentaba y le hacía romper su juramento. Tenía mucho miedo de acabar sumida en la pobreza.

Esta mujer sintió que P. representaba su preocupación por las apariencias (su miedo de parecer y ser pobre), además de su mala costumbre de gastar más de lo debido, que ponía en peligro su seguridad. Se casaba voluntariamente con el comportamiento que la mantendría siempre luchando por el dinero. Las demás personas del sueño, que la animaban a casarse, representan las tentaciones de seguir gastando.

Los sueños sobre bodas pueden ser sorprendentes, sobre todo si no tenemos planes de boda, ni nos hemos casado recientemente ni pensamos en divorciarnos. Muchos sueños de bodas no tienen nada que ver con las relaciones. Una boda es un símbolo de compromiso con algo que es muy importante para la persona que tiene el sueño. Inaugura un modo de vida totalmente nuevo. La mayor parte de nosotros no nos casaríamos si no estuviéramos absolutamente seguros. En cambio, nos comprometemos en otros aspectos de la vida (con personas, un puesto de trabajo, organizaciones, proyectos...) sin entusiasmo, sólo porque creemos que hemos de hacerlo. Consideremos el siguiente sueño:

Me estaba casando con un hombre al que apenas conocía. No sé por qué nos casábamos. No estaba contenta. Me sentía bastante flemática. Celebrábamos una recepción antes de casarnos. Llevaba mi vestido de boda, muy formal, y estábamos sentados a la cabecera de la mesa, aunque aún no nos habíamos casado. No pasamos a saludar por las mesas (supongo que porque no estábamos casados). Mientras la noche avanzaba, se nos olvidó, y ya no volvimos para casarnos. Vi a mi prometido con otra mujer y me pregunté por qué no se casaban. Parecían hechos el uno para el otro. Parecían estar enamorados. A mí no me importaba en absoluto. De hecho, yo quería decirles que se casaran. En otra escena estábamos en una casa y bajábamos al sótano. Había un invitado durmiendo sobre un colchón en el suelo. Bajábamos al sótano a buscar ropa limpia.

Antes de bajar al sótano, había estado en un salón acogedor con el hombre (el novio) y la mujer. Me preguntaba por qué se suponía que teníamos que casarnos. No parecía lógico, ya que ellos se llevaban tan bien. Creo que me sentí aliviada.

Esta mujer reconoció que el sueño le mandaba un mensaje relativo a su carrera. Su intuición le estaba diciendo que no «se casara», es decir, que no se comprometiera con algo de lo que no estaba segura que fuese lo mejor para ella. «Este sueño me decía que fuera yo misma, y que no me dedicara a algo en lo que no podía poner mi corazón y mi alma —me dijo posteriormente—. Necesito escuchar a mi propio guía espiritual.» Una clave para interpretar este sueño nos la da la persona que dormía en el sótano, una señal de que debía buscar la verdad dormida sobre lo que realmente quería hacer.

El siguiente sueño trata de la propia imagen de la persona que lo tuvo:

> *Le ruego a mi ex marido que vuelva a casarse conmigo, pero él me rechaza diciéndome que está enamorado de otra mujer y que van a casarse. Me invita a la boda. Cuando voy, me sorprende ver lo fea que es la novia. ¡Es tan masculina que incluso tiene un poco de barba! Me sorprende que se sienta atraído por ella, porque yo soy mucho más atractiva.*

El segundo matrimonio de la mujer que tuvo este sueño era inestable, y solía tener fantasías sobre volver con su primer marido. Tenía la autoestima muy baja, como lo demuestra la novia fea y masculina que le quita el afecto de su primer marido. La novia fea también simboliza cómo se sentía ella con respecto a su atractivo sexual. De hecho, se sentía muy poco atractiva para su segundo marido.

El siguiente sueño trata de relaciones románticas:

> *Soñé que una amiga venía a verme. Yo iba vestida de color lavanda, con un sombrero de dama de honor, y estaba a punto de casarme. Decido bruscamente no hacerlo. Estaba sentada abrazándome las rodillas y me sentía agobiada por la escasez de aire en la habitación. No paraba de encender y apagar el radiador. Entonces entró otra chica y me informó de que tenía un agujero en el talón de una de mis medias. Yo, que soy la pulcritud personificada.*[2]

La persona que tuvo este sueño era una mujer de negocios de éxito que tenía dificultades para entablar amistad tanto con hombres como con mujeres. Era amistosa con los hombres, incluso les animaba a acercarse a ella, pero si se mostraban excesivamente románticos o sexuales, su comportamiento se volvía frío y mezquino, lo que solía llevar al final de la relación. La novia del sueño es aquella parte de sí misma que desearía entablar relaciones más íntimas y duraderas, pero ella era siempre la dama de honor, nunca la novia. Otra parte suya intentaba convencerla de que no valía la pena. El radiador que se enciende y se apaga simboliza tanto su propia actitud con los hombres como su sexualidad insegura. Ese conflicto es el único agujero en su mundo, perfectamente acicalado por lo demás. El talón también llama la atención sobre el talón de Aquiles, un punto de gran vulnerabilidad o debilidad.

Nuestra sexualidad está íntimamente conectada con el resto de facetas de la vida: la autoestima, el éxito en las relaciones, la capacidad de expresar emociones, la de dar y recibir amor, la apreciación de la belleza y la expresión creativa. Los sueños con un fuerte contenido sexual son un buen barómetro para medir cómo nos va la vida y qué cosas necesitamos cambiar.

7

Dinero, objetos de valor y tesoros

Es tentador pensar que los sueños sobre encontrar dinero, objetos de valor o un tesoro son proféticos y nos hablan de un futuro lleno de riqueza. No es imposible, pero la mayor parte de estos sueños se refieren a nuestras ansiedades, nuestros valores o la costumbre de gastar. También pueden hablarnos de nuestra riqueza interior, es decir, de nuestros valores espirituales, de nuestro talento o de nuestra autoestima.

CUMPLIMIENTO DE DESEOS

Si tenemos problemas económicos, podemos tener sueños en los que se cumplan nuestros deseos de recibir inesperadamente grandes sumas de dinero u otras riquezas, como en los dos ejemplos siguientes:

Soñé que el chico con el que voy me pedía que me casara con él. Nos casábamos, y de luna de miel íbamos a dar la vuelta al mundo. Cuando regresamos, compraba una maravillosa casa en el campo. Tenía todo el dinero que quería para comprar joyas, bonitos vestidos, coches y de todo.[1]

En realidad, tanto ella como su novio estaban en el paro y tenían muy poco dinero.

Soñé que mi padre, que abandonó a mi madre hace tres años, volvía a casa con una bolsa al hombro. En ella había tres mil dólares que había ganado en la lotería. Todos estábamos muy contentos.[2]

La familia abandonada no sabía dónde se encontraba el padre, y tenía problemas económicos. El sueño expresaba tanto el deseo de que el padre volviera a casa como el de que se resolvieran los problemas materiales. La imagen del padre que aparece con un saco al hombro recuerda a la de Santa Claus, lo cual subraya la fantasía del deseo. El dinero ganado en la lotería simboliza la solución mágica, fácil e instantánea a los problemas.

PREOCUPACIONES A CAUSA DEL DINERO

La preocupación por el dinero, las deudas o llegar a fin de mes suele estar detrás de los sueños en los que perdemos la cartera o el bolso o nos roban. El ladrón, sea conocido o no, puede representar la persona o la situación que nos está despojando de nuestra seguridad económica. El verdadero ladrón probablemente es la persona que tiene el sueño, cuyas malas costumbres en lo que al gasto y el ahorro se refiere la han llevado a la mala situación económica en la que se encuentra.

Dinero, objetos de valor y tesoros

Estoy en un congreso durante la Semana Santa. Uno de los actos consiste en asistir a una misa especial de Pascua en una iglesia ortodoxa rusa. El grupo sale para ir andando hasta la iglesia. Hemos dejado nuestros objetos personales en una gran sala. Todavía estoy en esa sala comprobando que mis cosas estén en orden. Hay un hombre extraño, con el pelo rojo, que está revolviendo entre las cosas. Coge una pequeña riñonera, la abre y saca un puñado de monedas. «Es increíble lo que la gente deja en estas bolsas», dice, mientras lanza la riñonera sobre una pila de ropa. Me quedo muy sorprendida al comprobar que se trata de mi riñonera, y me asalta la idea de que el hombre es un ladrón. «Esa es mi bolsa, y me acaba de robar el dinero —le digo con dureza—. Quiero que me lo devuelva.» El hombre parece disgustado por haber sido descubierto, y empieza a escarbar en su bolsillo delantero. Me devuelve una parte del dinero. «Yo tenía más que eso», le digo. El hombre sale corriendo. Yo corro detrás de él y hago señales al grupo, que está ya al otro lado de la calle. Grito: «Al ladrón, al ladrón», pero el hombre se escapa.

La verdad es que tengo muchas ganas de ir a la iglesia, y el resto del grupo parece creer que el tema de la seguridad ya está resuelto. Nos dirigimos, pues, a la iglesia, un edificio antiguo con mucha madera ornamentada y una escalera de caracol muy elaborada que baja y baja. La misa se celebra en una pequeña sala que hay al final de la escalera.

Mientras el grupo baja la escalera, decido no asistir a la misa y volver al hotel. No hay nada que impida al ladrón regresar mientras estamos fuera.

133

Cuando llego a la sala del hotel, veo que alguien ha estado allí y ha robado cosas. Hay un bolso negro que se parece al mío. Lo abro y veo que se lo han llevado todo. Me temo lo peor. Entonces encuentro mi bolso. Me siento muy aliviada al descubrir que no falta nada: el billetero con todo el dinero, la agenda y las demás cosas. El caso es que el ladrón se ha llevado los objetos de valor de todo el mundo menos los míos. Pienso: «Todavía tengo el dinero» o «Aún tengo todo lo que es mío».

La verdadera causante de los problemas económicos de esta mujer era ella misma, por su imprudente modo de gastar. Sentía una gran ansiedad al pensar cómo iba a ser capaz de devolver una enorme deuda que tenía. El sueño quería darle seguridad, decirle que tenía recursos (determinación, disciplina, etc.) para seguir siendo solvente. También se dio cuenta de que aún tenía cosas que eran más importantes que el dinero: salud, una buena relación de pareja, un hogar y una familia.

El significado de la misa que se celebra al final de la escalera de caracol no queda claro. Tal vez apunte a que podría encontrar la solución a sus problemas económicos si trabajara más su parte espiritual.

Otra mujer que se encontraba en una situación parecida tuvo este sueño:

Estaba a punto de irme de viaje en una furgoneta llena de mujeres. Parece que las había conocido durante un congreso. Todo el mundo me estaba esperando, y de repente descubrí que no tenía el monedero. Había estado paseando por unos grandes almacenes y lo llevaba en el bolso, pero me lo habían robado. Por suerte, había sacado el dinero y aún me quedaba un buen montón. Pero me faltaban el carné de conducir y las tarjetas de crédito. Así, no podría comprar nada con tarjeta y no conseguiría puntos de la compañía aérea. Además, tendría que denunciar el robo, avisar a los bancos y conseguir otro carné de conducir. Todo el mundo se estaba impacientando.

Esta mujer entendió el mensaje que le enviaba el sueño nada más despertarse: se refería a su perpetuo problema de agotar el crédito de las tarjetas. Su identidad estaba ligada al dinero, simbolizado por su monedero lleno de tarjetas de crédito y el carné de conducir. Se dio cuenta de que ella era el verdadero ladrón. Al no saber controlar sus gastos, no sólo se estaba robando a sí misma sino que también robaba a su familia. En el momento del sueño, aún no lo había perdido todo. Todavía le quedaba dinero en efectivo. Se dio cuenta de que tenía que parar o se quedaría realmente sin recursos.

El resentimiento hacia otras personas que tienen más que nosotros queda patente en el siguiente sueño:

Algunos ricos están retenidos como prisioneros. Parece que yo formo parte de los secuestradores. Ataco con violencia a una anciana de las más ricas. La desgarro con tijeras y cuchillos como si fuera una muñeca.

«El dinero me está convirtiendo en un monstruo», anotó esta mujer en su diario de sueños. Más concretamente, su obsesión por ser rica era la verdadera secuestradora. Las tijeras y cuchillos, instrumentos cortantes, son símbolos de la necesidad de apartar tajantemente ese comportamiento de su vida, antes de acabar desgarrada por él.

OBJETOS DE VALOR ESTROPEADOS

Los objetos de valor que se han perdido o se han estropeado pueden ser símbolos de otra cosa, por ejemplo de una relación que fue valorada en otro tiempo, pero que ha perdido lustre:

H. y yo estamos en algún lugar de Canadá, en una hermosa ciudad antigua con mucha agua, parecen canales. Salimos con otra pareja en su lancha a hacer una visita. Atracamos y desembarcamos para visitar la ciudad. Sobre una colina hay un castillo de ladrillo rojo con esbeltos torreones.

Me doy cuenta de que me he dejado el reloj y los anillos en la lancha y tenemos que volver a buscarlos. Los encuentro y me pongo el reloj y el anillo de boda, que me molesta. Lo miro y veo que está aplastado, como si hubieran saltado encima de él. Está torcido y a punto de romperse. Me echo a llorar. Digo que tendré que comprar uno nuevo, pero H. dice que no nos lo podemos permitir si vamos a cambiar de casa.

El matrimonio de esta mujer se estaba deteriorando. La hermosa ciudad antigua representa los viejos tiempos, épocas mejores, y el castillo de ladrillo rojo en la distancia es la posibilidad de renovación. La gran cantidad de agua (emociones) estaba dividida en muchas opciones (canales). El anillo de matrimonio estropeado e incómodo reflejaba el verdadero estado de la relación. El reloj le decía que era el momento de hacer algo. El sueño reconocía su auténtico deseo de hacer cambios (comprarse un nuevo anillo), pero no estaba segura de los verdaderos sentimientos de su marido. El sueño la ayudó a salir del limbo emocional en el que se encontraba, y a iniciar un esfuerzo para reconstruir su matrimonio.

RETRIBUCIONES JUSTAS

En el siguiente caso, la persona tuvo este sueño un año después de haber dejado un trabajo fijo para establecerse por su cuenta como relaciones públicas:

Estoy llevando a cabo un trabajo voluntario para una organización de mujeres. Las cosas les van mal y ya no tendrán más trabajo para mí. No les quedan recursos económicos. Descubro que han ido a ver a N. para pedirle consejo. Pero él no les ha dicho nada que las pueda ayudar, y además les ha exigido que le paguen. Les ha dicho que lo saquen de sus reservas de latas de aceite para coches y que le den el diez por ciento.

Voy a hablar con él, enfadada porque pretende cobrar por un servicio que no ha servido de nada. Dice que él sólo quiere cobrar por su trabajo. Me pregunto por qué le pagan a él si no me han pagado nada a mí.

N. era un hombre al que la mujer que tuvo este sueño conocía de su vida laboral. También era asesor de relaciones públicas, y trabajaba como autónomo igual que ella, pero parecía que las cosas le iban mucho mejor, aunque se esforzara menos. Tras un año en el negocio, esta mujer se sentía frustrada por las tarifas. Parecía que la única manera que tenía de conseguir trabajo era reduciéndolas. No parecía posible convencer a la gente de que merecía cobrar más. De hecho, a veces le parecía que daría igual trabajar gratis, como voluntaria. Por el contrario, N. parecía ir siempre «bien untado», lo cual estaba reflejado en el sueño por las latas de aceite.

En el sueño, N. defiende su derecho a cobrar una tarifa. Para esta mujer, él era un símbolo de su propio deseo de ser bien retribuida. El mensaje era que ella debía convencerse de su propia valía y mantenerse firme a la hora de negociar un trabajo.

«Nunca había dicho que no a un trabajo, aunque el salario que me ofrecieran fuera ridículo, porque pensaba que no podía permitírmelo —me dijo—. Creía que al ver mi trabajo me valorarían más y eso haría que subieran las tarifas. Por el contrario, la gente seguía esperando que trabajara por las mismas tarifas ridículas» La organización de mujeres que en el sueño se quedaba sin recursos representaba su propia preocupación por perder a sus clientes.

Aunque le llevó algún tiempo ser capaz de hacerlo, empezó a rechazar los trabajos mal pagados. Estableció lo que le pareció una tabla de tarifas justa, y se fijó una serie de líneas para seguirlas en toda negociación. Sus tarifas y su mayor selectividad a la hora de elegir trabajos hicieron subir su valoración en el mercado. «Todo es una cuestión de percepción», me dijo.

EL TIEMPO ES VALIOSO

A veces el dinero representa otra cosa que la persona valora, como el tiempo, el compromiso o el esfuerzo, es decir, sus recursos personales.

Un joven pelirrojo intenta explicarme los problemas económicos por los que pasa. Me dice que ha conseguido un crédito, y me enseña los papeles. Me pide que le explique los términos del crédito. Estudio los papeles y le digo: «Bueno, pues has aceptado pagar un tipo de interés del ciento diez por ciento». Está muy desanimado. «No podrá ser», me dice.

A la mujer que tuvo este sueño, le habían pedido que tomara parte en un proyecto de voluntariado. Ella no estaba demasiado interesada, pero sentía que no podía decir que no, a pesar del tiempo y la energía (y posiblemente el dinero) que tendría que dedicarle. El joven del sueño representaba su lado racional, que intentaba explicarle que su hoja de balance interior estaba en números rojos. El tipo de interés del *ciento diez* por ciento recogía una reflexión que ella se había hecho: «Parece que tendré que dar el *ciento diez* por ciento de mí misma si he de hacer todo el trabajo y además encargarme de esto». La exclamación del joven («No podrá ser») era un mensaje de que este proyecto no era lo que más le convenía en esos momentos. Aunque le costó, rechazó la propuesta, diciendo que había calculado mal el tiempo libre que tenía.

Fue una buena lección. Tendemos a decir que sí a muchas propuestas porque no queremos decepcionar a los demás ni que piensen mal de nosotros, o porque realmente queremos ayudar. Decir que sí a estas propuestas nos hace ganar la aprobación de los demás, o eso creemos. De hecho, la gente respeta más a las personas que reconocen sus limitaciones. Algunas incluso, sienten envidia de quienes son capaces de decir que no. No nos van a apreciar menos por decir que no de vez en cuando.

El valor espiritual de los tesoros

Muchos sueños que tratan de dinero, objetos de valor y tesoros no se refieren a asuntos materiales, sino a valores espirituales: el amor, la autoestima, el propósito de la vida, una sensación de conexión con el universo, virtudes, etc. Tales cosas no llevan etiqueta, ya que no tienen precio. Estos sueños son vívidos y emocionales, y aportan un poder transformador que puede durar años. Nos ayudan a descubrir un significado más profundo en la vida, que trasciende los altibajos de la vida cotidiana.

El simbolismo espiritual de los tesoros aparece en muchos mitos. En la mitología budista tibetana, hay un lugar de gran misterio y magia conocido como Shambhala. Este nombre es sánscrito, y significa «la fuente de toda felicidad». El viaje a Shambhala es una metáfora de nuestro viaje espiritual a través de la vida para encontrar nuestro Yo Superior.

Shambhala es una tierra de paz y alegría, los ilumina-dos habitantes de la cual no sufren enfermedades, ni pobre-za ni vejez, ni tienen vicios. Está llena de árboles frutales maravillosos y mágicos, y de tesoros formados por piedras y metales preciosos. El reino está protegido de la contami-nación por dos círculos de montañas nevadas y espesas nie-blas. Shambhala se encuentra como una joya en el corazón de una flor de loto de ocho pétalos. Sólo las personas más puras y honradas la encuentran y la reconocen, generalmente después de un largo y penoso viaje.

Hay dos maneras de encontrarla. La primera es a tra-vés de la búsqueda espiritual. La persona recibe una llama-da, que proviene de sueños o visiones en los que la niebla se abre y puede echar un vistazo al reino. Debe entonces bus-car por sí misma la manera de llegar allí. El viaje está car-gado de peligros. El terreno es escarpado, y el viajero se ve asaltado por tentaciones que llegan en forma de personas que intentan apartarlo del camino. También es atacado por su naturaleza más baja, que adopta la forma de bestias y demonios. Si consigue vencer todos esos obstáculos, llega a Shambhala.

La segunda manera de encontrarla es tropezar con ella, es decir, hallarla por casualidad. El viajero queda sorprendido y encantado, pero no está lo suficientemente iluminado para darse cuenta de lo que está viendo. Al no haber realizado el trabajo interior necesario, no entiende que ese reino es el corazón, la parte más profunda del yo, ni que las sabrosas frutas son en realidad los frutos del Espíritu: el amor, el gozo, la paz, la paciencia, la amabili-dad, la bondad, la fidelidad, la gentileza y el autocontrol.

Tampoco se da cuenta de que las piedras y los metales preciosos son las grandes verdades espirituales, ni que el hecho de ser inmune a la enfermedad y la vejez representa la recompensa de la autorealización: la unidad con Dios.

Lo que hace el turista accidental es valorar el lugar por su aspecto externo. Durante un rato, disfruta de él, pero pronto se cansa de la inexorable bondad que reina allí, y añora el mundo del que proviene. Se marcha, seguro de poder volver siempre que quiera. Pero una vez que se va, la niebla vuelve a cerrarse y Shambhala se pierde para él. Sólo podrá volver a encontrar ese reino por medio de la búsqueda espiritual.

El paralelismo cristiano de Shambhala es la búsqueda del Santo Grial, simbolizado por un cáliz hecho de metales preciosos y adornado con perlas y piedras preciosas incrustadas. En las principales historias acerca del Santo Grial, los caballeros de la mesa redonda del rey Arturo lo buscan por parajes yermos (el inconsciente), mientras ganan sabiduría y se purifican a través de las experiencias y los sufrimientos.

Estos y otros mitos se encuentran en las misteriosas enseñanzas de la alquimia que forman parte de las culturas tanto orientales como occidentales desde la Antigüedad. Los elementos de estas historias sobre el descubrimiento del yo esencial se muestran en sueños, y nos recuerdan cuáles son los auténticos tesoros y las verdaderas bendiciones.

HALLAR UN TESORO

El siguiente sueño contiene símbolos alquímicos:

Estaba en un bosque, buscando setas. No había, porque no era la época. Pero me arrodillé, y empecé a rascar la tierra con las manos. Era negra, húmeda y blanda, tierra de bosque. Bajo la primera capa, encontré un montón de monedas de oro y pequeños objetos también de oro, muy pesados y brillantes. Brillaban como el sol. Me sentí muy sorprendida de encontrar oro con tanta facilidad. Cogí las monedas y las figurillas, las puse en un pañuelo a cuadros rojos y blancos y las guardé en el bolsillo. No tuve ninguna duda de que ese oro me pertenecía.

Esta mujer se encuentra en el bosque del inconsciente, buscando su alimento espiritual (simbolizado por las setas), que no está allí. A menudo buscamos lo que queremos en el lugar o el momento equivocado. La tierra negra del bosque representa el primer nivel de la alquimia, llamado *nigredo* o ennegrecimiento. Lo viejo debe morir antes de que lo nuevo pueda nacer. La negra tierra del bosque ha sido enriquecida con la decadencia y muerte de la vegetación. Las plantas simbolizan tanto la vida como la muerte y el renacimiento, de modo que son las mediadoras entre la consciencia y el inconsciente. Las monedas y los objetos de oro, que brillan como el sol, son el resultado final de la alquimia, el oro de la iluminación o, en palabras de Jung, el proceso de individuación, de convertirse en un todo completo. Esta mujer toma posesión del tesoro y sabe de manera em-

143

pática que le pertenece. El rojo y el blanco simbolizan en alquimia lo masculino y lo femenino respectivamente. El pañuelo a cuadros rojos y blancos significa el equilibrio interno entre lo femenino y lo masculino, necesario para el proceso de individuación.

Este sueño se presentó al inicio de su despertar espiritual, y le proporcionó una especie de mapa para el camino que tenía por delante. Cualquier viaje presenta obstáculos y dificultades, y cada viajero tiene que enfrentarse a alguna situación que aconseja dar media vuelta y regresar. Saber que el oro se encuentra allí alimenta la fe necesaria para continuar.

PENETRAR EN LAS PROFUNDIDADES

El siguiente es otro sueño con imágenes alquímicas:

M. y yo estamos sobre un pequeño trozo de madera a la deriva que nos sirve de balsa en el vasto océano. Llevo una bolsa de plástico que contiene una pieza de ropa, alguna otra cosa que no recuerdo y un anillo de oro que tiene un gran valor para mí. En cuanto dejo la bolsa sobre la balsa, se cae al mar y se hunde. Estoy muy disgustada. Miro hacia abajo. El agua es cristalina, y mucho más abajo veo una isla hundida. Parece que se han hundido muchas cosas en esta zona. La isla está tan profundamente hundida que no puedo bucear para recuperar la bolsa. La presión sería demasiado grande. Me pregunto si podría hacer venir buceadores. ¿Cómo voy a encontrar la bolsa? ¿Y qué pasará si el anillo ha salido despedido de ella y se ha perdido para siempre?

En su diario, esta mujer grabó los siguientes pensamientos:

Lo que me viene a la mente enseguida es el anillo de oro del tiovivo: hay que alcanzar el oro. Debo descender hasta las profundidades de mi inconsciente y mis emociones para recobrar el oro en el sentido alquímico. Para lograrlo, tengo que sondear mi mundo interior . Debo penetrar en mis profundidades, y resistir la presión, para alcanzar mi propia riqueza interior. La isla hundida es mi creatividad, que está muy dentro de mí, pero la veo con claridad y sé hacia donde ir.

M. es el marido de esta mujer. Ella había estado trabajando como novelista durante varios años, y se ganaba muy bien la vida escribiendo novelas por encargo. Posteriormente, sintió la necesidad de dedicarse a temas que supusieran un desafío mayor. Un cambio así no es siempre fácil, ya que a los lectores y editores les cuesta aceptarlo cuando un escritor tiene éxito con lo que suele escribir.

Ella interpretó que el trozo de madera de naufragio era su trabajo actual, que simplemente le permitía mantenerse a flote. La pieza de ropa era su identidad, que deseaba cambiar. El valioso anillo de oro era su creatividad. M. simplemente estaba presente en el sueño. En la vida, él apoyaba siempre a su esposa, y la seguía en cualquiera que fuera la dirección (o la barca) que ella eligiera.

El mensaje era que la única manera de recobrar el anillo, es decir, de expandir su creatividad era bucear en sus profundidades y correr el riesgo. Si no, su nuevo nivel de expresión artística y su nueva carrera se perderían para siempre.

ENCONTRAR UN PROPÓSITO EN LA VIDA

Uno de los grandes tesoros que podemos descubrir con ayuda de los sueños es nuestro auténtico propósito en la vida. En el siguiente sueño, símbolos reales de oro puro llevan un poderoso mensaje a una mujer joven que busca respuestas.

Desde las alturas se me entrega un papel sagrado y una responsabilidad bendita. Una esfera y un cetro de oro descienden hasta mis brazos. Me siento muy humilde al contemplar la escena, ya que un Poder Superior me pide con una voz inaudible que lleve esos símbolos reales de llamada espiritual y de poderoso liderazgo hasta el valle inferior, para proporcionar curación y bienestar a la humanidad. Siento un enorme respeto por este mensaje.

El matrimonio de esta mujer estaba en crisis. Decidió someterse a un análisis junguiano para entender por qué era tan infeliz con su marido. Se habían conocido cuando ella tenía diecisiete años, en la primera semana en la universidad. Al principio había sido su mejor amigo. Aproximadamente un año y medio después de iniciar el análisis, se separaron. El divorcio llegó dos años y medio después. Ella me explicó:

Dinero, objetos de valor y tesoros

No sabía cuál iba a ser mi camino en la vida. Cuando nos casamos, esperaba que viviéramos felices para siempre. Mi vida había sido bendecida en numerosas ocasiones y tenía dos niños preciosos. Pero había habido muchos cambios. Había vuelto a los estudios de teatro. Era una madre soltera. Me sentía en un camino espiritual, pero no sabía adónde me conducía. No tenía ni idea de lo que debía hacer cuando se me acabara la pensión alimenticia. Sentía algún tipo de «llamada», pero no sabía de qué se trataba.

El sueño sobre la esfera y el cetro me pareció que se refería a mi propósito más elevado. Me conmovió profundamente. Fue el mejor sueño de mi vida, porque tuve la sensación de que se me «concedía» mi propósito más elevado.

Desde entonces me he dado cuenta de que la esfera y el cetro son símbolos muy antiguos del sagrado matrimonio entre el país y el rey, lo femenino y lo masculino. La esfera debe sostenerse en la mano izquierda, y el cetro en la derecha. Parece que siempre necesito equilibrar el lado masculino con el femenino.

En mi sueño, la esfera y el cetro eran de oro puro, sin joyas que los adornaran. El oro era el más puro y sagrado, del que sólo llega por la «gracia del cielo». Recibí esos símbolos de «gobierno espiritual» con total humildad, cuando estaba sola, en la cima de una montaña que dominaba el valle a sus pies.

AMOR Y AUTOESTIMA

El dinero puede simbolizar nuestra autoestima:

Caminaba calle abajo con mi mejor amiga (alguien a quien nunca había visto en la vida «real»). Era una calle de una ciudad, y nos dirigíamos a un festival irlandés… Había miles de personas abarrotando la calle, y se suponía que el festival era por una buena causa. Íbamos a escuchar la difícil situación de algunos irlandeses sin hogar, y lo mal que estaban las cosas en su país. Mi amigo y yo estábamos cerca del escenario, y yo lancé un dólar sobre él porque quería ayudar a una buena causa. Lo lancé antes de que los irlandeses salieran al escenario.

Entonces salió a escena una persona muy pequeña, con el cuerpo de un niño pequeño y piernas como palillos. Sin embargo, la cara era de persona adulta, con el pelo oscuro y rizado, barba y bigote. Llevaba un traje de una pieza, ancho, blanco y con tréboles verdes. La gente empezó a lanzar monedas al escenario. Y había gitanos entre la multitud recogiendo dinero.

Estaba enfadada porque sabía que aquel pequeño actor no era una persona sin hogar. Era obvio que todo eso no era más que un fraude. De hecho, aquella personita me recordaba a un duende. De todos modos, el jefe de los gitanos avanzó hasta el escenario y empezó a entregar las monedas a los otros gitanos y al pequeño actor. Habían recogido una gran cantidad de dinero. Pensé que era obsceno que hubieran recogido tanto dinero por algo que era obviamente un fraude. Y también pensé que era obsceno que los gitanos se estuvieran repartiendo el botín delante de la multitud. ¿Nadie se daba cuenta de la farsa? ¿A nadie le importaba?

Este sueño le hablaba a la mujer que lo tuvo de su autoestima. Su mejor amiga era su Yo Superior. En la mitología, tales figuras son a menudo mágicos compañeros de viaje que ayudan al viajero. Simbolizan también la intuición y los poderes sin explotar.

De un modo inconsciente, ella sentía que no merecía la aprobación y el respeto de los demás, simbolizados por las monedas lanzadas. Al igual que el duende, sentía que no era lo que los demás creían que era. Aunque intentaba tener un buen concepto de sí misma, no era lo suficientemente generosa en su autoapreciación, lo cual se refleja en el sueño en su deseo de ayudar, pero sólo con un dólar. Su mejor amiga, la intuición, desempeña un papel pasivo en el sueño. Está presente, pero nadie la invita a participar.

Esta mujer tenía graves problemas de salud y económicos. Los que la rodeaban se mostraban solidarios e intentaban ayudarla. El sueño reveló su dificultad para aceptar ese sincero ofrecimiento de ayuda. ¿Acaso los demás no se daban cuenta de que ella era un fraude? El sueño le sirvió para cambiar su percepción.

VALIDACIÓN

A veces, los sueños nos suministran el tónico que necesitamos. El siguiente lo tuvo una mujer de 37 años y, literalmente, cambió su vida.

Estaba viviendo momentos particularmente duros. Aún me sentía triste por la muerte de mi padre, mi matrimonio no iba bien, y sufría ataques de pánico y ansiedad que me sumieron en una depresión muy profunda. Me costaba dormir, y cuando lo conseguía, tenía pesadillas. Todo esto sucedía al final de un invierno muy largo y frío, y empezaba a preguntarme si no me estaría volviendo loca.

Una noche llegué a un punto en que me rendí. Tenía tantas ganas de volver a ser feliz que pensé: «De acuerdo, si así es como va a ser mi vida de ahora en adelante, voy a ser feliz ahora mismo, aquí mismo, en vez de esperar a encontrarme mejor, porque tal vez eso nunca suceda». Me fui a la cama sintiéndome decidida, con el convencimiento de que sería capaz de resistir todo lo malo que mi «lado oscuro» me lanzara durante la noche. Cuando me dormí, oí varias voces melodiosas que pronunciaban mi nombre... y me sentí flotando en un absoluto bienestar. Vi un bonito campo de estrellas... y luego una hilera de estrellas se separó del resto y vino hacia mí. Sentí que muchas manos me colocaban ese precioso collar alrededor del cuello en un gesto de bendición. Sentí un profundo amor, ánimo y aceptación. Dormí bien durante toda la noche y, por primera vez en muchas semanas, logré descansar. Al despertar, la depresión había desaparecido, y con ella el miedo a los ataques de pánico y de ansiedad. No he vuelto a tener ningún ataque desde aquella noche. Mi vida no se arregló de la noche a la mañana, pero he recuperado mi autoestima y un sentimiento de seguridad y de paz. A menudo pienso en aquel sueño... y me siento segura de que el Creador de aquel collar me ama y me cuida. Sé que inclu-

so ahora lo llevo puesto... un collar de estrellas de un billón de quilates.

Desde que tuve aquel sueño, presto atención a todo lo que mi subconsciente (o mi superconsciente) quiere decirme. Me encanta el sutil lenguaje de símbolos que utiliza, con distintas capas de significado, y considero que mis sueños son una parte muy importante de mi vida espiritual.

En resumen, para conseguir la máxima información de los sueños que tratan de dinero, objetos de valor y tesoros, hay que buscar siempre el componente espiritual. Un sueño puede, en un primer nivel, dirigirse a una situación monetaria de la vida, pero es muy probable que además contenga interesantes intuiciones acerca del verdadero tesoro: el Yo Superior.

8

Otras personas

Los demás desempeñan un papel muy importante en la trama de nuestros sueños. A muchos los conocemos: son miembros de la familia, amigos, compañeros de trabajo, conocidos. A veces son extraños, pero nos recuerdan a alguien que conocemos. Son y no son aquella persona. Y otras veces son perfectos desconocidos.

Toda persona que aparece en un sueño nos aporta información sobre nosotros mismos. Los sueños utilizan nuestras relaciones e interacciones con los demás para revelarnos nuestras emociones, actitudes y oportunidades de cambio. Por ejemplo, si tenemos una relación hostil con alguien, un sueño en el que aparezca esa persona puede estar diciéndonos que examinemos algunas de nuestras emociones o respuestas emocionales con respecto a ciertas situaciones o circunstancias.

A veces, los demás son como un espejo que refleja nuestras cualidades o nuestros defectos, nuestras actitudes y nuestro comportamiento. Al analizar las personas que aparecen en nuestros sueños, hemos de preguntarnos en qué nos recuerdan a nosotros. A veces, las otras personas representan una cualidad que echamos de menos y que nos gustaría desarrollar. Por ejemplo, si soñamos con un conocido, y al trabajar el sueño lo asociamos con correr riesgos y confiar en uno mismo, tal vez es que deseamos tener más confianza en general, o que estamos en una situación que nos pide correr un riesgo.

Niños

Los niños que aparecen en nuestros sueños pueden representarnos a nosotros mismos a su edad, o reflejan un periodo de tiempo relacionado con su edad. Por ejemplo, si es un niño de cuatro años, puede referirse a hace cuatro años, cuatro meses, cuatro semanas o cuatro días. Pueden también representar pautas emocionales o de comportamiento que están presentes en nuestra vida en el momento del sueño. Los niños pequeños o recién nacidos suelen simbolizar algo nuevo que acaba de aparecer en nuestra vida.

Estaba en medio de una multitud, y de repente me encontré con una niña perdida, de unos cuatro o cinco años. Me la llevé a casa, y estaba tan contenta que la adopté. Ella aprendió a quererme y vivíamos muy felices juntas. Parece que yo trabajaba, y me iba muy bien, y por las tardes volvía a casa y me dedicaba por completo a ella, solas las dos. Parecía que yo pensaba que no necesitaba nada más: entregar amor y recibir amor a cambio.[1]

La niña tenía el aspecto de la mujer que tuvo el sueño a su misma edad, cuando sentía que en su casa no la querían. En el sueño, ella era capaz de amarse y apoyarse a sí misma y de ganarse la vida por su cuenta, y además podía dar amor libremente y recibirlo a cambio.

Padres

Cuando aparecen nuestros padres en nuestros sueños, pueden ser un reflejo de nosotros mismos como padres, o representar cualidades de la maternidad o la paternidad. A menudo, estos sueños se refieren a nuestros propios padres. Siempre somos sus hijos, y han modelado nuestra vida.

Estoy en un teatro viendo una obra en la que actúan una madre y una hija. La niña está claramente incómoda y no se sabe el texto. Cada vez que empieza a hablar, algo la molesta o la distrae y se calla. Al final, su madre dice el texto por ella.

Esta mujer es tanto la madre como la hija de su sueño, aunque la madre también representa a su propia madre. Cuando era pequeña, la avergonzaba corrigiéndola en público, y acababa las frases por ella. Esto minó la confianza de la muchacha, que creció sintiéndose insegura de sí misma. En la obra, se repetían estos hechos de modo simbólico. Pero la madre del sueño también representaba la madre que ella llevaba dentro, una voz que la regañaba y la cohibía.

Figuras de autoridad

Las figuras de autoridad, como policías, jueces, profesores, médicos, etc., representan la disciplina que llevamos dentro. En los sueños, son los que actúan para poner remedio cuando nos hemos pasado de la raya, vamos en dirección equivocada o necesitamos frenar. He aquí uno de mis sueños:

Voy conduciendo un pequeño coche deportivo con forma ovoide, muy futurista. Apenas quepo dentro. Conduzco por las calles de una ciudad. El coche quiere ir más deprisa. Miro por el retrovisor y veo que me sigue un coche de policía. Es un coche también ovoide, pero grande. Aunque no lleva marcas, yo veo el radar dentro. Sé que voy demasiado deprisa y reduzco la velocidad. El policía no me detiene, pero me sigue. Es más cómodo conducir ese coche deprisa, y me cuesta ir tan despacio. Doy la vuelta una esquina y el coche acelera. El policía enciende las luces giratorias y me detiene. Se acerca a la ventanilla y sé que va a ponerme una multa. Empiezo a pensar en una excusa, pero entonces decido que no, ya que estoy segura de que debe de estar harto de excusas. En vez de excusarme, le digo: «Me estaba siguiendo para ver cuándo me pillaba acelerando» y me pongo a llorar. Intento no hacerlo, porque me consta que está harto de ver mujeres llorando para librarse de la multa. Lo paso mal intentando aguantarme las lágrimas. Hay gente mirando.

Literalmente yo iba acelerada por la vida. Estaba tan ocupada que apenas podía con todo lo que intentaba hacer, y eso quedaba simbolizado por el coche en el que casi no cabía. Era futurista porque yo estaba trabajando en proyectos para el futuro. Sin embargo, todas esas actividades habían tomado las riendas de mi vida y yo había perdido el control. En el sueño, el coche aceleraba por su cuenta, y me costaba controlarlo y frenar. Incluso aunque sabía que me vigilaba la policía (en la vida consciente, sabía que debía aminorar la marcha) seguía conduciendo. Al final, las cosas se desbordaban y el policía me paraba. La multa era un símbolo de que debía aminorar la marcha. Pensé: «Debo frenar. No tengo el control de mi vida. Estoy estresada. Ahora debo pagar las consecuencias, delante de todo el mundo, igual que en el sueño, en el que todos me ven pasar el mal trago de que me pongan una multa».

Otras figuras de autoridad son los médicos y las enfermeras, que suelen estar relacionados con temas de salud. Los maestros, guías y «ancianos sabios» simbolizan a menudo la sabiduría de nuestro Yo Superior, que vamos adquiriendo a través de la experiencia de la vida. Esta sabiduría es capaz de ver el «gran cuadro» en perspectiva, y nos habla por medio de la intuición.

Estaba con un hombre que parecía un maestro sabio. Me ayudó a ponerme el abrigo y me preguntó si me gustaría conducir un coche. Dije que no sabía y él respondió que me enseñaría. Al cabo de un rato me pregunté por qué había sido tan estúpido de decir que no sabía conducir, si en realidad sí que sabía. Ahora que lo pienso, tuve una especie de «visión» antes de este sueño. Parecía como si estuviera mirando hacia un pasillo largo con una luz a lo lejos.

Esa luz se acercaba y se alejaba, y me sentí feliz cuando la vi acercarse. Pensé que era una estrella de esperanza.[2]

El hombre que tuvo este sueño había ido pasando de un trabajo a otro en diferentes campos. Antes de tener este sueño, había iniciado una nueva actividad al aire libre, que era agradable pero no estaba bien retribuida ni tampoco estaba a la altura de su capacidad creativa. De manera intuitiva buscaba «ver la luz» que le orientara en la vida. El sueño validó esta idea, aunque no siempre la tenía presente.

El maestro sabio era un símbolo de su Yo Superior, que le mostraba que era capaz de hacer lo que creía que no podía hacer, o incluso que no quería hacer. Él sabía que podía conducir su coche, o su vida, pero se ponía trabas. Más tarde me dijo: «Me parece que la mayor parte de mis problemas se deben a mi costumbre de decir que no, tanto a la vida como a mí mismo». Una parte de él le animaba a mirar hacia delante, pero otra le detenía.

Gente conocida

Es frecuente soñar con personas que conocemos. Suelen simbolizar las cualidades que vemos en otros y que desearíamos poseer. Muchas personas se sorprenden de que gente que apenas conocen, o que hace mucho tiempo que no ven, de pronto se conviertan en los protagonistas principales de sus sueños. Además de simbolizar características, actitudes o comportamientos, estas figuras pueden evocar una respuesta emocional en nuestro interior, que es la clave para entender el significado del sueño. Un sistema para trabajar con esos sueños es establecer una conexión emocional con el pasado. Puede haber una situación parecida en el presente que evoque las mismas emociones. Ese fue el caso del siguiente sueño:

Voy en un barco con K.(mi ex marido) y a la derecha veo a B. Christianson (un antiguo amante) con un bebé en un cochecito. El bebé es clavado a él. No estoy segura de si B. es un hombre o una mujer, porque al principio no lo reconozco. Vamos andando hasta su casa. Quiero explicarle por qué no volví a llamarle, pero he de esperar a que K. no esté delante. Una mujer que parece una abuela lava el culito del bebé con agua tibia. Me da la impresión de que el agua está demasiado fría para el bebé y me preocupo por él. La casa está en mal estado, las columnas necesitan una mano de pintura. Paso a otra habitación, y la esposa de B. está allí con otra mujer. En un rincón de la habitación hay una especie de tocador, y la esposa está aconsejando a su amiga sobre maquillaje. Más tarde, tengo la oportunidad de caminar a solas con B. y le explico por qué no le he llamado. K. es muy celoso, y yo no quiero riñas. No me siento contenta, y me temo que lo que quiero es tener una aventura. Le digo a B. que voy a dejar a K. tan pronto como tenga seguridad económica.

Las personas que aparecían en este sueño hacía ya mucho tiempo que estaban fuera de la vida de esa mujer. Estaba sorprendida y confundida por haber soñado con dos hombres a los que hacía años que no veía. Más tarde se dio cuenta de que correspondían a estados de ánimo y emociones que podía relacionar con sucesos del presente.

El sueño terminaba con su preocupación por su seguridad económica. En esa época, estaba poniendo en marcha su propio negocio, y le preocupaba mucho ese tema. La nueva dirección de su vida estaba simbolizada por el bebé, y sus excrementos la hicieron pensar que «no se sentía cómoda entre toda aquella porquería». Pero la sabiduría y la experiencia (simbolizadas por la abuela) se ocupaban de arreglar las cosas. Su preocupación por el bebé reflejaba la que sentía por su negocio: quería asegurarse de que las condiciones para iniciarlo con buen pie (representadas por la temperatura del agua) fueran las correctas.

El apellido Christianson se refería a sus estudios espirituales. El bebé que era igual que Christianson simbolizó para ella que «reflejamos la imagen de Cristo». Al principio no lo reconocía. Ni siquiera sabía si se trataba de un hombre o una mujer. Ella lo interpretó como que «no somos capaces de ver a Dios en nosotros mismos». Caminar hacia la casa de Christianson simbolizaba que «nuestro camino en la vida es volver a casa» en un sentido espiritual. «Perdí el contacto con mi Yo Superior cuando me casé con K. —me dijo—, y el hecho de caminar a solas con B. significaba volver a entrar en contacto conmigo misma.»

Extraños

Los extraños que aparecen en los sueños representan también algo que llevamos dentro. Puede tratarse de una parte nuestra que aún no hemos aceptado o que nos preocupa. O tal vez son mensajeros de nuestro Yo Superior, que nos aporta una guía de naturaleza intuitiva.

Hay varios ancianos andando de acá para allá en un lugar que se parece a la sala de juntas de nuestra empresa. Tienen un aspecto un tanto hostil. Entonces me doy cuenta de que hay una espiral que asciende, atraviesa el techo y se hace cada vez más ancha. El señor X está presente, y parece que hay algún tipo de entendimiento entre él y yo mientras me subo a la repisa de la chimenea para alcanzar la espiral. Entonces parece como si tuviera que ponerme a hacer las maletas enseguida para no perder un tren que va muy lejos y que no puedo perder.[3]

Este hombre se consideraba un innovador, alguien que iba por delante de los demás en cuanto a ideas, y en el trabajo tenía que lidiar a diario con personas a las que consideraba estrechas de miras, que se preocupaban por los detalles más nimios, y que estaban coartadas por los procedimientos. El Sr. X era un miembro de su empresa, simpático y respetado, un modelo para él. En el sueño comparten el convencimiento de que están en la misma longitud de onda. La espiral del techo representa un ascenso a un nivel superior de consciencia. Los ancianos no son otras personas que este hombre ve como obstáculos, sino aquella parte de sí mismo que se preocupa por los cambios y se resiste a la innovación. El sueño le anima a ir más allá de sus ataduras y no dejarse limitar por los demás. Tiene un largo camino por delante... si coge el tren que le conducirá más allá de sus limitaciones.

He aquí otro ejemplo de un extraño en un sueño:

Me encontré con una mujer joven en su apartamento. Era una médium, o una mensajera del más allá. Llevaba un vestido largo de color rosa. Me invitó a sentarme e inmediatamente me dijo: «Estás esperando noticias de alguien». Le respondí que sí. Ella prosiguió: «No sabes nada de él, y no sabrás nada durante mucho tiempo». Parecía apenada. Yo me sentía fatal. Pero entonces me dijo: «Pero al final sucederá. Se volverá realidad. Al final estaréis juntos». Parecía mucho más feliz. Le dije: «Gracias», y ella me respondió: «No me lo agradezcas. Es un gran honor para mí cuidar de ti».

Esta mujer interpretó que la médium era su propio Yo Superior (literalmente una «mensajera del más allá»). El color rosa está asociado con el amor, y esa joven está cargada de energía amorosa. El mensaje trataba de la ansiedad que sentía la mujer que tuvo el sueño acerca de una relación romántica. Tenía miedo de que ese hombre hubiera perdido el interés por ella. Se sintió muy reforzada por el sueño. En realidad, nuestro Yo Superior siempre cuida de nosotros.

En el siguiente sueño, una mujer se ve reflejada en una loca, a la que intenta controlar con amor. Sin embargo, queda prisionera de ella.

Trabajaba como criada en una casa en la que vivía una mujer que estaba loca. Creí que podría controlarla si le demostraba amor. La miré de cerca con mucho amor, y por un momento pensé que ella respondía. Me puso los brazos alrededor del cuello y me apretó con fuerza, con cariño, pero colgándose de mí, y no sabía cómo liberarme.[4]

Esta mujer estaba sujeta a grandes tensiones psicológicas y tenía miedo de volverse loca. Sus pensamientos sobre el sueño fueron:

La mujer loca, no sé por qué, me recuerda a mí misma cuando era adolescente. También me recuerda a otro de mis sueños más frecuentes, en el cual estoy en el estrado diciendo que no soy culpable. Eso me hace pensar en mi madre cuando yo era niña. La idea de que podría ganarme a la mujer amándola es un reflejo del firme convencimiento que siempre he tenido de que amar a la gente hace salir a la luz lo mejor que llevan dentro...

La mujer que me sujeta parece querer complicar las cosas. Al principio, pienso que se trata de una parte de mí que sujeta otra parte mía para que no pueda escapar. Y sin embargo, esa mujer y yo nos amamos, sólo que ella parece demostrar su amor a un nivel más bajo. Pero si ella y yo estamos identificadas, de lo que se trata es de que yo me aprecio, pero al mismo tiempo causo mi ruina al no dejarme crecer.[5]

Esa misma mujer tuvo otro sueño que revelaba su conflicto interior a la hora de aceptarse:

Alguien me explicaba cómo debía hacer algo con una raqueta de tenis y una pelota. No recuerdo que hubiera ninguna red. Era un lugar con el suelo inclinado. No sé cómo, la pelota empezó a bajar por la pendiente, pero alguien la devolvió. Entonces, cuando me preparaba para hacer algo bonito con la pelota, las chicas me rodearon y no tuve espacio para mover la raqueta. Eso me irritó mucho. Lo siguiente que recuerdo es que odiaba profundamente a una de las chicas y le decía: «Te falta un tornillo, ¿verdad?». Parecía que había estado presumiendo de su cultura. La odiaba tanto que deseaba golpearla con la raqueta y, de hecho, creo que lo hice.[6]

Este sueño le recordó a esa mujer un antiguo deseo que había sentido de «llegar a alguna parte», como otras chicas que había conocido. Había estado especialmente celosa de una chica que era bonita y lista, y triunfaba en cualquier cosa que se propusiera. Sin embargo, también reconoció que la lucha contra el grupo de chicas y el odio contra una de ellas representaban también su lucha interior y el odio que sentía hacia una parte de sí misma. Sentía que una parte de sí no la dejaba avanzar, mientras que otra quería triunfar.

Cada persona que aparece en un sueño nos aporta un mensaje sobre nosotros mismos. Podemos intentar entablar un diálogo con esas figuras, y preguntarles cuál es su mensaje y su intención. Puedes empezar con aquellas con las que te identifiques más y cuya energía te atraiga, pero sin menospreciar a las demás. Algunas veces, los personajes secundarios son los que aportan la información más importante.

sin menospreciar a las demás. Algunas veces, los personajes secundarios son los que aportan la información más importante.

9

Celebridades
y gente famosa de la historia
y la literatura

A menudo soñamos que estamos con personas famosas, en actitudes amistosas, familiares o incluso íntimas. Pero nos da vergüenza admitirlo ante los demás, ya que tales guiones van más allá de nuestros sueños más salvajes. Y sin embargo, ir de compras con una celebridad, cenar con un jefe de estado o enamorarse de una estrella del rock son cosas perfectamente normales en el mundo de los sueños.

Al igual que el resto de las personas, los famosos representan una parte de nosotros, o alguna cualidad que desearíamos poseer. Sea lo que sea lo que admiramos en ellos (ropa, comportamiento, inteligencia, talento...), queda simbolizado por su aparición en nuestros sueños. Su condición de celebridad hace que el mensaje gane importancia. En la vida cotidiana nos fijamos en lo que hacen los famosos. Los sueños sobre gente famosa nos piden que prestemos una especial atención a algo.

Estrellas

En el siguiente sueño aparece una estrella del rock, Jim Morrison, el último cantante de The Doors, al cual una mujer idolatraba durante sus años en la universidad. Muchos años más tarde se quedó muy sorprendida cuando él apareció en un sueño muy realista:

Voy a clase en alguna universidad. Paso al lado de un bar, y para mi sorpresa, veo a Jim Morrison que actúa allí. Tiene exactamente el mismo aspecto que hace veinte años, cuando yo estudiaba en la universidad. Una amiga mía (nadie que conozca) está fuera, esperándole. Descubro que es una buena amiga suya. Le digo que quiero conocerlo.

Cuando él sale, me acerco y le pido un autógrafo. Me siento estúpida, pero es que me hace mucha ilusión tenerlo. Llevo una libretita encima. Me la firma. Es tan guapo... No ha cambiado nada en todos esos años. Creo que podría enamorarme de él. Decido que iré a menudo a aquel bar a verle cantar.

Sólo puedo pensar en él. Me pregunto por qué no ha hecho nada más en la vida. ¿Por qué sigue cantando las mismas canciones, por buenas que sean? ¿Por qué no fue a la universidad? Entonces me doy cuenta de que hace lo que mejor sabe hacer.

Este sueño es muy real y agradable. Me siento muy feliz y estoy loca por Jim.

Cuando me despierto voy al baño. De algún modo, el sueño se viene conmigo. Pienso que es genial haber cono-

cido a Jim Morrison. Entonces, de pronto, me doy cuenta: «Un momento, ¡está muerto! No puedo haberlo conocido». Sólo era un sueño.

Esta mujer tenía su edad real en el sueño. Aunque Morrison hacía veinte años que cantaba, tenía un aspecto totalmente juvenil. La mujer estaba pasando por los altibajos de la madurez, cuando mucha gente se plantea qué es lo que ha hecho y lo que no ha hecho en la vida. A menudo se preguntaba si había tomado el camino correcto en relación a su trabajo, y si su vida hubiera sido mejor si hubiera seguido otros derroteros.

La vida de Jim Morrison simboliza una polaridad de características. Era creativo, y un espíritu libre y salvaje, pero su abuso del alcohol y otras drogas lo mató.

El espíritu libre y creativo de Morrison era lo que más llamaba la atención de esa mujer. Como músico, hacía lo que quería hacer, que era lo que hacía mejor. Ella se dio cuenta de que había hecho lo mismo al elegir en la vida. Las puertas son símbolo de oportunidades, y esa mujer vio también una conexión entre The Doors* y sus opciones.

La gente que se encuentra en la madurez siente la presión del tiempo. De repente ha pasado la mitad de la vida, y hay objetivos que aún no se han cumplido. Esta mujer se sentía urgida a aprovechar al máximo el tiempo. Morrison perdió el talento y la vida por culpa del abuso de las drogas. Esta mujer no tomaba drogas, pero sintió que eso simboli-

---

* The Doors significa «las puertas» en inglés. *(N. de la T.)*

zaba la pérdida de tiempo y el desaprovechamiento de su talento que significaban las distracciones. El sueño le decía que se mantuviera centrada y no permitiera que las distracciones «mataran» la creatividad.

En el sueño, siente que se podría enamorar de Morrison. Al trabajar con el sueño, se preguntó qué características o cualidades quería amar o, dicho de otro modo, sacar de su interior. La respuesta fue: «Hacer lo que uno quiere hacer, no lo que cree que debe hacer ni lo que obtendría la aprobación de los demás».

En el siguiente sueño, una mujer trata amistosamente a un actor:

Estoy en un congreso, y parece que formo parte de la organización. Hay una sala grande con una mesa larga. Es una sala para explicar proyectos. Voy entrando periódicamente, y cada vez encuentro celebridades sentadas a la mesa. Pienso: «La dirección nos ha traído famosos». Es como si estuvieran allí para distraer al personal. Una de las veces que entro encuentro a Louis Jourdan sentado a la mesa. Nadie habla con él. Pienso: «¡Guau, el vampiro!», y casi se me escapa decírselo en voz alta. Pero me detengo al pensar que ha interpretado muchos papeles, y tal vez no le guste ser recordado como «el vampiro». En vez de eso, digo: «¡Hola, Louis!». Él me responde: «Hola». Entonces pienso que he sido muy impertinente al llamarle por su nombre, porque él no me conoce. Además, aunque yo sé quién es, tampoco le conozco. Decido disculparme más tarde. Me parece que nadie habla con esas personas famosas porque les da miedo o vergüenza.

Esta mujer reconoció que, cuando Louis Jourdan estaba en la cúspide de su popularidad, lo encontraba muy atractivo, y que lo que más le gustaba de él era su seductora interpretación de Drácula. En el sueño, ella es la única que reconoce al actor. Los demás lo ignoran por completo.

Relacionó esos factores consigo misma: era una artista de talento, pero no había conseguido el reconocimiento que deseaba. A menudo sentía que su trabajo «sólo estaba allí», sin que nadie lo apreciara.

Se dio cuenta de que en el sueño Jourdan no parecía estar particularmente disgustado de que no lo reconocieran. Sintió que el mensaje era que debía reconocer su propia valía, sin avergonzarse de ella.

Las celebridades se aparecen en los sueños en cualquier lugar, incluso en el cuarto de baño, el lugar más íntimo (para las funciones corporales) y donde nos sentimos más vulnerables. Tal vez nos desnudemos sin problemas en el dormitorio, pero esperamos intimidad en el baño. Nos sentiríamos trastornados si alguien famoso entrara en nuestro cuarto de baño, pero en los sueños todo puede suceder.

Estoy en el baño de mi casa, peinándome y maquillándome. Hay ropa colgando, como si fuera un armario. Hay otras personas en casa. De repente, se abre la puerta y entra Jimmy Stewart. Cuando me ve, se detiene, dudando, pero le digo: «Está bien, pasa».

Esta mujer sintió que su sueño hacía referencia a cambios personales con respecto a sentirse bien consigo misma, más poderosa, y a su apariencia externa. Hizo una asociación libre con el actor Jimmy Stewart y lo describió como un «macho sensible». El hecho de darle la bienvenida en un lugar tan privado representa su despertar a un tipo de energía y de expresión masculino. Estaba aprendiendo a ser más autoritaria y poderosa, pero de una manera suave, alimentada por su lado femenino. La ropa representa su nuevo aspecto externo, que está esperando a que ella lo adopte. Esto queda reforzado en el sueño por el cuidado que presta al peinado y al maquillaje. El sueño le decía que sus cambios interiores se estaban manifestando en un nuevo comportamiento exterior que los demás podían apreciar. Ella se sentía cómoda con esos cambios, y estaba deseosa de ponerlos en práctica.

En el siguiente ejemplo, una mujer tiene un sueño romántico con un actor:

Estaba en una estación de esquí con Mel Gibson, un hombre al que adoro por lo masculino que es. Íbamos en un telesilla, que subía por el centro de unos grandes almacenes, por encima de las escaleras mecánicas, y podíamos ver cada planta, con sus artículos y su actividad. Cada vez que llegábamos a una nueva planta, Mel estaba a sus anchas hablando con los empleados y los clientes. En una de ellas se demoró tanto tiempo que se quedó atrás, y yo todavía estaba en el telesilla. Dejó todo lo que estaba haciendo y subió corriendo por las escaleras mecánicas para reunirse conmigo en cada planta. Cada vez que yo llegaba a un nuevo nivel, aparecía Él con un ramo de flores o un gran muñeco hinchable. Todo eso me parecía muy romántico, y además me hacía reír de verdad con sus payasadas.

Cuando me di cuenta de que yo estaba aún en el telesilla y él no se encontraba conmigo, hizo todo lo que estaba en su mano (utilizó todo su encanto) para atraer mi atención en cada planta de los grandes almacenes. Y, al igual que en la vida real, la atraía por completo.

En su diario, esta mujer apuntó: «Cuanto más escribo, más me doy cuenta de que el sueño tiene relación con la «ascensión» de mi lado femenino, que se distrae por culpa de la atracción que siente por lo masculino». Esta mujer tenía problemas económicos y de salud, y para apoyarse a sí misma estaba siguiendo estudios espirituales. Los grandes almacenes representan las opciones, y el telesilla y las escaleras mecánicas, un aumento del nivel de consciencia. Las flores, la diversión, el encanto y la risa eran elementos que echaba de menos en su vida.

Gente poderosa

Las personas famosas que aparecen en los sueños constituyen figuras de autoridad. El siguiente sueño hubiera tenido menos impacto en la mujer que lo tuvo si su interlocutor hubiera sido un amigo:

El presidente de Estados Unidos y yo estábamos sentados con la espalda apoyada contra un banco cubierto de hierba. Muy cerca el uno del otro. Me miraba con ojos cálidos y amistosos, sonriéndome de manera comprensiva.[1]

Las figuras de autoridad, como el presidente de Estados Unidos, pueden simbolizar al padre o la madre. Esta mujer le explicó este sueño a su padre, y le dijo que le gustaría mucho que él la comprendiera mejor. Esto era muy importante para ella, como queda reflejado en el hecho de que fuera la figura del presidente la que apareciera en el sueño.

Figuras religiosas

Quedamos impresionados cuando se nos aparecen celebridades y jefes de estado en nuestros sueños, pero la «lista de éxitos» está encabezada por figuras religiosas, tales como santos, maestros sabios, profetas, personajes bíblicos, la Virgen María o Jesús.

Soñé que era el secretario privado de Nuestro Señor Jesucristo. Todos los que deseaban verle tenían que hablar conmigo primero. El presidente de la empresa para la que había trabajado apareció y me pidió ver al Señor. Le dije que lo sentía, pero que no se lo podía molestar en aquellos instantes, y que tendría que volver en otro momento.[2]

A este hombre lo habían despedido del trabajo unas dos semanas antes de tener este sueño. Había sufrido una pérdida de autoestima, y en el sueño la recupera al tener un puesto tan sumamente importante. Ahora él era mucho más importante que el presidente de la empresa para la que había trabajado.

El escritor y crítico de teatro William Archer tuvo este sueño sobre Cristo:

Tuve un sueño muy extraño del que recuerdo muy poco, y que era más o menos así: Yo tenía algún tipo de relación con Cristo, creo que era su hermano. Esperaba su segunda venida, no desde un plano teológico, sino para recibir noticias de la familia. Pensé que debía prepararme para la ocasión. Así que me encontré en una estación, echándole una arenga sobre la fe al empleado del quiosco. Le hacía un discurso formal, retórico, y nadie más me escuchaba, aparte del empleado. Yo le decía que la fe era lo más importante, y que no importaba lo que creyera, mientras creyera en algo. Tenía la impresión de estar expresándome de un modo muy fervoroso y elocuente, pero el empleado era testarudo y no parecía impresionado en absoluto.

Yo tampoco estaba particularmente emocionado. Me parecía algo normal. No pensaba en la segunda venida de Cristo como algo catastrófico ni apocalíptico. Parecía como si esperara que llegara en el siguiente tren. No puedo establecer una conexión entre este sueño y nada que me haya sucedido en la vida real.[3]

Este sueño tuvo lugar poco después de que Archer perdiera a su único hijo, Tom, en la Primera Guerra Mundial. Sufrió mucho, y se volcó en la espiritualidad. Cristo, que resucitó de entre los muertos, es un símbolo del deseo que sentía de que su hijo regresara o resucitara (era, pues, una cuestión familiar). Muchos padres y madres se volcaron en la espiritualidad después de la Primera Guerra Mundial, y Archer, como respetado escritor e intelectual, podía haber sido criticado por algunos de sus colegas. Sin embargo, sermonea al empleado del quiosco sobre la importancia de tener fe en algo. Quizás algunos de sus críticos fueran tan inflexibles como el quiosquero.

Tras la conmoción causada por la muerte de un ser querido, a menudo esperamos que regrese en cualquier momento y borre el terrible error que se ha cometido con su desaparición. En el sueño, Archer espera la segunda venida de Cristo, símbolo de su hijo, y cree que llegará en el siguiente tren.

La Virgen María es la protagonista de este otro sueño:

Estaba en una casa donde la gente comía pastel de cerezas, y me invitaron a tomar un trozo. Alguien dijo algo acerca de que los chicos estaban ocupados haciendo chapuzas con la electricidad y construyendo una estatua de la Virgen.[4]

Aunque este sueño sea corto, revela muchas cosas sobre la insatisfacción que siente una maestra de escuela con su estado civil y su trabajo. Comer pastel de cerezas es algo sensual, y la electricidad suele ser un símbolo de energía sexual. Ambas cosas pueden relacionarse con una energía sexual reprimida. La Virgen María representa a alguien que está por encima de la sensualidad y la sexualidad. Una estatua es algo inerte. Esta mujer no estaba casada ni tenía ninguna relación sentimental.

La Virgen le hizo pensar en una obra teatral llamada *El*

milagro: Una monja se enamoraba de un caballero, que la rescataba del convento y la llevaba al mundo real, pero unos hombres lo asesinaban y acosaban a la monja, entre ellos un ladrón y un emperador loco. Esta mujer reconoció que, a lo largo de su vida, había tenido la fantasía de encontrar a un hombre cuyo amor le abriría todas las puertas y que transformaría su vida en una experiencia completamente satisfactoria. El lado oscuro de esta fantasía, sin embargo, es la posibilidad de perder el honor, como le sucede a la monja de la obra teatral. La mujer asociaba a la Virgen con la comprensión y la compasión, dos cualidades a las que apelaba constantemente para aceptar su vida, tan alejada de su ideal.

Personajes literarios

También soñamos con personajes de libros, obras de teatro o cuentos. Los malogrados amantes de William Shakespeare, Romeo y Julieta, se han convertido en un símbolo del amor que no duda en sacrificar la vida. En el siguiente sueño, el argumento de la obra de Shakespeare da un giro y se mezcla con el cuento de la Bella Durmiente:

Sueño con Romeo y Julieta. Romeo yace en el escenario, como si estuviera muerto. Julieta se despierta a su lado. Tiene el aspecto de Gwyneth Paltrow (la actriz) y lleva un precioso vestido de tafetán dorado. Parece una princesa encantada. Es rubia, preciosa, maravillosa. Brilla como el sol, en todo su esplendor, llena de salud, vida y bienestar.

Ve a Romeo que yace a su lado, y en vez de suicidarse por creerlo muerto, toma una decisión diferente en nombre de su nueva vida: Decide vivir plenamente, con toda su alma y su corazón, con confianza, belleza, fuerza y bienestar. Después decide que Romeo no está muerto, sino dormido, y que le devolverá la vida besándole apasionadamente, igual que hizo el príncipe por la Bella Durmiente.

Julieta besa a Romeo con gran amor y ternura, y él vuelve a la vida. Está vivo para estar con ella en toda la plenitud de su ser.

Este sueño tuvo lugar después de un divorcio tras un matrimonio infeliz, y representaba la decisión consciente de esa mujer de ser libre, apasionada y feliz. La vuelta a la vida de Romeo simboliza la renovación de su autoestima, y también el reconocimiento de que el romanticismo y la pasión volverán a formar parte de su vida. El color del sol, reforzado por el dorado del cabello y del vestido, simboliza una renovación espiritual de gran envergadura. Esta mujer se da cuenta de su propia iluminación: es independiente y consciente de su estado. Posteriormente grabó algunos comentarios:

Me encantó el sueño de Romeo y Julieta. Me encantó que ella fuera tan bonita y estuviera tan llena de fuerza, de gracia, de inteligencia, que fuera tan perceptiva, cálida, positiva y feliz. En el sueño, estaba llena de luz, de vida y de calor.

Era un sueño muy diferente de los que solía tener sobre mi yo femenino interior cuando estaba casada. Re-

cuerdo uno en particular en el que aparecía una mujer de aspecto anémico, vestida con una bata de gasa de color verde muy pálido, estirada en una camilla y sin posibilidad de defenderse de un hombre horrible que intentaba quemarla con una gran antorcha. Ese sueño fue terrible. Fuera, en el salón, estaba el que entonces era mi marido, totalmente ajeno a lo que pasaba en la habitación cerrada. No era consciente de la crisis, ni le importaba. No sólo eso, sino que llevaba puestos rulos en el pelo y no controlaba sus movimientos ni su energía.

Así que ese bonito sueño de Julieta en vivos colores, vestida con aquel largo y precioso vestido de tafetán y brillando como el sol, fue una inyección de seguridad.

Y la historia de Romeo y Julieta era diferente de la de Shakespeare. Mis amantes no tenían que morir. Julieta se despertaba y estaba segura de que Romeo no estaba muerto. Iba a despertarlo con suavidad y lo devolvería a la vida con un beso.

Él estaba allí para ella. No se iba a ir. Se había echado a dormir porque creía que ella estaba muerta, o dormida, pero estaba allí, con ella, su pareja, la mujer con la que se había comprometido. Eran el uno para el otro. De ningún modo él pertenecería a otra que no fuera Julieta.

Julieta era una reina. Sabía lo que tenía que hacer. Estaba muy contenta, y usaría su gracia, su encanto y su intuición para sacar al exterior el amor que guardaba en su corazón. Era tan cálida como la luz del alba, y estaba tan llena de salud como si fuera una diosa de la feminidad.

El sueño parece simbolizar la feminidad y la libertad y el poder que está alcanzando en el mundo. Ahora que la *verdadera feminidad se ha recuperado, la verdadera masculinidad puede despertar.*

Me sentí excitada, encantada y muy animada por este sueño.

Al trabajar tus sueños, busca en los famosos y las celebridades símbolos de características, comportamientos o rangos. La presencia de alguien importante añade también importancia al sueño.

10

El animal que llevamos dentro

Al principio fue un sueño perturbador:

Estoy en mi casa. Voy a abrir la puerta principal para salir. Cuando lo hago, me asusto al ver una gran serpiente negra enroscada ante mí, que me mira fijamente. Tengo la sensación de que me está esperando y de que quiere entrar. Cierro de un portazo. Intento salir por la puerta de atrás, pero al abrirla veo que la serpiente está allí también. Me asusto mucho. Tal vez intente entrar por alguna ventana. Corro por toda la casa, cerrando las ventanas. De repente, la serpiente está dentro. Puedo sentirla. La encuentro enroscada en el sofá del salón. Al principio quiero gritar, pero después me doy cuenta de que no me amenaza. Parece decidida a quedarse. Voy con mucho cuidado con ella.

La persona que tuvo este sueño, una mujer de 42 años, se despertó con mucha ansiedad. Le daban miedo las serpientes y se preguntaba qué podía significar ese sueño.

Las serpientes son un importante símbolo de transformación. Dado que viven bajo la tierra, son dueñas de las profundidades, es decir, de la sabiduría interior. Al ser capaces de mudar de piel, los antiguos creían que tenían la capacidad de regenerarse y de vivir eternamente. También están asociadas al falo, al sexo y a la fertilización. Representan la fuerza interior de la vida.

La mujer que tuvo este sueño llegó a la siguiente interpretación:

Me di cuenta de que mi miedo a las serpientes significaba que el sueño me estaba llamando la atención sobre algo que me asustaba o que me daba miedo reconocer. Vi a la serpiente negra como símbolo de algo inquietante en mi interior. Quería entrar en mi casa, es decir, en mi vida. Estaba preparada para entrar. Se había presentado ante mi puerta y no iba a marcharse. Yo no podía echarla. Entró de todas maneras y se instaló como si estuviera en su propia casa.

En esa época, esta mujer pasaba por un periodo de grandes cambios en su vida. Se acababa de divorciar, un cambio iniciado por su marido y que ella no deseaba. Se veía forzada a redefinirse. Las viejas normas ya no le servían. Se sentía una víctima y dudaba de su atractivo sexual. Es comprensible que esa transición la asustara, aunque tenía que llevarse a cabo. El sueño la ayudó a darse cuenta de que algo nuevo esperaba a que ella le diese permiso para nacer. Necesitaba bucear en sus profundidades y dar la bienvenida al cambio y al crecimiento en su vida.

Empleó la imaginación activa con este sueño, haciéndose amiga de la serpiente. «Sentí que abría la puerta a mi poder interior», me dijo. El sueño ya no le provocaba miedo. Por el contrario, se convirtió en una fuente de estímulo.

Un sueño con imágenes similares en el que también aparece una serpiente fue interpretado de modo muy diferente por una chica de 17 años:

Iba caminando por el bosque, sola. De repente, una terrible serpiente apareció en el camino y se dirigió hacia mí. No puedo recordar exactamente lo que sucedió justo después. Sé que estaba muy asustada.

Lo siguiente que recuerdo es que estaba sentada en un prado precioso, lleno de flores. La serpiente estaba allí, y ya no me daba miedo. Me recliné contra un árbol y me instalé cómodamente para observarla. Vino hacia mí deslizándose sobre la hierba, y reclinó la cabeza sobre mi regazo. Ya no tenía miedo. Me desperté antes de que pasara nada más.[1]

Aquí la serpiente tiene un claro simbolismo sexual, y también representa la fruta prohibida. Esta chica estaba despertando a la sexualidad, pero tenía miedo de los encuentros sexuales. Los bosques suelen ser un símbolo del inconsciente. Ella está sola, buscando el camino del despertar, cuando de repente, aparece una serpiente y le provoca un miedo instintivo. Después vuelve a encontrársela en un contexto más agradable y menos amenazador, un prado con bellas flores y un árbol, símbolo de la fuerza interior. Descubre que no tiene nada que temer.

Los animales no están censurados

Los seres humanos siempre hemos tenido una relación muy profunda con el reino animal. Tenemos sueños y visiones de animales desde la más remota antigüedad. En los animales vemos misterio y magia. La frecuencia con la que aparecen como símbolos en las religiones, los mitos, el arte y los cuentos de hadas indica la íntima conexión que existe entre el alma humana y el alma animal. En el reino de lo sobrenatural, los animales suelen acudir en nuestra ayuda. No debe sorprendernos que, en los sueños, sean nuestros mayores maestros, los que nos llevan hasta el umbral del despertar y la transformación.

Los animales son criaturas instintivas. Viven en un mundo propio, según sus propias reglas. No son buenos ni malos. Siguen sus instintos, y no pueden hacer nada que sea contrario a su naturaleza. Por consiguiente, siempre son sinceros con ellos mismos. Esta es la verdad que nos muestran en los sueños: cómo ser fieles a nosotros mismos.

Desde la Antigüedad, los seres humanos hemos visto reflejada nuestra propia naturaleza instintiva en los animales. Usamos términos relativos a los animales para describir rasgos nuestros que nos gustan o nos disgustan. Decimos que alguien come como un cerdo cuando es glotón. Podemos ser astutos como un zorro o cantar como un canario.

Los sueños en los que aparecen animales suelen hablarnos de nuestro lado inconsciente, instintivo. A menudo representan algo que está en nuestro interior e intenta salir a la luz de la consciencia. Es muy común soñar que se está en una casa en el bosque con animales fuera. La casa es nuestra morada, no sólo físicamente, sino también en términos de consciencia. La casa nos protege del inconsciente. Los bosques suelen ser lugares oscuros, que nos asustan, y representan el inconsciente. Los animales simbolizan aspectos que están en el inconsciente y que quieren penetrar en la consciencia, como, por ejemplo, la serpiente del sueño anterior, que quería entrar en el «hogar interior» de aquella mujer.

En el siguiente sueño, las ratas invaden la cama de una mujer:

> *Estoy en la cama, y siento que algo se mueve entre mis piernas, alrededor de los muslos. Me doy cuenta de que son ratas y siento pánico. Entonces me muevo y empiezo a echarlas hacia abajo y hacia fuera. Es como si también estuvieran dentro de mis piernas, e intento echarlas de allí también, aplastándolas. Pero no lo consigo y cada vez hay más. Las atrapo a todas a los pies de la cama y las aplasto. En vano intentan huir. Debe de haber cinco o seis. Al final tengo las manos pegajosas por haberlas aplastado. Es bastante asqueroso.*

Esta mujer no tuvo dificultad en reconocer de qué le hablaba el sueño: las ratas estaban relacionadas con un complejo materno negativo, que había intentado resolver mediante terapia. Casi todo el mundo tiene miedo a las ratas, por su destructiva manera de roer. El sueño hacía referencia a miedos interiores que la estaban «royendo» por dentro de tal modo (en tanta cantidad) que casi la desbordaban. La cama simboliza nuestro ser más íntimo, más interno.

La mujer me comentó:

Me desperté de este sueño en mitad de la noche y me di cuenta de que tenía mucho que ver con mi complejo materno negativo. Justamente la noche anterior había estado escuchando un programa de la Radio Pública Nacional. Recuerdo el momento en que la historia me llamó la atención y subí el volumen del receptor (¡gran metáfora!) para no perderme palabra. El programa trataba de una mujer que «seguía siendo una niña» a cambio de que su madre nunca la abandonara. Tenían una relación simbiótica y enmarañada, y la hija nunca había llegado a comportarse completamente como una adulta. En aquel momento pensé que aquella era una representación extrema y exagerada de mi propia relación con mi madre. Su lado oscuro quería y necesitaba que yo siguiera siendo una niña. Entonces, aquella noche, al despertar del sueño, me di cuenta de que estaba intentando aplastar mi complejo materno negativo y expulsarlo de mí. Otro nexo de unión interesante entre la historia de la radio y mi sueño es que aquella madre y aquella hija compartían cama, y las ratas del sueño estaban en mi cama.

Por consiguiente, el sueño le transmitía un mensaje positivo: se estaba librando de las ratas, aplastándolas y sacándolas fuera de su cuerpo y de su cama, lo cual indica un proceso de curación. El sueño utilizó el residuo diurno del programa radiofónico para transmitir su mensaje.

Por último, otro aspecto interesante de este sueño fue que le recordó una experiencia que había tenido once años antes durante una sesión de terapia en la que utilizaban arena, cuando le surgió la imagen de una rata. «Había ido pelando, capa por capa, la relación con mi madre, hasta llegar a varias vidas anteriores —me dijo—. Básicamente, en apariencia mi madre es del tipo «Mamá se encargará de todo», pero subconscientemente parece salida de una película de Alfred Hitchcock.» La imagen de la rata había quedado olvidada durante todo aquel tiempo, hasta que el sueño la reactivó y le dio una nueva fuerza.

Me acordé de una imagen que hice con arena. Había un gran montículo de arena en el centro, y una rata lo estaba socavando desde atrás..., el lado oculto. El lado visible del montículo estaba lleno de imágenes dulces e inocentes. En aquel momento la rata había simbolizado para mí la corriente escondida de mi complejo materno negativo. Al tener este sueño, once años después, recuperé la imagen de la rata y vi cómo la expulsaba de mi cuerpo y de mi cama. Sin esa experiencia previa, tal vez no habría entendido el sueño con tanta facilidad.

Animales que persiguen o que muerden

Los sueños en los que aparecen animales que nos persiguen, especialmente si están enfadados o rabiosos, también indican que algo está presionando para integrarse. Cuanto más amenazador es el animal, más importante es prestar atención al sueño.

Un león enfadado me persigue calle abajo en la ciudad donde vivo. Me pregunto de dónde habrá salido. Nadie viene a ayudarme. De hecho, nadie parece darse cuenta de que necesito ayuda. En un momento dado, intento razonar con el león y hacerme amigo suyo, pero cuando se acerca, me muerde en el brazo.

El león es un símbolo de fuerza y valor que aparece a menudo en los escudos de armas. También representa la realeza y un porte real, y es un símbolo de las monarquías.

El sueño animaba al hombre que lo tuvo a mostrar sus cualidades leoninas en la vida: ser más fuerte, más audaz e incluso más ostentoso. El león reina sobre todos los animales, pero este hombre estaba ocultando su gloria, temeroso de que, si brillaba de alguna manera, sería atacado por los demás o señalado como un fraude. El sueño le estaba diciendo que ese comportamiento no era el adecuado, y que era hora de cambiar. Las cualidades que necesitaba le perseguían por su propia calle, y finalmente le mordían en un intento de penetrar en su ser. El brazo es una de nuestras principales defensas en la batalla. El mordisco le infundió la energía leonina. También usamos los brazos para mover las cosas y los obstáculos que se interponen en nuestro camino.

El hombre que tuvo este sueño se dio cuenta de que necesitaba ser más audaz en su trabajo. Estaba trabajando en un puesto poco importante, pero seguro, que implicaba escaso riesgo, pero también pocas posibilidades de ascender. Se dio cuenta de que su Yo Superior le estaba mostrando la necesidad de arriesgarse y asumir desafíos. La imagen del león fue el estímulo positivo que le demostró que él tenía las cualidades necesarias para triunfar.

Estaba en casa de mi novio, y al ir a entrar en el salón, vi una araña que estaba tejiendo una tela que iba desde el techo hasta el suelo. En un momento la araña enroscó la red alrededor de mi gato, que parecía estar allí, durmiendo en el suelo. La araña empezó a elevar el gato hacia el techo.

Creyendo ayudar al gato, tomé una escoba y lo hice bajar. Pero entonces, él saltó sobre mí e intentó sacarme los ojos. No me arañó la cara porque lo sujeté con fuerza, pero sí los brazos.

Mientras la araña estaba levantando el gato hacia el techo, el gato sonreía, o así me lo pareció, como si le gustara.[2]

Esta joven universitaria me dijo que la araña era amarilla y negra. La asoció con un chico de la Universidad de Princeton (los colores de la cual son el naranja y el negro) al que había conocido en casa de una amiga. Las arañas son muy hábiles y tejen telas para atrapar a sus presas. En el sueño, la tela se extiende rápidamente del techo al suelo, así que no hay escapatoria. El gato representa el lado sexual de la muchacha, que desea ser atrapada por el joven. Su lado racional (representado por ella misma en el sueño) intenta luchar contra su lado sexual, pero su naturaleza animal se defiende y gana.

En el siguiente sueño, el animal que muerde, una serpiente, no está enfadado. En la mitología, ser mordido por una serpiente significa que los dioses le infunden a uno el don de la sabiduría, un hecho positivo.

Intentaba correr por la ancha pista de un aeropuerto, por la noche, porque quería escapar desesperadamente de algo, pero me pesaban mucho los pies. No podía correr, porque el alquitrán se me enganchaba en los zapatos, como si fuera goma. Podía avanzar, pero más despacio de lo que hubiera deseado. Era muy tarde, y la pista del aeropuerto me recordaba a una que crucé en África cuando bajé del avión para reunirme con el hombre que había venido a recogerme al aeropuerto.

Mientras intentaba correr, sentí de pronto un terrible dolor en la espalda, justo debajo de la axila izquierda. Era un mordisco profundo, ardiente, que me dejó todo el cuerpo dolorido. Algo me estaba mordiendo. Cuando me desperté, aún sentía el dolor. Pero al acabar de despertarme, se desvaneció y pude comprobar que formaba parte del sueño. Mientras me despertaba, tuve una fuerte sensación de miedo y angustia, así que se trataba de una pesadilla. Necesité levantarme, beber agua y andar un poco por la casa para sentir que volvía a estar en el «mundo real». Al volver a la cama, tuve una visión de lo que me había mordido desde atrás. Pude ver que se trataba de una gran serpiente dorada, que volaba por el aire y me perseguía para morderme. No es que fuera de color dorado, es que parecía de oro.

Esta mujer había vuelto hacía poco tiempo de África, adonde había ido de peregrinaje espiritual. El viaje había estado lleno de experiencias intensas y enriquecedoras, y la había animado a aceptar la necesidad de hacer algunos cambios en su vida. Pero, de vuelta a casa, se había dejado arrastrar otra vez por la rutina. En el sueño, intenta huir del cambio, pero le cuesta mucho. El aeropuerto simboliza el deseo de salir huyendo, pero no hay ningún avión a la vista. El mordisco de la serpiente en la espalda confirma la imposibilidad de escapar. Ha sido mordida por la consciencia y el conocimiento, y ahora tiene que lidiar con ello, aunque sea doloroso. El color dorado de la serpiente simboliza la iluminación y la razón.

Los animales que atacan, a veces muy enfadados, representan a otras personas que forman parte de la vida de quien sueña, como en el siguiente sueño:

Mi marido y yo vamos caminando por la ciudad, de noche. Llegamos a un parque pequeño. Vemos a un cervatillo estirado en el suelo, durmiendo o descansando. Nos acercamos a él. De repente, se levanta de un salto y se abalanza hacia nosotros. Vemos que está rabioso, que saca espuma por la boca y aprieta los dientes. Mi marido y yo salimos corriendo en diferentes direcciones. Al principio, el cervatillo persigue a mi marido, pero él consigue escaparse. Entonces se gira y viene hacia mí. Corro a cámara lenta mientras el cervatillo está cada vez más cerca. Cuando quedo acorralada en el hueco de una escalera, me despierto muy asustada.

Cuando pensamos en un cervatillo, nos imaginamos una criatura dulce y amable. A primera vista, el animal parece pasivo y seguro, pero se vuelve rabioso y peligroso. La mujer que tuvo este sueño conocía a una persona que era así:

En seguida me di cuenta de que el sueño se refería a la ex esposa de mi marido. Por fuera parece ser la persona más dulce y agradable del mundo. Sin embargo, a lo largo de los años, nos ha atacado una y otra vez de la manera más despiadada posible, incluso usando a sus hijos para ello. En la época en que tuve este sueño, ella estaba a punto de llevarnos a juicio, para nuestra sorpresa. Perdió, pero a mí me apareció un síndrome de fatiga crónica a causa de la tensión. Con los años, pareció desplazar sus ataques de mi marido hacia mí.

Aunque el sueño trataba de otra persona, simbolizada por el cervatillo, su mensaje profundo se dirigía al estado emocional de la mujer que lo tuvo y a su reacción ante la tensión. A diferencia del sueño, ella no estaba atrapada sin posibilidad de escapar.

Animales escondidos o camuflados

Los sueños sobre caimanes o cocodrilos son muy comunes:

Estoy al lado de un lago, y veo que está lleno de cocodrilos. No salen a molestarme. Tengo este sueño de manera repetida.

Los caimanes y los cocodrilos representan los peligros escondidos o que se hallan bajo la superficie (o fuera del ámbito de la consciencia). Estos animales se encuentran justo bajo la superficie del agua. Algunos de ellos están camuflados y atacan de pronto. En los sueños pueden representar peligros de los que no somos conscientes. Nos sentimos seguros o despreocupados, pero en realidad corremos algún riesgo.

El lago lleno de cocodrilos de ese sueño se refiere a la perspectiva de la vida del hombre que lo tuvo. Era tímido, y siempre estaba buscando razones por las cuales las cosas no iban a salir bien (y por lo tanto, no valía la pena intentarlo). Siempre había peligros a su alrededor. Pero el sueño le mostró que los peligros estaban bajo control: él estaba en tierra y ellos bajo el agua. El sueño le ayudó a enfrentarse a sus miedos y ansiedades sin fundamento.

Animales encerrados o refrenados

Los animales salvajes que están encerrados a la fuerza, como en los zoos o en jaulas, pueden representar impulsos reprimidos. Los animales salvajes que se escapan de sus jaulas simbolizan las consecuencias de esa represión.

En el siguiente sueño, la represión adopta la forma de animales de peluche:

Bajo al sótano de mi casa y encuentro cajas que contienen animales de peluche. Están llenas de polvo. Es evidente que hace mucho tiempo que nadie las ha abierto. Algunos parecen ser animales que tenía cuando era pequeño.

Otros son nuevos. No tengo donde ponerlos, así que los dejo en las cajas. No sé cómo, los animales cobran vida y suben al salón. Empiezan a romper cosas. Son muy destructivos. Pienso: «¡Vaca sagrada!»* y me pregunto cómo voy a volver a encerrarlos en sus cajas.

La persona que tuvo este sueño, un hombre de 38 años, pudo identificar algunos animales: un león, un tiburón y un búfalo. Reconoció que representaban rasgos negativos de su propia personalidad. Trabajaba en una industria muy competitiva. Era un «tiburón» de los negocios. Estaba orgulloso y alardeaba de ello (como el león). Le gustaba salirse con la suya e imponer su criterio a los demás (como el búfalo). Creía que esos rasgos de su personalidad quedaban confinados sólo al ámbito laboral (guardados en el sótano, de modo seguro), pero la verdad es que estaban salpicando su vida personal y afectando a sus relaciones. Su vida se le estaba escapando de las manos.

Sintió que el hecho de bajar al sótano significaba que estaba dispuesto a ocuparse de estos temas, aunque en el sueño no era capaz de reconocerlo. Al volver a colocar los animales en las cajas, intensificó su energía, que se convirtió en una fuerza destructiva. La exclamación «¡Vaca sagrada!» le sirvió de ayuda. La vaca es un animal tranquilo

---

* La expresión inglesa «holy cow!», literalmente «vaca sagrada», se usa en el mismo sentido que la expresión castellana «¡Santo cielo!», pero en este caso se ha optado por su traducción literal porque la imagen de la vaca es importante en la interpretación del sueño. (*N. del E.*)

y dócil, y en muchas mitologías es la diosa madre que nutre a todo tipo de vida. Este hombre sintió que representaba su alma, o su lado femenino. Para sanarse necesitaba apoyarse en sus cualidades femeninas, más suaves.

Animales enfermos o heridos

Los animales enfermos o heridos simbolizan a menudo algún aspecto nuestro al que no estamos prestando la atención debida:

Compro más periquitos y los junto con los dos que ya tenía. Capturo dos pájaros silvestres. Alguien, tal vez el empleado de una tienda de animales, me dice que los pájaros no están sanos y que no sobrevivirán. Los pongo en una caja con muy poca comida y los coloco en un armario para dejarlos morir.

Un tiempo más tarde, tal vez semanas, voy al armario y compruebo el resultado de mi crueldad. Todos los pájaros están aún vivos, pero sufren terriblemente. Me quedo muy sorprendida, los saco a la luz y les doy agua y comida fresca. Empiezan a recuperarse inmediatamente, incluso el más débil, uno de los pájaros silvestres. Me doy cuenta de que tengo una pajarera y que debo ocuparme de ella correctamente.

Los pájaros simbolizan el alma o el espíritu. Los pájaros silvestres, como los que aparecen en este sueño, representan la creatividad sin domesticar que forma parte de la naturaleza. El número dos es un símbolo de algo nuevo que aparece en nuestra consciencia. En este caso, el espíritu salvaje de la creatividad es capturado y colocado junto a una versión más domesticada, que ha sido enjaulada. Ambos son rechazados y abandonados a su suerte.

La chispa de la creatividad no se apaga fácilmente, como descubre esta mujer cuando vuelve al armario y encuentra a los pájaros vivos. Los saca a la luz del entendimiento, y les da alimento espiritual y emocional (comida y agua). Empiezan a revivir enseguida.

Esta mujer era una escritora que poseía en realidad dos periquitos. El sueño trataba sobre su manera de enfocar su carrera profesional. Trabajaba por su cuenta, escribiendo cosas para empresas. Aunque le iba bien, se sentía insatisfecha desde el punto de vista creativo. Una parte de ella deseaba ser novelista, pero dedicarse a escribir ficción le parecía muy inseguro desde el punto de vista económico. Trabajar por cuenta propia para diferentes empresas era rentable y estable.

Gracias a este sueño, entendió que estaba dejando morir una parte de su creatividad en un armario oscuro, es decir, que no permitía que se expresara. No se sentía preparada para dejar el trabajo que realizaba, pero se comprometió a dedicar unas cuantas horas semanales a escribir ficción. En un año, acabó de escribir una novela corta, que fue publicada. El dinero que le reportó no era suficiente para dejar el otro trabajo, pero se sintió muy satisfecha por su éxito. Empezó otra novela. «Tal vez algún día pueda dedicarme exclusivamente a la ficción, pero por lo menos ahora permito que mi voz creativa se exprese», me dijo.

Animales con una parte humana

Las criaturas que son en parte seres humanos y en parte animales también merecen nuestra atención. La personificación (otorgar rasgos humanos a los animales) es muy común en los sueños, y una manera importante de ponernos en contacto con el animal que llevamos dentro. Consideremos este fragmento de un sueño:

Había una cabra de pie sobre dos piernas en la cocina, y estaba haciendo la comida.

Las cocinas y la comida a menudo tienen relación con una transformación espiritual. Este sueño abordaba el tema de la tozudez de esta mujer acerca de un problema de convivencia. Ella sintió que el sueño le decía que necesitaba despertarse y ver las cosas desde otra perspectiva. «Me di cuenta de que la cabra era yo —me dijo—, y que me estaba haciendo la comida, es decir, me estaba cocinando mis propios problemas.»

En el siguiente sueño aparece una mujer que es en parte serpiente y que tiene la capacidad de volar:

Estaba caminando por un bosque y vi una mujer serpiente. No era una diosa, sino una mujer «normal» que había «nacido así». Era increíblemente delgada (tenía el cuerpo de serpiente, y los brazos y las piernas eran como palillos) e iba flotando, haciendo eses por el aire, como si fuera una anguila en el agua. Tenía una cara preciosa, con rasgos de india. Pasó por delante de mí sin verme, y siguió volando.

Tanto la serpiente como la anguila tienen un simbolismo sexual. Esta mujer se estaba poniendo de acuerdo con su sexualidad, y necesitaba sentir que era algo «normal». Entendió que la mujer serpiente era su propia sexualidad normal. En el sueño, toma consciencia de ella (caminando por el bosque del inconsciente) y ve que es hermosa, pero no se compromete.

Animales portadores de mensajes espirituales

Cualquier animal que aparezca en sueños puede ser portador de un importante mensaje espiritual, pero hay algunos que tienen un simbolismo espiritual superior al de otros. Por ejemplo, los pájaros en general son símbolos del espíritu. Algunos, como los cuervos y los grajos, que son muy inteligentes, son importantes mensajeros en la mitología y las leyendas populares. Las criaturas marinas, que viven en las aguas de la emoción y el inconsciente, tienen también fuertes connotaciones espirituales. Los delfines y las marsopas, señores de la vida marina, suelen conectar a las almas con el más allá.

Soñé que estaba al borde de un acantilado con mi hijo (que ahora tiene trece años, pero que era mucho más pequeño en el sueño) y que le estaba enseñando el mar. Entonces vimos unas siluetas blancas que se deslizaban bajo la superficie del agua. Eran pelícanos, había muchos, y todos nadaban bajo el agua hacia la izquierda. Entonces un mamífero marino de color turquesa saltó del agua como si fuera un delfín, aunque lo identifiqué como una gran marsopa. Nos sentamos allí, a admirar aquellos animales.

Los pelícanos son un símbolo de Cristo y de su espíritu, ya que antiguamente se creía que se picoteaban el pecho para alimentar a sus pequeños con su propia sangre. Las marsopas y los delfines son también símbolos de Cristo. El color turquesa, color de los dioses, le da al sueño un fuerte tono espiritual. Esta persona estaba pasando por un periodo de transformación espiritual (el acantilado desde el que se domina el mar de la vida) que conllevaba emociones ligadas a un periodo anterior de su vida, representado por la edad de su hijo. Los animales simbolizan iluminación o apoyo espiritual. Se encuentran justo debajo de la superficie, a punto de salir al exterior, es decir, a punto de penetrar en la consciencia de la persona que tuvo el sueño.

Animales mágicos, míticos y sobrenaturales

Los animales de los reinos de la mitología, los cuentos de hadas y la fantasía penetran también en el paisaje de nuestros sueños. Tienen capacidades poco corrientes o mágicas, como la de volar o la de hablar. Para los chamanes, esos animales son tótems, es decir, animales poderosos: seres reales que vienen desde el reino de la imaginación para ayudarnos como maestros y sanadores. Ya he dicho que los animales son unos excelentes mensajeros y maestros, y los animales mágicos poseen una carga extra de energía. Podemos sentir que el sueño tiene una naturaleza espiritual, o que la consciencia se expande en su presencia.

Veo un gran caballo blanco, que también podría ser un unicornio. Aunque no le veo el cuerno, me doy cuenta de que se trata de un caballo de naturaleza divina. Oigo que lo van a sacrificar colocando una cuerda blanca en su camino para que se caiga mientras va corriendo. Por un momento, me convierto en el caballo blanco. Corro tan deprisa como puedo y veo la cuerda blanca delante de mí. Sé lo que va a suceder, pero no siento miedo ni dolor. Es algo que tiene que hacerse y punto. Pierdo el conocimiento durante un momento, y cuando me despierto vuelvo a ser yo. Estoy de pie al lado de la cabeza del caballo, cortada y quemada. Está chamuscada y carbonizada como si hubiera estado en una gran hoguera. La levanto con las dos manos, la sacudo un poco y después la estrujo como si fuera una vaina de guisantes o una espiga de trigo. Cruje entre mis manos y unos cuantos granos de trigo caen de ella. Me siento muy satisfecho y digo: «Bien, ahora toda la gente que pasa hambre tendrá algo que comer».

En la mitología y las leyendas populares el caballo simboliza la naturaleza animal básica de la humanidad, el instinto, la psique no humana y el inconsciente. Por lo tanto, representa la vida animal, instintiva, que llevamos dentro. En este caso, el caballo se ha espiritualizado. Es de color blanco y de naturaleza divina, probablemente un unicornio. El unicornio simboliza el espíritu, y también la pureza femenina, la castidad y la virginidad, la fortaleza y los valores morales, el espíritu de Cristo y la fuerza de la realeza. En la mitología, el unicornio se calma gracias al amor, en el regazo de una virgen. Lleva una piedra curativa bajo su cuerno.

Este sueño se refiere al sacrificio y al cambio. A partir del sacrificio, algo nuevo rebrota. El trigo es un poderoso símbolo de renacimiento y del poder de la Diosa Madre para hacer que algo nuevo nazca de la muerte.

Los caballos también simbolizan el cuerpo y la salud física. Sin embargo, la mujer que tuvo este sueño sintió que el sacrificio del caballo blanco o unicornio representaba una decisión que había tomado acerca de una relación y que afectaría al rumbo de su vida. Mantenía relaciones con un hombre casado. Él no se comprometía emocionalmente con ella y no quería hacer cambios en su vida que afectaran a su disponibilidad. Ella no quería romper la relación, pero a veces se sentía muy alterada emocionalmente y agotada físicamente por su culpa.

Después de mucha meditación, decidió comprometerse y dedicarse por completo a esa relación, aunque eso eliminara el potencial de nuevas relaciones que pudieran aparecer en su vida. De alguna manera, eso era un sacrificio de su virtud y su inocencia femenina. Al igual que el caballo o unicornio del sueño, ella corría de manera voluntaria hacia la cuerda blanca (cruzando así una barrera importante para ella) para llevar a cabo su sacrificio. Seguía a su corazón, no a su cabeza, que estaba separada del cuerpo.

El sueño le proporcionó mucha energía curativa. Para ella, el trigo simbolizaba la promesa de algo nuevo y fructífero que llegaría en el futuro. La gente hambrienta no era sólo ella misma (que por fin sería alimentada espiritual y emocionalmente), sino que se refería a una perspectiva más amplia: «Vi claramente que se refería a toda la gente que en el mundo pasa hambre y necesita alimento, la humanidad en general», me dijo. También se refería a su propia necesidad de ser alimentada espiritualmente por la relación. El sueño renovó su optimismo y su esperanza.

En el siguiente aparece un fénix azul luminiscente, un ave mítica que resurge de sus propias cenizas y que, por lo tanto, simboliza el renacimiento y la renovación.

Salgo de mi casa al anochecer, con la última luz de la tarde, cuando por el rabillo del ojo veo un ave que vuela bajo, siguiendo el curso del riachuelo. Al principio, creo que la vista me está haciendo una mala pasada, ya que el pájaro tiene un aura mágica a su alrededor. Una luz centelleante emana de su cuerpo mientras sobrevuela los arbustos. Al principio sólo me fijo en la luz, pero cuando me acerco más, veo un precioso brillo turquesa dentro de la luz. Llamo a mi marido y le digo: «¡Oh, Tom, ven deprisa y mira..., es el fénix azul!». Pero él está ocupado trabajando en el cobertizo y no viene.

Observo el ave que vuela dando vueltas. Se detiene junto a unos arbustos, y gradualmente se va acercando a mí. Cada vez veo con más definición su forma y su tamaño, y nuevos colores se hacen perceptibles. Entonces le digo a Tom, gritando: «¡Oh, Tom, es una cotorra o un loro. Debe de ser la mascota de alguien, que se ha perdido».

Entonces el ave vuela hasta mí y se posa en mi hombro derecho. Le hablo con voz de loro y le digo: «Hola, ¿cómo estás?». Todo el rato estoy petrificada, pensando que podría picarme o arañarme en cualquier momento y que yo no podría defenderme porque el pájaro es enorme, mayor que cualquier cotorra o loro que haya visto nunca.

Lo miro a los ojos y me doy cuenta de que no es una mascota cualquiera. En sus ojos veo sabiduría, longevidad e inteligencia. Le acaricio las plumas del pecho con cariño, mientras vuelvo a preguntarle con más afecto: «¿Cómo estás?». El ave me imita y dice a su vez, aunque con voz distinta: «¿Cómo estás tú?». Entonces se va de mi hombro hasta donde se encuentra mi marido. Me da la sensación de que el ave sabía que él no iba a dejar lo que estaba haciendo para salir a verla, así que decide entrar en el cobertizo y presentarse ante Tom. Vuelvo a usar las palabras «fénix azul» para avisar a Tom de que el pájaro va hacia él.

Mientras el ave volaba, su luz era turquesa. De hecho, el color era tan brillante que no pude volver a dormirme después de haberme despertado, porque me había quedado grabado en la memoria. Sin embargo, cuando se posó sobre mi hombro, sólo recuerdo haber visto los colores rojo y amarillo de las plumas. (Recuerdo que, cuando me desperté, me pregunté si tendría algo de particular que se posara sobre el hombro derecho, en el que sufro de artritis.) Al despertar, tenía una canción en la cabeza. Su título es «Life could be a dream, Sweetheart»,* y habla de subir al paraíso.

---

* Significa: «La vida podría ser un sueño, mi amor». *(N. de la T.)*

Este sueño fue una poderosa fuente de energía para esta mujer, que lo anotó en su diario. Más tarde, volvió a leer lo que había escrito para buscar nuevas intuiciones:

Al tratar de traer la presencia de este increíble pájaro a mi consciencia, sentí la misma emoción en las entrañas que la primera vez que lo vi. El primer pensamiento que me vino a la mente fue mi padre, que había muerto seis años antes. Intenté recordar la voz del loro en el momento de posarse sobre mi hombro. Yo le había hablado con voz de loro al decirle: «¿Cómo estás?». Pero el loro me había contestado con una voz vagamente familiar, una voz amable y con un sincero deseo de saber cómo me iban las cosas cuando me preguntó: «¿Cómo estás tú?», con un énfasis en la palabra «tú». Me pregunto si se trataba del espíritu de mi padre. Sólo una vez anteriormente había soñado con mi padre desde que había muerto. Fue un sueño que me asustó mucho, y le rogué que no volviera a asustarme de aquella manera. Me divierte pensar que haya sido él. Hubiera sido muy propio de su persona buscar un modo tan creativo de visitarme y estar cerca de mí.

El color turquesa era su favorito, creo, y la loción para después del afeitado que utilizaba era «Aqua Velva». También me llamó la atención que el peso del pájaro y la presión de sus garras en mi hombro eran bastante molestos. Era el hombro que me dolía, y el dolor duró por lo menos nueve meses más después del sueño.

La otra emoción que recuerdo es que sentí una gran reverencia. Era como si hubiera presenciado un milagro, o como si una deidad me hubiera visitado. Era un sentimiento de agradecimiento por haber sido reconocida por el Todopoderoso. Es también muy típico de mí y de mi personalidad querer compartir con alguien cualquier cosa que valga la pena contemplar. No me sirve disfrutarla yo sola. Tengo que compartirla con alguien a quien ame, como mi marido o una amiga. Busco experiencias que los demás puedan compartir conmigo como testigos. Me sentía decepcionada de que Tom no estuviera compartiendo aquella bendición espiritual conmigo y prefiriera ser un solitario en su cobertizo antes que contemplar toda aquella belleza que tenía lugar fuera de su mundo.

Mientras examino los colores rojo y amarillo, que sólo se veían en el ave mientras estaba en mi hombro, pienso en el fuego. Asocio el color rojo con la sangre, el calor, la pasión, la vida misma, y el amarillo con la eterna energía yang proyectada por el Sol. El mundo gira alrededor de estos dos colores. El amarillo es el radiante calor del Sol que nos llega proyectado desde el mundo exterior, y el rojo es el calor radiante que proviene de nuestro mundo interior. Cuando nos emocionamos, nos ponemos rojos y la sangre fluye con rapidez por nuestras venas, lo que expresamos (proyectamos e irradiamos al exterior) es que estamos llenos de vida. Nos sentimos colmados. Podemos abrir los brazos, levantar la cabeza hacia los rayos del Sol y maravillarnos de nuestra existencia. En aquella época, a principios de primavera, yo tenía una gran necesidad de que me llegaran esos elementos, ya que pierdo gran cantidad de calor y pasión interna durante el largo invierno. Acababa de pasar la gripe y había tenido varios resfriados, y me di *cuenta de que necesitaba convertirme en un ave migratoria y viajar hasta el cálido desierto para acabar de pasar el invierno (o por lo menos pedirle al fénix azul que me visitase cada año a finales de invierno y me trajese su calor radiante).*

Un último pensamiento relativo a la canción «Life could be a dream, Sweetheart». Al examinar la palabra «sweetheart» [mi amor], me pregunté quién me llamaba así. Me di cuenta de que mi padre era la única persona que usaba ese término cariñoso para dirigirse a mí. Ahora estoy aún más convencida de que él era el fénix azul.

Al trabajar con los sueños donde aparecen animales, hay que preguntarles a estos últimos qué es lo que tienen que decirnos. Debemos pensar tanto en las asociaciones positivas como en las negativas. Tu intuición te dirá qué es lo correcto. Busca información acerca de ellos. En una enciclopedia, por ejemplo, te podrás informar de sus hábitos y su comportamiento. Tal vez encuentres algún dato que aporte luz sobre tu sueño. Las criaturas que viven en las profundidades del agua o de la tierra, como serpientes, lagartos, peces o conejos, representan el subconsciente o nuestro mundo interior. Los animales que viven entre dos mundos, como los pájaros que nadan (patos, cisnes...), median entre los reinos de la consciencia y el inconsciente.

Jung observó una vez que la vida es un ajuste continuo entre el ego consciente y el yo inconsciente. Los animales en los sueños nos ayudan a hacer esos ajustes que permiten que aflore nuestro verdadero yo, el Yo Superior, que es el principio unificador interior, el centro que abraza tanto a la consciencia como al inconsciente. Los animales son aliados nuestros que nos ayudan a explorar de manera segura las profundidades de nuestro interior y llegar hasta nuevas cotas de iluminación.

11

Insectos

La mayor parte de las asociaciones que nos sugieren los insectos son negativas, ya que tenemos una ancestral aversión colectiva por esos animales, que en muchas ocasiones llega al miedo. La mayoría de la gente cree que los insectos son feos y malos, y los asocia con la suciedad, lo abominable y los demonios. Los llamamos «plagas». Tenemos expresiones y frases hechas en las que asociamos a los insectos con cosas indeseables: cuando alguien nos resulta molesto y pesado, decimos que es un chinche, y cuando queremos despreciar a alguien, lo llamamos gusano.

Lo que más nos molesta de los insectos es la invasión. Ya sea en solitario o en masa, los insectos tienen la capacidad de invadir nuestro espacio y hacernos la vida desagradable. Nos pican y nos infestan. A pesar de la ventaja que nos otorga nuestro tamaño, a menudo nos sentimos a merced de esas diminutas criaturas. Son maestros del camuflaje. Salen de noche, cuando estamos dormidos y con la guardia baja, se deslizan por pequeñas ranuras, salen arrastrándose de debajo de los muebles o nos atacan desde el aire. Tienen su propio horario y sus propias intenciones. No nos interesa entenderlos ni convivir con ellos. La respuesta inmediata que tenemos cuando los vemos es el deseo de erradicarlos, de acabar con ellos.

A pesar de las asociaciones negativas que hacemos con los insectos, éstos a menudo nos traen mensajes importantes y positivos. Nos llaman la atención con mucha fuerza. Nos señalan cosas que no nos son beneficiosas, o aspectos de nosotros mismos que estamos descuidando. Los insectos representan literalmente aquello que nos molesta, que nos incordia, y de lo que desearíamos librarnos de una vez por todas.

Había algo en la habitación que deseaba mucho, pero cada vez que intentaba entrar, un bicho me lo impedía. Era grande, como una langosta o una cigarra, y estaba sobre una mesa pequeña. Volaba hacia mí, haciendo mucho ruido y soltando chispas hasta que me retiraba. Me daba mucho miedo y me fui, dejando aquello que tanto quería en la habitación.[1]

La intención del insecto era influir en esa mujer para que abandonara lo que quería. Estaba sobre una mesa, lo cual podía significar que el asunto se hallaba aún sobre la mesa de negociaciones consigo misma. El insecto quizá la avisaba para que se alejara de aquel asunto. Tal vez lo único que podía llamar su atención para asustarla y alejarla de allí era un insecto.

En los sueños, los insectos se suelen asociar con temas sexuales. Podemos albergar miedos inconscientes y algún tipo de repulsión hacia el sexo. En el siguiente sueño, un matrimonio que se estaba deshaciendo había conducido a un rechazo del sexo.

Estoy en un complejo turístico al lado del mar, sola. Todo el mundo a mi alrededor se lo está pasando bien, y yo voy de un lado a otro buscando algo que hacer. Hay gente que va en barco por las islas y los arrecifes. Otras personas están tumbadas sobre la arena, en el agua o dentro del hotel. Decido ponerme un traje de baño e ir a la playa. Me paro en una tienda de artículos playeros y me pregunto si debería comprarme un collar a juego con el traje de baño. Estoy triste porque sólo tengo un bañador de una pieza muy sencillo, en vez de un bikini, que queda mucho mejor.

En otra escena, intento entrar en el agua, pero encuentro anguilas y salgo deprisa.

[...] Hay otra escena en la que me estoy poniendo unas medias negras, y encuentro que hay moscas muertas y chafadas dentro. Cuando me las pongo, se me enganchan a las piernas. Me saco las medias y las sacudo para que se caigan las moscas.

Esta mujer se sentía cada vez más distanciada de su marido. El matrimonio se había deteriorado, y con él, el sexo. La ausencia de intimidad emocional hacía que a ella le resultara cada vez más difícil abrirse a la intimidad del sexo. Pero aún lo deseaba. El complejo hotelero al lado del mar donde todo el mundo se lo pasa bien representa su deseo de intimidad y de juego. Todo el mundo se lo pasa bien menos ella, que está sola. Su sentimiento de no ser apta para el sexo está representado por el sencillo bañador. Cuando entra en el agua, las anguilas, símbolos del falo y el contacto sexual, la asustan. Las medias negras sugieren seducción y sexualidad femenina, pero éstas quedan arruinadas por las moscas muertas. La vida sexual de este matrimonio tenía tanta poca vida y tan poco atractivo como las moscas muertas.

Una mujer con sentimientos contradictorios sobre el sexo tuvo este sueño:

Estoy invitada a una sesión de planificación con X. e Y. (mis socios). Voy a un edificio pequeño situado en una zona que parece una ciudad dormitorio. Me sorprende que el interior esté tan sucio. Hay agua en el suelo, basura por todas partes, y está todo tan desvencijado que da asco. No puedo creer que haya gente (hombres jóvenes, por lo que parece) que vivan así.

Un joven aparece en la puerta. Lleva una cucaracha del tamaño de un gato. De hecho, es mitad gato, mitad rata. Es negra, tiene orejas de gato, el pelo corto y la cola de rata. Dice alegremente que va a hacer que la cucaracha me ataque. La deja ir y ésta viene hacia mí. Parece mala. Corro, pero me persigue. Hay nieve en el suelo. Parece que me encuentro en la ladera de una montaña. Le tiro nieve a la cucaracha para cubrirla, y me dejo caer montaña abajo entre los arbustos, que me arañan mientras voy bajando.

Debido a la educación que le dio su madre durante la infancia, esta mujer tenía la creencia muy arraigada de que el sexo era algo sucio y nada propio de las chicas buenas. Sin embargo, al independizarse y tener sus primeros encuentros sexuales, descubrió que disfrutaba practicándolo.

Como resultado, experimentaba un conflicto interior. No estaba segura de qué debía pensar del sexo, ni de cómo debía comportarse, sexualmente hablando. Sus esfuerzos por racionalizarlo están simbolizados en el sueño por la reunión de planificación. Pero la reunión quedaba manchada por la porquería. Que la suciedad perteneciera a hombres jóvenes reforzaba la idea de su madre acerca de que «todos los hombres buscan lo mismo».

La cucaracha representaba el miedo que a esta mujer le daba la sexualidad. El gato simboliza la sexualidad femenina. Lo que en realidad la perseguía era su propia sexualidad, que intentaba que la aceptase, pero que ella había catalogado como algo «malo». Intenta congelarla con nieve, símbolo de emociones congeladas. Si se prohíbe sentir, tal vez la dejará en paz. Sin embargo, esto le hace daño, lo cual está representado por los arbustos, que la arañan mientras huye.

En el siguiente sueño encontramos otro ejemplo en el que una cucaracha representa el sexo:

Tengo invitados a cenar. En el último minuto aún no he preparado nada para la velada, que yo pretendía que fuera elegante. Empiezo por la mesa. Hay dos mesas que podría usar. Una está en el sótano y la otra fuera, en el cobertizo. Voy hacia delante y hacia atrás sin decidirme.

Una enorme cucaracha negra sale de debajo de la mesa. Me da mucho asco y le pido a mi marido que la mate, pero él se niega. Dice que está en contra de matar a los bichos. La cucaracha se va saltando como si fuera un grillo.

Los invitados llegan muy tarde. Empiezo a pensar que no vendrán. Los he citado a las nueve y media y ya son las diez y media. De repente llegan todos a la vez. Quedan impresionados por lo bien puesta que está la mesa. Les pregunto si quieren un Bloody Mary y responden que sí. Cuando abro la nevera para sacar el vodka, veo que sólo me queda suficiente para dos o tres copas. El sueño termina antes de que puedan darse cuenta de que la comida que he preparado no vale nada.

La comida es un símbolo de alimento espiritual y emocional. Esta mujer no tiene suficiente para ofrecer a los demás (la mesa del cobertizo), ni siquiera le llega para ella misma (la mesa del sótano). El banquete queda arruinado por la enorme cucaracha que cruza la mesa y que su marido se niega a matar.

Ella sintió que el sueño le hablaba del resentimiento que albergaba contra su marido y que estaba afectando a su interés por el sexo. Intentaba reprimir sus sentimientos centrando la atención en entretenimientos superficiales, pero esto no bastaba para alimentarla de verdad (la mesa espectacularmente puesta, pero sin comida suficiente). Las copas de Bloody Mary simbolizan sus sentimientos, ya que se siente como si «sangrara» emocionalmente.*

En los sueños, los insectos pueden ser abordados de la misma forma que los demás animales: busca tus propias

---

* «Bloody Mary» es un cóctel de vodka y jugo de tomate, cuyo nombre quiere decir literalmente «María la Sangrienta», en alusión a María Tudor. *(N. del E.)*

asociaciones con las características de un determinado insecto. Por ejemplo, las hormigas pueden representar la laboriosidad, el trabajo en equipo y la organización, aunque también una marabunta (sentirse abrumado por algo). Las abejas pueden simbolizar asimismo la laboriosidad y el trabajo duro, y también la capacidad de picar con un aguijón. Una avispa puede reflejar la irascibilidad de la persona que sueña con ella. Los parásitos representan algo que nos chupa la energía y la vitalidad. Las termitas atacan y destruyen una estructura desde el interior. Los mosquitos que chupan la sangre minan la vitalidad. Las mariposas (uno de los pocos insectos que nos gustan) pueden representar la belleza y el renacimiento, especialmente cuando se trata de alguien feo o indeseable. El hogareño gusano teje un capullo, del que emerge una bella mariposa. Las mariquitas, otro de los pocos insectos con buena fama entre la opinión pública, representan buena suerte.

Las arañas son frecuentes en los sueños. Pueden representar habilidad o engaño, ya que se esconden y esperan a su presa. En la mitología representan el tiempo, porque se teje como si fuera una telaraña. En los mitos y los cuentos de hadas, se vincula las arañas con brujas y ancianas que poseen un gran conocimiento de la naturaleza. Jung asociaba las arañas con una madre negativa.

Los siguientes tres sueños pertenecen a una mujer que tiene con frecuencia sueños desagradables en los que aparecen arañas:

Sueño 1:

Estoy en una casa que tiene un salón como el que tengo ahora. El techo está cubierto de telarañas, capullos de polillas y bolsas de huevos de araña. Algunos ya se han abierto. Cuando se abre alguno, se oye un crujido. Estoy muy sorprendida por haber permitido que toda esa suciedad se acumule. Tengo que ir a buscar un aspirador y eliminarlo todo.

Sueño 2:

Un sueño vívido. Estoy en un lugar que no conozco. Me pongo el traje de lino blanco y los zapatos chinos de color canela. Noto algo bajo la blusa, como si fuera un gran insecto. Me muevo con cuidado para que no me pique, pero lo hace igualmente, en mitad de la espalda. Entonces sube arrastrándose hasta mi hombro y veo que se trata de una araña, una viuda negra. Me preocupa pensar que la picadura pueda ser mortal. Me quito la blusa, me doy la vuelta y me miro en el espejo. En la espalda tengo una telaraña negra, como si estuviera pintada con rotulador, con una viuda negra en la parte exterior. En el centro de la telaraña, en el lugar donde me ha picado, hay ahora un anillo, del cual brota un abundante pelo largo y grueso. Es pelo de caballo, como una crin.

Busco información sobre las viudas negras en un libro de consulta. El libro, que habla en primera persona del plural, dice que el único efecto de la picadura es una terrible artritis en la vejez. Afortunadamente, hay un nuevo tipo de bastón en el mercado que ayuda a caminar. Así que no moriré, pero el efecto de la picadura es permanente, y estoy condenada a la artritis en la vejez.

Sueño 3:

Estoy en un hotel. He venido por una reunión. Mi cama es un simple camastro apoyado contra la pared. Encima hay un estante, que parece estar lleno de racimos de rubíes. De algún modo sé que esos rubíes son en realidad arañas, pero no me preocupa. Me voy a dormir. Cuando me levanto, a la mañana siguiente, voy al armario a buscar mi ropa, y descubro que todo está lleno de pequeñas arañas, como si acabaran de salir de los huevos. De pronto me doy cuenta de que las arañas de rubí no están «congeladas», sino muy vivas, ¡y he dormido debajo de ellas toda la noche! En cuanto me doy cuenta, noto algo que se arrastra entre mi pelo. Estoy infestada de arañas. Estoy segura de que me van a picar. Me despierto antes de que lo hagan.

Esta mujer asoció estos sueños con su madre negativa, un tema contra el que había estado luchando toda la vida. Su madre era muy crítica, y siempre conseguía ver el lado negativo de todas las cosas. Cualquiera que fuera la buena noticia o el éxito que su hija le comunicara, ella se encargaba de dinamitarlo. Dudaba de la capacidad de su hija para conseguir gran cosa en la vida. En épocas anteriores de su vida, la mujer que tuvo estos sueños había sufrido depresiones, le faltaba confianza y tenía una baja autoestima. Le costaba llevar a cabo sus proyectos, porque el entusiasmo inicial se veía bombardeado por dudas y desesperanza.

Ya en la edad adulta, había invertido mucho tiempo y

una gran cantidad de energía en luchar contra este condicionante. Los sueños revelaban el alcance de la «infestación»: Las arañas cubrían el techo de su casa. Una araña la atacaba por la espalda (traición) y después se quedaba quieta a esperar. Las arañas se disfrazaban de piedras preciosas y la atacaban mientras dormía. Estaban por todas partes, hasta en su ropa y su pelo. Como le informó el segundo sueño, esta negatividad no la matará, pero puede llegar a paralizarla (la artritis). Estos y otros sueños en los que aparecían arañas le fueron de gran utilidad durante la terapia.

A veces, trabajar con juegos de palabras o expresiones en las que aparezcan insectos, puede ser de gran utilidad para comprender el significado de un sueño:

El interior de mis brazos está lleno de colmenas, y dentro de ellas se mueven gusanos. Me los arranco, los tiro lejos, me sacudo los brazos, pero hay muchísimos, y cada vez hay más.[2]

Este sueño tuvo lugar en un momento en el que esta mujer estaba atravesando muchas dificultades con el hombre con el que vivía. No se sacaba esta situación de la cabeza y, tal como ella decía, lo llevaba «bajo la piel». Las dificultades no serían fáciles de solucionar, ya que venían de su interior.

Estar abrumado por una multitud de insectos, especialmente si son venenosos o dañinos, puede significar tener que tratar con algo muy desagradable, como en el siguiente sueño:

Insectos

Estoy delante de un armario abierto, uno que era de mi madre. Hay un pequeño acuario rectangular, pero no contiene agua ni peces. En vez de eso, hay una especie de jarra de mermelada, llena de alguna gelatina translúcida, como pudin de arroz. Me doy cuenta de que no cerré bien la tapa, y ahora todo tipo de larvas salen arrastrándose de la sustancia blanquecina. Estoy aterrorizada y muy enfadada conmigo misma por ser tan descuidada. Tengo que librarme de esos bichos, así que voy a buscar un insecticida. Sé que es muy fuerte, pero tengo que usarlo. Así que echo tan sólo un poco de insecticida en el acuario, y me sorprende comprobar que aquella pequeña cantidad haya causado un resultado tan tremendo, ya que en la jarra ahora no hay larvas, sino enormes insectos negros de varios tipos. Veo grandes cucarachas, ciempiés y un escorpión, todos de un negro azabache. Esos bichos se retuercen agonizantes. Están envenenados, van a morir. Expulsan una sustancia negra, como si fuera humo, y la gelatina blanca empieza a hervir, a soltar burbujas y a humear. Estoy horrorizada, pero al mismo tiempo me alivia pensar que he conseguido librarme de ellos para siempre. Pienso que, cuando estén muertos del todo, tendré que levantar la jarra con las manos para arrojar el contenido por el inodoro. Eso puede ser peligroso. Tendré que protegerme las manos con algún paño. En ese momento recuerdo que había una pareja de pececillos blancos con manchas negras en el acuario. Lo siento por ellos, porque con todo el veneno hirviendo y humeando, seguro que están muertos. Me prometo comprar otros nuevos.

Este sueño también se refiere a la madre negativa. Debido a la falta de cuidado de la mujer que lo tuvo, la negatividad contenida se escapa, pero nunca consigue alcanzar proporciones amenazadoras. Aunque las larvas crecen muy rápido, esta mujer consigue erradicarlas. Los peces blancos con manchas negras se han envenenado en ese entorno, pero los reemplazará por otros nuevos. Para ella, este sueño, a pesar de sus imágenes repugnantes, supuso un avance curativo, una liberación de los grilletes emocionales del pasado.

Los sueños en los que aparecen insectos, a menudo nos resultan tan repugnantes que no queremos recordarlos ni trabajar con ellos. Pero, de hecho, ese suele ser el motivo por el cual aparecen en los sueños: vienen para llamarnos la atención sobre algo en lo que no queremos pensar. Si nos atacan, nos pican o nos invaden y nos abruman por su número, el mensaje es más urgente.

Es útil pensar que, al igual que en la vida real, desempeñan un papel muy importante en el mantenimiento del equilibrio de la naturaleza.

12

La comida

Al igual que alimenta el cuerpo, la comida en los sueños nutre el alma, y simboliza a menudo que necesitamos o recibimos nutrición emocional y apoyo espiritual. Si tu trabajo o tu relación de pareja no te deja satisfecho, puede que en sueños no pares de comer.

La mujer que tuvo el siguiente sueño había tenido una aventura amorosa con un hombre casado durante unos dos años. Se sentía frustrada porque esa relación no avanzaba. Su amante no estaba a su disposición la mayor parte del tiempo, ni física ni emocionalmente, pero ella estaba convencida de seguir adelante con esa relación, segura de que al final ganaría.

Le estoy esperando en un pequeño café, donde algunos desconocidos se ocupan de mí. Me alimentan y me cuidan. Les digo que mi amante vendrá pronto a reunirse conmigo. Entonces entra alguien. Se parece a W. Pero sólo es un fantasma, una sombra, no es él en realidad. No le presto atención y desaparece. Vuelve a entrar otro fantasma que se parece a W. Tampoco le presto atención y también desaparece. Por tercera vez, alguien entra, y esta vez sí que es W. Va todo vestido de negro. Se sienta a mi lado y empieza a besarme y abrazarme muy apasionadamente mientras estoy comiendo. Pienso: «Esto está muy bien, pero ojalá me dejara acabar de comer primero». Entonces me doy cuenta de que llevamos demasiada ropa, y los dos nos sacamos los abrigos para estar más cerca el uno del otro.

Su amante, inalcanzable y no comprometido, aparece oportunamente dos veces como un fantasma, y al final llega «de verdad», pero vestido de un negro sombrío. Al igual que en la vida real, él quiere pasión cuando le va bien, sin preocuparle lo que ella esté haciendo ni lo que necesita. Esta mujer se alimenta emocionalmente de terceras personas. Ella se da cuenta, y el hecho de que siga queriendo comer a pesar de los avances amorosos de su amante revela lo hambrienta que está de emociones genuinas.

Tuvo otro sueño relacionado con la comida. El escenario era un hotel de lujo:

Hay algunos trozos de bistec medio crudos repartidos por las baldosas blancas del baño. Los recojo y los echo a la papelera, pero está hecha de alambre y la carne gotea. No me gusta, pero no sé qué hacer.

En este caso, la mujer asoció su sueño con la salud. La imagen tenía una connotación primaria, animal. Esa relación la estaba desangrando, y empezaba a sentirse físicamente agotada. Al arrojar la carne a la papelera, está lanzando su vitalidad, pero no se le ocurre qué otra cosa puede hacer. El bistec (es decir, lo que está en juego) se encuentra desperdigado por el suelo del baño de color blanco. Mancha la pureza del blanco. El baño representa un lugar de intimidad personal. Ella sólo es un trozo de carne arrojado al suelo.

El siguiente sueño refleja la infelicidad de otra mujer en su relación de pareja:

Asisto a una conferencia. Camino por pasillos llenos de gente muy bien vestida, como si fueran a una gala. Hay mostradores de comida. Me detengo ante uno de helados, y empiezo a atracarme de helado de vainilla cubierto de chocolate duro. Entonces me subo al mostrador y meto el pie en el helado. Me sigo comiendo el helado y el chocolate.

Las conferencias simbolizan la educación y el aprendizaje: esta mujer necesita aprender algo sobre sí misma. Todo el mundo va bien vestido, es decir, las cosas no son lo que parecen, sólo son una fachada. El helado es un símbolo interesante. Es suave, y por lo tanto femenino, pero está cubierto de chocolate duro. Representa el estado emocional de esta mujer, que ha construido una barrera a su alrededor, pero permanece tierna en su interior. Muchas personas encuentran que el helado las satisface mucho emocionalmente. Ella misma reconoció haberse comido grandes boles de helado cuando se sentía deprimida. Subir sobre el mostrador simboliza su desdén y su enfado por sentirse deprimida y necesitada, pero sigue comiendo. La necesidad no ha desaparecido.

En el siguiente sueño, una mujer está rodeada de comida, pero no encuentra lo que desea:

Estoy en un banquete. Hay mesas largas con todo tipo de platos. Es un bufé que incluye muchísimas variedades de acompañamientos, pero los platos principales hay que encargarlos. Pido lo que quiero; sin embargo, hay tanta aglomeración que no me llega. Aunque hay mucha comida por todas partes, estoy disgustada por no conseguir lo que quiero.

El banquete simboliza la plenitud y la abundancia. Hay una gran selección de comida, es decir, muchas opciones. Además, es un bufé, lo cual quiere decir: «Sírvase usted mismo» y «Coma todo lo que pueda». A pesar de la abundancia de comida, no sirve como plato principal, ya que son sólo acompañamientos. La comida que esta mujer desea en realidad parece ser imposible de conseguir.

Para ella, el sueño representaba su sentimiento de vacío. Tenía más de treinta años y no había encontrado al hombre adecuado. Todas sus relaciones eran accesorias. Lo que deseaba era el plato fuerte de una relación permanente y comprometida.

En el siguiente sueño, comer en un buen restaurante es un símbolo de triunfo:

Estoy en una conferencia en Washington. Intento darme a conocer, hacer contactos en el mundo de los negocios. Parece que hay mucha gente interesada en comer en buenos restaurantes. Conozco unos cuantos, pero no to-

dos. Le cuento a un hombre con una gran barriga que los restaurantes de Washington han cambiado mucho. «Antes, una buena comida era un bistec y una patata asada, pero ahora las cosas son muy diferentes», le digo. No sé cómo, pero sé que va a ayudarme.

De repente tengo una especie de visión interior que me dice que voy a conseguir triunfar en esta ciudad. Voy a ser alguien influyente. Sé lo que tengo que hacer. Voy a ir a restaurantes de lujo, me presentaré a los maîtres y les daré mi tarjeta de visita. Así todo el mundo sabrá quién soy cuando me presente en la puerta en compañía de otras personas.

Me despierto con la convicción de haber hecho un cambio decisivo en mi consciencia. Voy a lograrlo. Puedo hacerlo. Voy a hacerlo. Es posible. Está hecho.

Este hombre sentía que estaba a punto de hacer grandes progresos en su carrera profesional. Vivía y trabajaba en Washington, una ciudad de comunicaciones, conexiones y negocios, muchos de los cuales se llevan a cabo en restaurantes. Una vez más, el bistec representa lo que está en juego, es decir, un avance en su carrera y su estilo de vida.

Lo que comemos en sueños también tiene un significado. Por ejemplo, comer fruta puede significar algo dulce, o «disfrutar» de algo. La carne puede representar algo que nos recarga de energía. Comer pescado puede ser interpretado como una forma de conectar con nuestro interior o nuestra intuición. Las verduras son básicas y, a menudo, aburridas. De hecho, usamos palabras relacionadas con las verduras para describir rasgos poco deseables en una persona. La gente aburrida «vegeta» y a una persona inepta y muy ignorante la llamamos «calabaza». Cuando alguien ha perdido sus facultades mentales, decimos que se ha convertido en un «vegetal», lo que implica que la vida ha perdido el valor y el interés.

Pero las poco valoradas verduras pueden volverse poderosas y mágicas en los mitos y los cuentos de hadas, como por ejemplo en la historia de Jack y las habichuelas mágicas, donde la mata de judías gigante le conduce a otro reino de consciencia.

En el siguiente sueño, el aburrimiento y la falta de interés quedan simbolizados por coles:

Estoy en la cárcel, y he perdido la esperanza. Los largos pasillos se extienden como galerías subterráneas. Se convierte en un campo de trabajo. Los soldados están deprimidos y apáticos. Predominan los colores marrones, verdes y grises, especialmente en los uniformes. De pronto, me doy cuenta de que sus cabezas son coles. El campo de trabajo se convierte en un campo de coles.[1]

Este sueño puede enfocarse desde el punto de vista del aburrimiento del hombre que lo tuvo, que se sentía encerrado y limitado. Todo en el sueño, desde el estado emocional de los soldados hasta los pasillos de la prisión, que parecen túneles, o los colores, tiene muy poca energía.

Aunque asociamos las verduras con el aburrimiento y con cosas que no nos gustan, pueden tener significados simbólicos más profundos. La palabra «verdura» significa lo opuesto al aburrimiento y la inactividad. Significa vigor, lozanía, vida, fortaleza… El alma vegetal nutre a todos los seres vivientes en un ciclo de nacimiento, muerte y renacimiento. Las deidades de la vegetación van asociadas a los misterios de la muerte y el renacimiento. Existen ciertos alimentos totémicos, como el trigo, el maíz, el arroz, la batata, el coco y el fruto del árbol del pan.

El alma vegetal es la base donde arraiga el alma racional. Es también la mediadora entre el reino de la consciencia y el del inconsciente. Es oscura y estira hacia abajo, por lo que nos conecta directamente y de modo muy íntimo con nuestras raíces ancestrales y con las de la tierra y la naturaleza. En los sueños, las verduras nos estiran hacia abajo, hacia nuestras raíces. Jung observó que las plantas se nutren de los elementos, y por lo tanto el reino vegetal representa el nivel más profundo del inconsciente, donde encontramos las raíces de nuestro verdadero yo, y donde se origina la energía vital fundamental de todas las cosas.

En los sueños, las verduras no llaman demasiado la atención, pero su aparición puede tener significados muy profundos. En su sentido más amplio, nos conectan con nuestra familia, nuestra comunidad y nuestras raíces ancestrales. En el siguiente sueño, un hombre visita a sus padres, que viven en un barrio obrero, después de haber estado fuera durante mucho tiempo:

Algunas zonas han sido despejadas para convertirlas en una especie de parcelas. Poseemos algunas. Hay plantadas verduras. Mis padres se sienten muy orgullosos. Es lo que han conseguido después de toda una vida, es la tierra de la familia, aunque no tengo muy claro que pueda ser legalmente suya. De todos modos, es un lugar terrible para poseer tierras. El entorno no ha cambiado y, de hecho, nada crece bien. Es un lugar pretensioso pero triste.[2]

A pesar del desdén que muestra este hombre por sus raíces familiares heridas, el terreno familiar ha cambiado al añadir algunas verduras. Es una transformación lenta pero fundamental, que ha cambiado también a sus padres.

Como se ha visto en los sueños anteriores, comer verduras significa tomar el alimento espiritual de la clase más básica y fundamental. El subsiguiente proceso de digestión es la absorción y la asimilación de estos nutrientes en la psique. Cocinar verduras es un proceso alquímico, indicativo de trabajo interior. Cultivarlas indica fertilidad y renovación. Las verduras que se pudren (símbolo de muerte) son precursoras de renovación y crecimiento. Ver hileras e hileras de plantas bien alineadas puede significar inmovilidad, miedo a la inmovilidad o pérdida de voluntad, aunque también puede verse como un sentido acusado del orden y una sólida organización. Las plantas que crecen de manera silvestre pueden representar desorganización, caos o asuntos y relaciones que se están desmoronando. Las verduras congeladas muestran un estado espiritual de animación suspendida. Las verduras procesadas han perdido nutrientes espirituales, en parte o por completo.

Se dice que somos lo que comemos. En sueños, por lo menos, eso es verdad.

13

Casas, edificios y estructuras

Las casas, los edificios y otras estructuras que aparecen en los sueños (como torres y puentes) aportan información. A veces nos resultan familiares (la casa donde crecimos, el lugar donde trabajamos…) y otras nos son extraños. Pueden representar partes de nuestra vida, como relaciones familiares, el trabajo, estados mentales y emocionales, estados de consciencia o actitudes, que pueden ser reminiscencias del pasado o estar vivas en el presente. Las mujeres tenemos más sueños sobre el hogar o sobre escenarios familiares que los hombres. También soñamos más con escenarios interiores que los hombres, cuyos sueños suelen desarrollarse en escenarios exteriores.

Casas y hogares

Nuestra casa es personal: vivimos en ella. Nos proporciona abrigo, protección, comodidad y estatus. En ella satisfacemos nuestras necesidades más íntimas y mantenemos las relaciones más personales. En casa se nos condiciona, se nos aprueba o se nos desaprueba. Soñamos mucho con nuestro hogar.

Soñar con la casa donde nacimos puede referirse a hechos personales del pasado. Tal vez queden temas pendientes con algún miembro de la familia, o viejas pautas de comportamiento que necesiten un cambio. El sueño también podría estar evocando emociones del pasado, un tiempo en el que se ha sido muy feliz o muy infeliz, y estas mismas emociones pueden estar reproduciéndose en el presente. El mobiliario de la casa, o su estado de conservación, también aporta información. Por ejemplo, el hecho de que el salón esté desprovisto de muebles puede hacer referencia a una desconexión o falta de compromiso emocional. Desear o buscar un nuevo hogar suele representar un deseo de cambio en las relaciones, o de encontrar una zona emocional más cómoda.

Cada habitación de la casa tiene su propio significado. Los dormitorios representan nuestras relaciones y sentimientos más íntimos. Los lavabos, la intimidad. Las cocinas, los comedores y otras áreas para comer simbolizan el alimento y los cambios espirituales (mediante la cocción y la ingestión). Las salas de estar se asocian con la vida diaria, las relaciones cotidianas y la armonía familiar. Los sótanos representan a menudo el subconsciente, los miedos y las ansiedades, como ocurre en este sueño que muestra el enfrentamiento con una situación incómoda:

Estoy en una habitación oscura para enfrentarme a mi miedo a la oscuridad. Se trata del sótano. Los que me están haciendo la prueba tratarán de asustarme. Objetivo: reconocer que lo que veo es falso y no asustarme. La prueba empieza con los típicos trucos propios de una casa del terror. El sueño termina.

Los desvanes pueden representar una expansión de consciencia. Los garajes son sitios donde guardamos cosas prácticas o donde almacenamos cosas que no necesitamos pero que no nos decidimos a tirar. Mirar en armarios o cajones puede hacernos pensar en revolver en el pasado. Explorar habitaciones nuevas y desconocidas simboliza una nueva toma de consciencia del yo. Las tuberías y las goteras pueden representar cuestiones emocionales.

A continuación ofrezco una serie de sueños sobre casas y hogares que ilustran algunos de estos significados simbólicos.

UN NUEVO HOGAR

A veces tratamos de resolver problemas internos con una solución externa. Por ejemplo, pensamos que si tuviéramos una casa nueva, todos nuestros problemas actuales se solucionarían, como en el siguiente sueño:

Encontramos la casa perfecta al precio perfecto. Está vacía. Pero hay una cinta de los anteriores dueños donde nos dicen que el techo tiene varias goteras. No es que entre mucha agua, pero me siento disgustada, y ya no quiero la casa. No quiero arreglar las goteras, y aunque los dueños cambiaran el tejado, me seguiría preocupando que el agua pudriera la madera de toda la casa.

Cuando esta mujer se dio cuenta de lo que significaba

este sueño, sufrió un fuerte impacto emocional. Exteriormente, su matrimonio parecía perfecto. Su marido y ella tenían unos trabajos fascinantes, unos encantadores hijos y un buen nivel de vida. Y, de hecho, estaban buscando un nuevo hogar, más grande. Sin embargo, interiormente, es decir, a un nivel emocional, había un vacío, creado por el goteo constante del deterioro de su matrimonio a lo largo de los años. Ella se sentía cada vez más desconectada de su marido y llenaba su vacío emocional con un apretado programa de actividades sociales. Las goteras del techo significaban que su capacidad de mantener a raya sus emociones se estaba debilitando cada vez más. Sus emociones iban «goteando» de manera casi imperceptible, causando daños a la estructura. La cinta grabada por los anteriores dueños parecía indicar una falta de deseo de afrontar el problema, como si eludiera la confrontación con su marido por su creciente infelicidad. El sueño mostraba la cuestión a la que tenía que enfrentarse: ¿Deseaba continuar con aquel matrimonio?

CASAS QUE SE DESMORONAN

Una casa en mal estado puede hacer referencia a problemas en la vida personal. El siguiente sueño, que en realidad era una pesadilla, se le presentaba de manera repetida a esta mujer:

La mayor parte de mis pesadillas tienen lugar en esa casa. Es una mansión situada en el campo, muy al estilo del viejo sur. Nunca la he visto en la realidad, ni tampoco he estado en ninguna casa parecida ni nadie de mi familia posee una casa similar (que yo sepa; tengo una familia muy extensa). Es la casa de mis pesadillas. A veces se presenta en su mejor momento, grandiosa y bella, pero la mayoría de las veces está casi en ruinas, con el gran jardín lleno de malas hierbas, etc. Hay un camino de herradura, con muchos más árboles y vegetación en su lado derecho que en el izquierdo. La casa siempre está encantada, y sólo en algunas ocasiones la ocupa alguien a quien conozco. Me siento atrapada en ella. Generalmente trato de abrir o cerrar alguna puerta, pero alguna fuerza me lo impide. Hace mucho frío y, por lo general, noto un olor extraño. En estos sueños me pasan todo tipo de cosas, pero la casa y sus alrededores son básicamente siempre los mismos. Esa casa ha estado conmigo desde que tengo uso de razón.

Esa casa de pesadilla parecía presentarse siempre que algo necesitaba un cambio en la vida de esta mujer. Sentirse atrapada en la casa representaba su sensación de estar estancada, de ser incapaz de seguir adelante. Siempre había «algo» que le impedía hacerlo. La casa en su mejor momento representaba los resultados potenciales de un cambio. Las malas hierbas del jardín eran las cosas que necesitaban ser arrancadas de su vida. A veces, la casa simbolizaba viejos asuntos emocionales que la «perseguían». Solía soñar con ella cuando se daba cuenta de que tenía que acabar con alguna relación romántica o hacer algún cambio en su carrera profesional y no se decidía a hacerlo.

En el siguiente sueño, una casa en mal estado simboliza las carencias y la depresión en la vida de la mujer que lo tuvo:

Estoy viviendo en una casa que no es la mía. Está toda sucia y hecha un desastre. Los muebles son viejos y pasados de moda, y las cortinas, de un color amarillo verdoso, son muy tristes. He invitado a algunas personas a almorzar, pero no tengo suficiente comida.

Para esta mujer, la casa no era atractiva en absoluto. Era un reflejo de su estado emocional. Se sentía cansada y abandonada, como un mueble pasado de moda. Las cortinas de un color amarillo verdoso parecen enfermizas. No hay alimento espiritual (comida) en la casa. Ella reconoció que se sentía muy deprimida con su vida. Se dio cuenta de que las cosas no iban a cambiar por sí solas. Tendría que entrar en acción.

CASAS EN LLAMAS

Soñé que mi casa quedaba consumida por el fuego. Las llamas salían por todas las ventanas. Yo estaba fuera, mirando, junto a un grupo de gente. Nadie hizo nada para intentar apagar el fuego.

Esta mujer se despertó con un curioso sentimiento de apatía e indiferencia con respecto al incendio de su casa. El fuego es un símbolo de purificación; cuando un edificio arde hasta los cimientos, la «pizarra» queda limpia y se puede empezar desde cero. Para ella, el sueño simbolizaba la creciente apatía que le provocaba su matrimonio. Sin embargo, no se decidía a actuar para cambiar la situación. En secreto, ella deseaba que algún acto del destino o de

Dios llegara y le limpiara la pizarra para poder volver a empezar.

CASAS ANTIGUAS O VIEJOS HOGARES

Los sueños en los que aparecen casas antiguas, o en los que se presentan personas que ya no forman parte de nuestra vida, pueden referirse a la necesidad de soltar las amarras del pasado o de resolver algún tema pendiente para poder seguir avanzando. Los diferentes estilos arquitectónicos representan distintas actitudes. Por ejemplo, una casa victoriana puede simbolizar valores conservadores, modales demasiado formales o una sexualidad reprimida. Las casas antiguas también pueden representar alguna cualidad que desearíamos tener, como, por ejemplo, la elegancia.

En el siguiente sueño aparece una casa grande e impersonal, desconocida para esta persona, que parece ser un lugar de aprendizaje.

Me encuentro en algún lugar, en una casa grande con mucha gente, y siento que estoy ahí sólo por un tiempo, como si fuera una reunión, un cursillo o algo por el estilo. M. (mi ex marido) está allí, y deseo volver con él. Él es feliz y no se da cuenta de mis intenciones. Las cosas van de tal manera que no tengo oportunidad de hablar con él sobre el tema. De repente, me doy cuenta de que nunca voy a tener esa oportunidad. Sé que le querré siempre, pero no es posible volver atrás.

Entonces veo una puerta. Es púrpura, de un púrpura intenso, con un brillante tirador dorado. Mientras la miro, va retrocediendo en la oscuridad del espacio, hasta que el tirador dorado se convierte en un punto y se pierde en el infinito.

Aunque esta mujer no podía identificar la casa, le recordaba a un lugar donde había asistido una vez a un curso de verano. El escenario le decía que tenía que aprender algo. De hecho, lamentaba haberse divorciado, y fantaseaba con la idea de volver con su ex marido. Eso no era factible y, de hecho, divorciarse había sido la decisión correcta, pero sentía que su vida estaba estancada y vacía, mientras que su ex marido seguía adelante con la suya.

En el sueño no tiene la oportunidad de hacer nada para cumplir su deseo, y se da cuenta de que, aunque siempre le amará, volver atrás no es la respuesta. Lo pasado, pasado está.

En ese momento aparece en el sueño un símbolo de esperanza, cambio y un nuevo comienzo en forma de puerta de color púrpura con un tirador dorado. Las puertas siempre representan un cambio. El color púrpura se asocia a menudo con la intuición y el mundo del espíritu. El oro representa la iluminación y el tesoro espiritual. La puerta retrocede en el espacio. Esta mujer sintió que la puerta representaba el futuro, y que el significado del hecho de que estuviera retrocediendo era que ella necesitaba trabajar mucho internamente antes de poder alcanzarla. El sueño tuvo un poderoso efecto en ella. La llenó de energía y de pensamientos positivos con respecto a todas las posibilidades que se le ofrecían. Tenía que mirar hacia delante, no hacia atrás.

En el siguiente ejemplo, una casa donde una mujer había pasado su infancia es el escenario de un sueño que trata de cortar los lazos con el pasado:

Estoy viviendo en la casa de mi infancia. Mi marido se encuentra allí. Mamá no. La casa está llena de gente de mi pasado cercano y lejano, que han venido de visita y se van a quedar a dormir. Me siento feliz. Mientras cuelgo la ropa en mi antiguo armario, pienso: «Creo que voy a quedarme aquí». Se suponía que iba a ser una estancia temporal, pero decido quedarme para siempre.

Una voz me dice: «No puedes».

Pregunto por qué no. La voz me responde que no es la casa adecuada para las cosas que tengo que hacer y la gente que tengo que recibir en estos momentos. Le respondo que voy a quedarme de todos modos.

La persona que tuvo este sueño era una mujer joven que acababa de mudarse a una población lejana a causa del trabajo de su marido. Nunca antes había vivido lejos de su ciudad natal, y la añoraba. Lo que más echaba de menos era la casa de su infancia. Tras la muerte de su padre, había hablado con su madre para comprarle la casa y poder volver a vivir en ella algún día.

El sueño se hacía eco de esos deseos. Entonces una «voz», su Yo Superior, le dijo que ese regreso no era ni adecuado ni posible. Tenía otras cosas que hacer en la vida. En el sueño, ella seguía resuelta a volver. Sin embargo, al trabajar con él se dio cuenta de que lo que le decía era verdad: no podía volver a una vida que había terminado.

CASAS QUE REPRESENTAN UN CAMBIO

Es bastante común soñar con que estamos en nuestra casa y descubrimos que está en obras o tiene habitaciones que no conocíamos. Tales sueños suelen presentarse en periodos previos a cambios personales, cuando los factores que los propiciarán buscan abrirse camino. Las habitaciones que son diferentes o están cambiando pueden proporcionarnos una nueva y valiosa perspectiva sobre aspectos de la vida que nos llaman la atención.

Una mujer divorciada, que acababa de volver a casarse, tuvo este sueño:

Vivo en una gran mansión de piedra. Una mujer viene para quedarse. Es mayor, bajita, y tiene el cabello oscuro. No es nadie que conozca. En vez de darle una habitación de invitados, decido instalarla en mi propia habitación. Me ofrezco a enseñarle la casa. Cada vez que la describo verbalmente, aparecen más habitaciones, sobre todo dormitorios. Le digo que en una parte de la casa hay cuatro dormitorios, y cuando llegamos allí, hay cinco. Es como si no conociera mi propia casa. Mientras continuamos la visita, la casa se va volviendo cavernosa, como un hangar o un almacén. La mayor parte está vacía. Se están haciendo muchas reformas, sobre todo levantar tabiques para crear habitaciones. Le digo que un hombre ha comprado la casa y la está remodelando.

Esta mujer anotó lo siguiente en su diario de sueños:

Estoy hecha de piedra, y eso produce una sensación de frialdad, dureza, inmovilismo. Soy fuerte, pero fría. Hay grandes espacios vacíos dentro de mí, y otros que ni siquiera conozco. No conozco mi propio interior. El hombre debe de ser J. [su nuevo marido], aunque no aparece. Con nuestro matrimonio, él ha «comprado» mi vida personal y, literalmente, está remodelando mi espacio interior. La creación de habitaciones a partir del espacio vacío aporta definición, calidez, actividad. La mujer que viene a quedarse puede representar una integración o una bienvenida a una nueva energía femenina. El número de habitaciones pasa de cuatro (número de fundación, inmobilidad, conocimiento de uno mismo) a cinco (número del cambio). Los dormitorios simbolizan la intimidad personal.

En su matrimonio anterior, esta mujer se había sentido emocionalmente muerta y desconectada de su feminidad. Tenía un gran vacío interior. No se sentía «en casa». En su nuevo matrimonio, le pasaba justo lo contrario, y ella sintió que el sueño le transmitía un mensaje positivo de curación interior.

En el siguiente sueño, los cimientos de una casa simbolizan los cimientos de un matrimonio:

R. y yo levantamos la casa para reparar los cimientos. Me preocupa que nos roben, aunque hayamos puesto vigilancia.

Los cimientos me sorprenden. No son lo que yo esperaba. Son pilas de almohadones gigantes con fundas a rayas blancas y negras y cubiertos por una fina capa de cemento. Falta una parte de los cimientos donde había un porche. Sólo hay un agujero.

Me temo que cuando vuelvan a colocar la casa sobre los cimientos, no lo harán bien, pero el joven que se encarga de las obras (un vecino en la vida real) no parece preocupado.

Este sueño tuvo lugar después de que esta mujer y su marido decidieran buscar ayuda profesional para tratar de superar una crisis en su matrimonio. Este proceso les exigía examinar los cimientos de su relación. Ella estaba preocupada por lo que podría revelar ese proceso (que el matrimonio no era tan sólido como parecía) y también por la posibilidad de que las cosas no se arreglaran después de todo. Consideraba a su vecino una persona hábil. En la vida real era carpintero y trabajaba en la construcción de casas. Entendió que el mensaje que le transmitía el sueño era que la habilidad de su consejero matrimonial les ayudaría a llevar a cabo las reformas necesarias.

Un crecimiento personal espectacular puede estar representado en los sueños por símbolos espirituales en una casa o un barrio:

Estoy enseñándole a la vecina algunas ampliaciones de mi piso. Son realmente grandes, como una capilla enorme, alta y preciosa, de estilo barroco, construida en piedra gris delicadamente tallada, pero sin más ornamentos. La bóveda es muy alta, y está iluminada por vidrieras ovales. Me siento un poco avergonzada por mostrarle a la vecina esa parte de mi casa, tan lujosa y divina. Entramos a la capilla por un lado, pero hay otra salida en el lado oeste, aunque está cerrada con una gran verja verde. En la esquina meridional, cerca de esa verja, encuentro una puerta pequeña que lleva a un jardín muy pulcro y pasado de moda que me recuerda a una pequeña plaza urbana. Tiene algunos árboles antiguos, de hojas oscuras (castaños, cedros, pinos y tejos). Un extremo del jardín está separado de un bonito paisaje urbano (la plaza de la Concordia de París) por grandes paneles de cristal y otros árboles. Hay un banco de mármol plano y ancho que puede usarse para contemplar la ciudad.

Cuando salgo del jardín, veo un arbusto de flores de un color rojo intenso. En mi sueño es una peonía, aunque parece un hibisco. Las flores están a punto de florecer, pero exteriormente parecen resecas y quemadas. Me pregunto si aún podrán florecer… De pronto, sostengo en la mano la parte de abajo de una botella de plástico rota, que contiene un poco de agua. Una voz me dice que es agua divina, pura, con fuertes propiedades mágicas, capaz de revivir y regenerar cualquier cosa.

Así que decido regar con esta agua mi arbusto. Cuando empiezo a volcar el agua sobre las raíces, me doy cuenta de que hay tanta (fluye abundante, como si fuera una fuente) que puedo empapar la planta con ella. Esto ciertamente la salvará y la curará. Hay tanta que sobra un poco para mí: bebo y me lavo la cara. Es un agua fresca y deliciosa, maravillosamente clara, y me siento muy afortunada.

Esta mujer había tenido algunas experiencias de naturaleza espiritual que la habían transformado, y seguía trabajando en la misma línea, lo cual provocó que su casa interior se expandiera mucho. Esto quedaba representado en el sueño por la gran capilla con techo abovedado, símbolo de consciencia y de pensamientos espirituales. La vecina representaba una parte de sí misma que no acababa de estar segura de sus propios cambios interiores, lo que le producía una cierta incomodidad. Todavía estaba maravillada de que tales experiencias pudieran sucederle a ella.

Al igual que las puertas, las verjas son umbrales hacia el cambio, especialmente cuando se abren hacia bonitos jardines, símbolo de la consciencia espiritual. La peonía o el hibisco simboliza la feminidad divina, la nutrición y el cuidado que todavía debían despertar en esa mujer, ya que las flores estaban cerradas y un tanto secas. La nutrición provino en este caso de un agua divina, especial, símbolo de inspiración y alimento espiritual, así como también de sus propias emociones. Sus experiencias espirituales la habían abierto emocionalmente, y a menudo la inundaban sentimientos de gozo y amor, y un gran deseo de darse a los demás. La fuente de la que se alimentaba espiritualmente era ilimitada. Beber de ella simboliza llevar ese alimento a su interior a un nivel muy profundo; lavarse con ella implica purificación. La felicidad que sentía esta mujer se reflejaba en su estado emocional en la vida diaria: alegría, optimismo y el sentimiento de haber sido bendecida.

En el siguiente sueño, los cambios que sufre una casa se deben a un ejercicio de decoración:

Estoy decorando una gran casa. No sé si es mía o de otra persona. El encargado es un hombre mayor que yo. Tiene que aprobar las propuestas que le hago. La casa es preciosa y tiene muchas habitaciones... muy grandes... y con techos altos. Parece que no se acaba nunca. Tengo que decidir qué uso se dará a cada habitación.

Me pongo a trabajar. Elijo los colores. La decoración no consiste tanto en cortinas y cosas por el estilo, sino en una especie de exposición de fotos, cuadros y textos impresos enmarcados. Mientras avanzamos, voy consultando con el hombre. Básicamente, lo aprueba todo.

En su diario de sueños, esta mujer anotó las siguientes observaciones:

La casa grande representa mi nueva vida, procedente de los cambios en mi carrera profesional. Es bonita por sí sola, y tiene un potencial ilimitado para seguir ganando belleza, según lo que coloque en las habitaciones. Yo soy la que elijo. El producto final debe ser revisado, pero no es una cuestión de éxito o fracaso.

Esta mujer se había hecho cargo de su propia vida al emprender un cambio significativo en su carrera como asesora autónoma. Aún no había tomado plena posesión de su casa simbólica. Pero el hecho de que los techos fueran altos y las habitaciones grandes, numerosas y sin propósito definido, es un indicador de que hay mucho potencial de crecimiento y expansión por delante. El aspecto que tuviera la casa dependía de sus decisiones. Las fotos y los textos impresos eran reminiscencias de exposiciones que había visto en museos, y que asociaba con logros, expuestos de tal manera que los demás pudieran verlos. El hombre más mayor que tenía la última palabra era su autoridad masculina interior, el lado lógico y racional que hace que no perdamos el norte. El sueño le estaba diciendo que era capaz de mantener el equilibrio entre las necesidades creativas y racionales de su nuevo trabajo.

Hoteles

Los hoteles son un sustituto temporal e impersonal de los hogares. Sirven a la gente que va de paso. Soñar con hoteles puede indicar que no deseamos permanecer en el lugar en que estamos o seguir manteniendo una relación. Tal vez no nos sentimos comprometidos, o tememos que los demás no estén comprometidos con nosotros.

El siguiente sueño pertenece a una mujer que había mantenido una relación durante varios años. Ella se sentía comprometida, pero su compañero nunca se había mostrado dispuesto a comprometerse con ella de un modo definido y permanente.

Soñé que me hospedaba en un lujoso hotel, en una habitación grande y llena de adornos. Medio dormida en la cama, pensaba en que tendría que pagar el precio de esa habitación que, sin duda, sería muy elevado. Sin embargo, pensé que podía permitírmelo.

Dormía fuera de la habitación, en una cama pequeña de color naranja situada en un pasillo donde todo el mundo, clientes y personal, no paraba de ir arriba y abajo. Una mujer joven, con un vestido en forma de tulipán naranja, llamaba desesperadamente al servicio de habitaciones para que le planchasen el vestido.

En ese momento, un nativo americano pasó a mi lado y nos quedamos mirándonos. Me apoyé en los codos y empezamos a hablar. Era un hombre de mediana edad, amable y guapo. Llevaba unos pantalones tejanos de color marrón, una camisa azul oscuro y un sombrero de piel. Sostenía una vara de avellano a punto de florecer en la mano izquierda. Me miró y me dijo:

—Usted es una persona muy cariñosa. Nació para amar.

—¿Cómo puede saber eso? —le pregunté.

—En sus ojos, señora, lo veo en sus ojos.

Después añadió:

—Ha sido explotada por muchos hombres que no le han dado casi nada a cambio. Sin embargo, el hombre al que ama ahora sí que lo hará.

Siguió hablando y me contó muchos detalles de P., pero me olvidé de ello al despertarme.

El hotel lujoso simboliza algo que puede tener un precio muy elevado: una relación que tal vez no acabe en un compromiso. La mujer estaba preocupada por el precio que tendría que pagar, pero sentía que podría asumirlo cuando llegase el momento, es decir, cuando finalizase la relación.

La inestabilidad de su situación quedaba enfatizada por el hecho de que ni siquiera dormía en la habitación, sino en un pasillo por el que pasaban muchas personas.

La incertidumbre con respecto a su relación arruinó la salud y la pasión de esa mujer. El cansancio quedaba reforzado por la cama y el vestido de color naranja, ya que este es el color del poder personal y sexual. Este sueño se presentó en un momento de agotamiento físico y emocional. Su pareja tenía todo el poder en la relación.

El sabio nativo americano representaba la sabiduría espiritual. Le entregaba un mensaje de su Yo Superior. Sus ojos, espejos del alma, hablaban de su intenso deseo de ser amada, a pesar de sus experiencias previas negativas. El sueño le aseguraba que su novio actual no la abandonaría, lo cual renovó su fe en la relación.

Edificios y otras estructuras

Los edificios son más impersonales que los hogares, y suelen tener más relación con asuntos laborales, o con cosas que debemos «construir» en la vida. También pueden representar la vida personal y familiar, pero en este caso indican una separación. Al igual que las casas y los hogares, pueden simbolizar actitudes. Algunos tienen significados simbólicos bastante obvios. Por ejemplo, las prisiones representan aquello que nos hace sentir confinados, atrapados o prisioneros. Los hospitales implican una necesidad de curación, o un proceso de curación ya iniciado, especialmente si en el sueño ya se ha empezado a aplicar el tratamiento.

El siguiente sueño lo tuvo una mujer que asoció un edificio comercial tanto a su yo interno como a su vida profesional:

Casas, edificios y estructuras

Tiran abajo un edificio situado en el centro de mi ciudad natal, y dejan sólo las vigas. Permanece así, vacío, durante un tiempo, hasta que se hacen planes para una renovación integral. El edificio es reformado completamente, y mejora mucho con el cambio.

Esta mujer, que tenía conocimientos de astrología, realizó las siguientes asociaciones:

Asocio ese edificio de mi ciudad natal con el centro, tanto literalmente como de un modo figurado. Está situado justo en la intersección de las dos calles principales, punto que se considera el centro de la ciudad, y además ha servido, a lo largo de los años, como escenario de muchas actividades locales. En cuanto me desperté, lo asocié con el núcleo central de mi ser. El Yo Superior, en terminología junguiana. Durante los últimos dieciocho meses, he experimentado el tránsito de Plutón en aspecto con mi Sol. El Sol representa el núcleo esencial de nuestro ser (nuestro centro) y Plutón, entre otras cosas, se relaciona con las profundidades, con los niveles más profundos de la muerte y el renacimiento.

Este sueño se presentó en mitad de la influencia del tránsito, me explicó claramente lo que estaba experimentando y me ayudó a aceptar el proceso. Y créeme, me siento como si hubiera sido destruida interiormente y renovada. Ahora es el momento de que el edificio esté «abierto a los negocios», ya que mi energía parece más libre de salir al mundo exterior después de haber sido reestructurada en mi interior.

Al escribir estas notas me he planteado una nueva perspectiva del sueño, al darme cuenta de que se trata de un edificio comercial, y no de una casa. Al mirar en retrospectiva estos últimos dieciocho meses, el profundo núcleo plutoniano parece ir más ligado a mi vida profesional que a la personal, que probablemente estaría simbolizada por una casa.

EDIFICIOS ALTOS Y TORRES

Los edificios altos y las torres suelen simbolizar cambios de la consciencia. Subir a un edificio alto puede indicar que dedicamos mucho tiempo a la actividad mental (literalmente, estamos en la torre que es nuestra cabeza). Pero lo que sube, debe bajar alguna vez, y descender de las alturas representa un regreso a la tierra, una nueva conexión con las emociones, o una manera de conectarse con el mundo exterior un modo más tangible y menos abstracto. La vida es un continuo vaivén de un estadio a otro. Las torres en los sueños pueden representar también retiro y aislamiento: nos retiramos del mundo, en algunos casos por sentirnos superiores a los demás.

Después de un periodo de investigación intensa para un libro, que implicaba un alto grado de actividad mental del hemisferio izquierdo del cerebro para la organización, la presentación, etc., tuve este sueño:

Estaba en un edificio que tenía, por lo menos, 300 pisos. Bajaba en el ascensor desde el piso 300 con un hombre. Me di cuenta de que nunca había bajado desde un piso 300. El ascensor iba muy deprisa, después aminoró un poco la velocidad, y por último volvió a acelerar antes de llegar a la planta baja. Me parece que otras personas subían al ascensor en algunos de los pisos más bajos.

El sueño parecía ir dirigido a mi cambio de orientación. Relacioné el edificio con mis actividades profesionales. Había pasado un periodo prolongado en mi torre intelectual (simbolizada por los 300 pisos) y estaba en pleno proceso de vuelta a la tierra, como simbolizaba el ascensor que bajaba. El hombre que iba conmigo era mi *animus*, el pensamiento lógico de la parte izquierda del cerebro que asociamos con la masculinidad. Fue una buena cosa no dejarlo allí, en las alturas, ya que todos necesitamos tanto al *animus* como al *anima* para funcionar bien por la vida. La entrada de otras personas en el ascensor simboliza una nueva conexión con la gente. Cuando estoy en pleno proceso creativo de un libro, puedo aislarme mucho de los demás. El ascensor que llega hasta la planta baja me confirma que vuelvo a tener los pies en el suelo.

Si el ascensor se hubiera encallado o hubiera bajado muy despacio, probablemente lo hubiera interpretado como una señal de que necesitaba hacer algo para facilitar el proceso. O podría haberme preguntado si en realidad deseaba abandonar mi torre mental.

He aquí un sueño sobre una torre:

Estaba en el tejado de una gran torre de observación para contemplar la vista. Había más gente conmigo. Íbamos a apoyar los pies en el canalón y la espalda contra el tejado. Alguien sacó el tema de si el canalón sería lo suficientemente sólido como para aguantarnos a todos. Me escapé de esta situación subiendo a una torre de observación más alta y enseñando a los demás el camino.[1]

Esta persona era un hombre de talento, que se consideraba por encima de la media. Muy a menudo tenía sueños en los que estaba en lo alto, mirando la vista. Este sueño le reforzó la sensación que tenía de que su trabajo consistía en enseñar el camino a los demás.

EDIFICIOS PÚBLICOS

Los edificios abiertos al público pueden tener un sentido impersonal, o indicar una necesidad de intimidad o de establecer lazos personales. Es común soñar que se vive la vida diaria en el escaparate de unos grandes almacenes. La gente bulle a tu alrededor, pero nadie te presta la menor atención.

Vivo en unos grandes almacenes, en la planta baja. Duermo en un plegatín cerca de las secciones de cosmética y joyería. Si estoy dormida cuando abren, la gente pasa a mi alrededor como si no estuviera. Nadie me presta atención.

Esta mujer consideró que el sueño le hablaba de su baja autoestima. En los grandes almacenes, no era importante para nadie. La frase «como si no estuviera» es especialmente significativa, ya que muchas veces sentía que nadie la echaría de menos si desapareciera de repente. El plegatín insiste en lo mismo, pero las secciones de cosmética y joyería simbolizan un deseo de adornar su vida, aunque sea de modo superficial. El sueño la ayudó a tomar consciencia del problema y la animó a buscar ayuda terapéutica.

Los grandes almacenes y los mercadillos representan también diversidad de opciones. Un sueño que tenga lugar en un mercadillo puede estar diciéndole a alguien que piensa que no tiene elección que hay muchas más opciones.

En el siguiente sueño, una bonita tienda se transforma en un laberinto, lo que le confiere un significado espiritual más profundo:

Veo una tienda preciosa. Quiero entrar a comprar algo, lo que sea, pero sólo puedo dar vueltas alrededor porque la tienda parece estar encerrada en una especie de cascarón. Quiero comprar algo. Creo que pañuelos. Entonces pienso que lo que quiero es sólo entrar hasta el centro de la tienda, que es una especie de laberinto, pero sólo puedo dar vueltas alrededor. Entonces llego a un lugar donde hay varias cosas, pero es hora de irme. Me subo a un autobús, pero en vez de ir adonde espero que vaya, gira por una calle secundaria y me despierto mientras estoy tratando en vano de detener el autobús.[2]

Esta mujer consideró que la bonita tienda la representaba a ella misma. Había algo que quería alcanzar o descubrir en su interior, pero un caparazón exterior no le permitía entrar. En vez de perseverar, optaba por tomar un camino programado (el autobús) que no la llevaba a donde ella querría. Se dio cuenta de que usaba muchas veces el verbo «querer». Hizo una asociación libre de ideas y el resultado fue la siguiente secuencia: «quiero — quiero algo — quiero hacer — hacer — creador — alguien que hace — alguien que construye o hace que algo valga la pena — quiero ser un creador». El sueño le hablaba de la creatividad que llevaba dentro. «Tengo la sensación de que ese es mi auténtico yo interior», me dijo.

14

Transporte y tráfico

Viajar en sueños nos da mucha información sobre cómo nos va el viaje de la vida: la dirección, la finalidad, la velocidad, la facilidad o dificultad con la que viajamos, la comodidad o los obstáculos que encontramos, etc.

Automóviles, carreteras difíciles y perderse

Los coches dominan el paisaje onírico occidental. No es sorprendente, ya que pasamos gran parte de nuestro tiempo en ellos. El coche que tenemos nos sirve para hacer una afirmación sobre nosotros mismos y nuestra posición social. El coche ha adquirido una presencia arquetípica como símbolo del yo, ya que es el vehículo en el que transitamos por la vida. Jung observó que los automóviles representan nuestra manera de avanzar en el tiempo y cómo vivimos nuestra vida psicológica.

Los sueños más frecuentes relacionados con los coches tratan sobre perder el control del vehículo, perderse, olvidar dónde se ha aparcado, dejar que otro conduzca y tener una avería. Todos son metáforas de cómo transitamos por la vida. No siempre tenemos el control de nuestra vida; nos distraemos y perdemos interés por las cosas; a veces nos damos cuenta de que no queremos hacer lo que pensábamos que deseábamos hacer; dejamos que los demás tomen decisiones por nosotros, o no nos cuidamos lo suficiente.

Una mujer y su marido compartieron exactamente el mismo sueño una noche: perdían el control de su coche. La esposa lo explica:

Mi marido y yo estamos en un pequeño coche azul que se parece un poco a un escarabajo, de los antiguos, aunque no es exactamente igual. Hay otras personas en el coche, aunque en realidad no están allí, sino que sólo sentimos su presencia, tenemos la sensación de que están allí porque hacen el mismo trayecto que nosotros, o algo así.

Nos ponemos en marcha en una zona poblada, aunque no demasiado. La carretera sube y baja una colina, pero las curvas son suaves. Circulamos, y nos sentimos bien por el solo hecho de seguir circulando. De repente, no tenemos frenos. El coche no se sale de la carretera. Sigue circulando y circulando, y no estamos asustados, pero nos damos cuenta de que debemos detenerlo en algún punto, y lo hacemos al llegar a la base de la siguiente colina. Giramos el volante y nos hundimos en un montículo de gravilla suelta. Nadie sale herido, y así es como termina el sueño para los dos. Tuvimos este sueño la misma noche, y durante unos cuantos días no me lo podía apartar de la cabeza. Creo que el hecho de que tuviéramos el mismo sueño a la vez me impresionó más que el propio sueño.

Transporte y tráfico

Tal como comentábamos en el apartado «Preguntas más frecuentes sobre los sueños» del capítulo primero, hay personas que tienen «sueños mutuos», es decir, tienen el mismo sueño, o muy parecido, la misma noche. Lo normal es que esto suceda entre personas que tienen un vínculo emocional. Este matrimonio estaba inmerso en una disciplina espiritual que tenía un profundo efecto en su vida. Disfrutaban del viaje sin fijarse a dónde iban. El coche que se hunde en la grava es un símbolo de conexión con la tierra. El mensaje que vieron en el sueño es que debían prestar más atención a lo que hacían y hacia donde se dirigían en la vida.

«En estos últimos años hemos trabajado mucho para mejorar —me dijo la esposa—. Ha sido divertido, pero a veces el mundo se nos ha puesto patas arriba. Todo el tiempo vamos buscando fórmulas para hacer que las cosas sean más sencillas. Siempre luchamos para mantenernos conectados y con los pies en la tierra.»

En el siguiente sueño, el coche no actúa conforme a lo que se espera de él, y pierde el control:

Estoy en un lugar árido, que parece un desierto, con colinas y valles. A mi alrededor hay ruinas antiguas. Conduzco un coche que no parece tener mucha potencia. No creo que pueda subir las colinas. Cuando estoy a punto de llegar a la cima, empiezo a rodar hacia atrás. La escena cambia y entonces conduzco a toda velocidad a lo largo de un escarpado acantilado. Paso al lado de personas que me gritan para que frene, pero no puedo. Tengo miedo de caerme por el precipicio.

Este hombre se sentía asediado por conflictos y tensiones, representados aquí por el árido desierto y las ruinas. Quería salir de esa situación, pero no podía, igual que el coche poco potente. Cada vez que creía que levantaba cabeza, volvía a retroceder. La tensión que le provocaba esa situación hacía que se sintiera «al borde del abismo». El sueño representaba su estado anímico. Sentía que no controlaba su vida y no sabía cómo cambiar su situación.

El siguiente sueño también trata de circular entre colinas. Conducir colina arriba y colina abajo es bastante frecuente en los sueños, ya que las colinas y montañas simbolizan desafíos, dificultades y obstáculos, así como también cambios en la consciencia.

Conduzco un automóvil de bajada por una colina empinada y tengo que adelantar a un coche que va por mi derecha. A mi izquierda se abre un precipicio. Consigo pasarlo. Pero entonces tengo que descender hasta un puente que acaba en una curva pronunciada a la derecha. Me da mucho miedo encontrarme otro coche de cara.[1]

Este hombre consideró que la frase clave del sueño era: «Consigo pasarlo». A menudo se encontraba enfrentado a situaciones bastante extremas en el trabajo. Era un hombre capaz y brillante, y había repartido sus intereses entre diversos campos. A menudo pensaba que le irían mejor las cosas si fuera capaz de concentrase en algo y reducir sus actividades. En cualquier campo por el que se interesaba, se sentía casi obligado a triunfar. El hecho de descender desde una colina o una montaña (una perspectiva grandiosa) puede verse como un cambio en la consciencia, un retorno a asuntos más mundanos.

Un hombre que asistía a uno de mis talleres tenía sueños repetidos en los que los coches estaban relacionados con dos temas. En uno de ellos, iba en el asiento de atrás. Sus padres iban en los asientos delanteros, y su padre siempre conducía. En el otro, se marchaba del trabajo y, al llegar al aparcamiento, no recordaba dónde había dejado el coche. Ambos sueños repetidos se referían a su manera de vivir. Había empezado a trabajar en su actual trabajo para complacer a sus padres, especialmente a su padre. Todas las actividades que emprendía contaban con la aprobación paterna. En realidad, a él no le interesaba su trabajo, como quedaba representado en el sueño por el hecho de que olvidase dónde había aparcado el coche. Sus auténticos intereses estaban en otra parte.

Los coches han reemplazado a los caballos en muchos sueños. A menudo representan nuestro cuerpo o nuestra salud. Un coche que no funciona bien puede estar apuntando a un problema de salud, tanto física como emocional.

Conduzco sola; es un viaje largo y el coche no para de estropearse. Bajo y encuentro que algo, como un parachoques, se ha caído. Saco un martillo y lo vuelvo a poner en su sitio. Esto me pasa varias veces.

Esta mujer estaba emocionalmente exhausta, pero se negaba a reconocerlo y no dejaba que nadie la ayudara ni le proporcionara alguna clase de apoyo. Sentía que estaba a punto de desmoronarse, pero con valentía guardaba las apariencias y hacía ver que todo iba bien. Sin embargo, esa no es una buena actitud. No se puede arreglar un coche con clavos y un martillo. Seguirá fallando.

Los coches que tienen rasgos característicos que permiten situarlos en un periodo de tiempo concreto, pueden referirse al pasado, como en el siguiente sueño:

Me despierta un ruido en el exterior de nuestra casa, como si golpearan metal. Miro por la ventana del dormitorio y veo un grupo de jóvenes que golpean con porras nuestro Cadillac de colección, de la década de 1960. Me pongo enferma al verlos destrozando el coche, pero tengo miedo de hacer nada, porque si me ven, tal vez entren en la casa y nos ataquen.

Esta mujer y su esposo tenían un Cadillac antiguo, de la década de 1960, y lo cuidaban muy bien. El sueño no planteaba ningún miedo de que pudiera pasarle algo al coche, sino que evocaba en ella la impotencia y la vulnerabilidad que sentía debido a ciertas circunstancias familiares. Los vándalos del sueño representaban el enfado: el de los demás contra ella, y su enfado reprimido por consentir su comportamiento. Había experimentado esos mismos sentimientos años atrás, durante la década de los sesenta, en una situación similar. El sueño la ayudó a examinar su respuesta ante esa situación de tensión, y a evitar errores que había cometido en el pasado: tener miedo de pasar a la acción para poner fin a ese comportamiento abusivo.

Los coches estropeados pueden representar también relaciones dañadas:

Mi marido y yo vamos de viaje y el coche tiene una avería. Me enfado y le digo que si hubiera cuidado mejor del coche, esto no habría pasado. Me ignora.

Esta mujer describió su matrimonio diciendo que era igual que el coche: estaba averiado y era incapaz de llegar a su destino. Culpaba a su marido de los problemas de su matrimonio, y sentía que él ignoraba sus preocupaciones. Al trabajar con el sueño, entabló un diálogo con su marido y con el coche. Eso supuso una manera de abrirse que le permitió hablar sinceramente con su marido de lo que deberían hacer para reconstruir su relación.

Aviones

Los sueños en los que vamos en avión son parecidos a los sueños en los que vamos en coche. Es común encontrarse en sueños en la cabina de un avión, cuando de repente algo falla y el avión empieza a caer. Esos sueños pueden referirse al hecho de «volar demasiado alto» sin prestar atención a los detalles, o a la necesidad de volver a la tierra. También pueden indicar que estamos gastando tanta energía en algún tema que corremos el riesgo de estrellarnos.

Voy pilotando un avión que va a Chicago. Todo va bien, pero de repente el aparato empieza a dar sacudidas y se enciende la luz roja de alerta. El morro se inclina hacia abajo. Intento recobrar el control, pero me doy cuenta de que nos vamos a estrellar. El sueño termina antes de que suceda.

Este hombre no era piloto, pero en el sueño le parecía muy natural pilotar el avión. Le acababan de ofrecer un empleo en Chicago. Era una oferta tentadora de una empresa nueva «de altos vuelos» dedicada a la más moderna tecnología. Ya tenía hecha la reserva, pero la anuló. El sueño, con su luz de aviso y el choque inminente, hizo que volviera a plantearse sus auténticos sentimientos con respecto a esa oferta. Se dio cuenta de que se sentiría más feliz en un empleo con menos riesgo y más seguridad.

Barcos

Los barcos son unos símbolos muy antiguos del viaje a través de la vida y más allá de la vida. Surcan las aguas del inconsciente y de la emoción. No son un símbolo de la propia personalidad tan fuerte como los automóviles, pero nos aportan información de cómo nos van las cosas en la vida.

Tengo sueños repetidos en los que estamos navegando en un transbordador, pero siempre damos la vuelta y volvemos a la terminal. Es una terminal impresionante. No se parece a un muelle, sino a un aparcamiento en un área de servicio.

El hecho de ir flotando sin un rumbo definido significa no ir a ninguna parte. Esta mujer y su marido siempre volvían al punto de partida, que era un aparcamiento en un área de servicio. El sueño mostraba la falta de un objetivo concreto. Los transbordadores los conduce una tercera persona para llevar a la gente desde el punto A hasta el punto B. Esta pareja no tenía claras sus metas, así que no llegaban a ninguna parte y estaban «aparcados».

Los barcos, grandes o pequeños, representan a menudo acontecimientos importantes en la vida, que solemos describir con expresiones navales. Decimos que alguien se está «yendo a pique» cuando ha sufrido una desgracia o le van mal las cosas. Decimos también que alguien nos ha «torpedeado» los planes cuando nos los ha estropeado, o que hemos «perdido el barco» cuando hemos dejado pasar una oportunidad. Todas estas metáforas aparecen también en los sueños.

A veces, nuestro barco no es más que una balsa o un trozo de madera de un naufragio a la deriva. Ambas imágenes evocan el hecho de aferrarse a algo para sobrevivir. Puede ser que representen todo lo que queda del naufragio de algún aspecto de nuestra vida.

Trenes, autobuses y otros medios de transporte colectivo

Los trenes, autobuses, metros, tranvías y otros medios de transporte colectivo representan a menudo el hecho de seguir un camino marcado o predeterminado. Formamos parte de la masa, no seguimos nuestro propio camino. Dependemos de directrices y horarios establecidas por otras personas. Esto puede presentarse ligado a la conformidad, o a la manera en que nos expresamos. Perder el tren, el autobús o el avión, al igual que perder el barco, significa que uno no está a bordo cuando la acción tiene lugar. Al trabajar con este tipo de sueños hay que preguntarse: «¿Qué es lo que estoy haciendo en la vida que me impide avanzar?».

El crítico de teatro y novelista William Archer tuvo el siguiente sueño:

> Se trata de un tipo de sueño muy frecuente en mí. Me encontraba en un lugar, creo que se trataba de Watford Junction, y quería ir a Londres. Vi un tren a punto de partir, que parecía constar de un solo vagón de lujo. Me dije que, costara lo que costara, iba a ir a Londres en aquel tren, y saqué un fajo de dólares para comprar el billete. Pero cuando estaba a punto de llegar a la taquilla, una cola apareció de repente ante mí. Pensé en colarme, pero rechacé la idea, así que el tren se fue sin mí. Entonces entró otro tren menos lujoso, y le pregunté a un hombre viejo, que parecía empleado de la compañía, si se dirigía a Londres. Respondió: «No lo sé, eso es lo que pasa con la democracia, nadie sabe nada».
>
> Me di cuenta de que la compañía, o por lo menos la estación, estaba en manos de una organización colectivista (tal vez un soviet), lo que provocaba una desorganización total. Entonces salté por encima de las vías para coger el tren y lo conseguí, sólo que cuando arrancó, lo hizo en dirección opuesta. No recuerdo nada más.[2]

Como Archer mencionó al principio, tuvo este sueño varias veces, con algunas variaciones. Contiene residuos diurnos de las noticias y la política de esa época. Interpretó el sueño como un símbolo de los obstáculos físicos y mentales que se encontraba en la vida. Quería que todo en su vida fuera de primera clase, pero tenía dificultad en llevar ese objetivo a cabo. En el sueño, otras personas (obstáculos) aparecen misteriosamente formando una cola delante suyo. Hay desorganización en la estación. Se sube en otro tren de categoría inferior (hace una elección) y descubre que le lleva en dirección opuesta a la que desearía. A veces tomamos decisiones, generalmente impulsivas, que no sólo nos perjudican, sino que, como le pasa a Archer, nos llevan en dirección opuesta.

En el siguiente sueño aparece un autobús:

El escenario de este sueño parece ser la sala de espera de una línea de autobuses. Estoy esperando un autobús, pero alguien me dice que los autobuses no pararán allí ni me dejarán entrar. Hay otros hombres esperando. Reflexiono sobre el tema y retrocedo un poco en el recorrido del autobús, para subir antes de que llegue a la terminal. Así lo hago y encuentro un asiento libre. Al pasar por la terminal, los demás hombres suben, pero tienen que quedarse de pie.[3]

Este hombre no se consideraba competitivo en absoluto. Nunca lo había sido, ni en la escuela ni en el trabajo. Sin embargo, el sueño le estaba diciendo que debía obrar de otro modo. Comentó: «Me parece que mi cerebro me ha mandado un mensaje mientras estaba durmiendo. Me ha dicho que el secreto del éxito en la vida moderna es ir por delante de los demás y hacer las cosas primero».

Las calles y el tráfico

Transitar por calles abarrotadas, ya sea a pie o en algún vehículo, puede simbolizar obstáculos o peligros, especialmente si son inesperados. En el siguiente sueño, un hombre que va a pie atraviesa un cruce muy transitado:

> *Cruzo en diagonal en medio del tráfico, en el punto donde se encuentran dos calles. Consigo llegar al otro lado rápidamente y con facilidad. Al subir a la acera me siento orgulloso durante un momento, aunque después pienso que tampoco es algo muy importante. Si acaso, la importancia reside en que ilustra un principio. Me digo a mí mismo: «Todo depende de cómo valores la dirección adonde te conduce el camino».*[4]

Este hombre era un concertista de violín. «Al inicio de mi carrera, a menudo me sentía incompleto. Sentía que no daba todo lo que tenía dentro de mí —me dijo—. El sueño se refiere a los muchos y a menudo confusos caminos que pueden llevarte a una misma meta. Creo que hace hincapié en la importancia de conocer lo que hay en tu mente.»

En el sueño hay también un elemento alentador. Este hombre sortea los obstáculos para llegar a la otra acera con mucha facilidad.

15

Paisajes y los cuatro elementos

Los cuatro elementos de la naturaleza (agua, tierra, fuego y aire) tienen su propio significado simbólico y otorgan una nueva dimensión a los sueños. Desde la Antigüedad, a los elementos se les han asociado atributos masculinos y femeninos. Por ejemplo, los elementos femeninos son la tierra, que es fría y seca, y el agua, que es fría y húmeda. Los elementos masculinos son el aire, que es caliente y húmedo, y el fuego, que es caliente y seco. En el lenguaje de los sueños las características de esos elementos pueden reflejar nuestro estado emocional, psíquico o espiritual.

La violencia de los elementos, como en el caso de tormentas, terremotos, tornados, huracanes, mareas altas, fuegos incontrolados, erupciones volcánicas, etc., puede reflejar cataclismos tanto en nuestra vida interior como en la exterior.

Agua

El agua es el elemento que más aparece en los sueños. Simboliza el inconsciente, lo más profundo de nuestro interior, donde se fraguan los sueños y también las emociones. Estos sueños son muy emocionales.

El siguiente sueño evoca el misterio del agua:

Hay un lago en Canadá, de diez kilómetros de largo, y un hombre y yo navegamos por su parte más hermosa en un barco pequeño. Para mi disgusto, veo de repente que han construido una gran cantidad de casas y apartamentos en la orilla. Hay un montón de niños chillando y berreando por el bosque. Todo esto me pone de muy mal humor. ¡Qué manera de destrozar un lugar tan hermoso! El lago tiene la forma de un ojo humano.[1]

Esta mujer estaba muy en contra de que la gente invadiera los espacios naturales. Pero el punto central del sueño es el lago con forma de ojo humano. Interesada por el significado esotérico de los ojos, lo interpretó como un símbolo de contemplación, perspectiva penetrante, intuición y comprensión de todas las cosas. Visto desde esta perspectiva, el sueño apunta a la necesidad de que se mantenga tranquila y conectada con lo más profundo de sí misma a pesar de las distracciones del «paisaje».

Es común encontrar en los sueños viajes a través del mar o a lo largo de un río. Son metáforas del viaje de la vida. Nuestro «barco» puede navegar en aguas tranquilas o agitadas, en medio de una tormenta, o puede hundirse. A veces, se trata tan sólo de un bote neumático.

Contemplar el agua y ver algo bajo la superficie puede representar algo que ha estado escondido en nuestro interior durante mucho tiempo y finalmente sale a la luz.

Paisajes y los cuatro elementos

Estoy mirando por la borda de un gran crucero y puedo ver lo que hay bajo el agua con mucha claridad. Hay una gran cantidad de coral, a mucha profundidad. No tengo la sensación de que el barco corra ningún peligro.

El barco es la vida de esta mujer. El coral es la belleza que vive escondida bajo la superficie. Se ve sólo cuando miramos hacia lo más hondo. Como símbolo onírico, puede representar el lado oculto de la persona, especialmente en el aspecto emocional. Otras asociaciones posibles son que el coral es fuerte pero frágil. Debe ser tratado con cariño y respeto, ya que se quiebra si la presión es excesiva.

El lado oscuro del coral es que se trata de algo que yace oculto a la vista, y puede representar un peligro inesperado que amenace nuestra seguridad y nuestro bienestar. Sin embargo, esta mujer no sintió ninguna connotación negativa que pudiera aplicarse al sueño. Lo vivió como el descubrimiento de algo exótico en su interior.

En el siguiente sueño, un río simboliza la dirección de la vida de una mujer:

Visito otra vez a L., que está en el hospital. Le cuento mis sentimientos. Mi mensaje es: «Cuando el lecho de un río baja seco, tiene que encontrar nuevos canales. Si no lo hace, no irá a ninguna parte y morirá».

Muchos amigos vienen. Nos damos las manos en círculo alrededor de su cama. Se levanta de un salto para buscar la medicina, y yo corro tras ella.

L. era una amiga de esta mujer que estuvo en el hospital y a la que solía visitar. En el sueño, es una parte suya que necesita curación. Se entrega a ella misma un mensaje que le dice que es el momento de cambiar. El río, es decir, la parte emocional de su vida, se ha secado. Si no cambia, morirá emocionalmente. Los amigos que se unen en un círculo curativo alrededor de la cama simbolizan su sistema de apoyo. Ella se dio cuenta de que tenía muchos amigos que le aportarían gustosos alimento emocional. Pero en vez de aceptar su ayuda, se levanta y sale corriendo en busca de la medicina. El sueño la hizo consciente de que intentaba huir de su situación y seguía buscando remedios superficiales, representados por la medicina.

Sumergirse o hundirse en el agua o bañarse puede significar un bautismo, una purificación, en el sentido de un nuevo comienzo o una iniciación a una nueva consciencia.

Ahogarse en el agua puede simbolizar un ahogo emocional, o el hecho de quedar desbordado por las emociones.

Nadar en aguas profundas puede significar hacer algo por tus propios medios. Si, como nadador, temes algún monstruo desconocido que pueda haber debajo, es posible que haya algún tema oscuro, o que tengas algún miedo que no quieras afrontar.

La lluvia significa a menudo una liberación de las emociones reprimidas. Puede considerarse las «lágrimas de los sueños». La cantidad y la intensidad de la lluvia nos dan pistas sobre la intensidad de las emociones. El siguiente sueño lo tuvo una mujer que un año antes se había divorciado de un hombre que la maltrataba después de treinta años de matrimonio. Como celebración de su recobrada libertad y su independencia, se había embarcado en un viaje a Sudáfrica. El sueño tuvo lugar cuando volvió a casa:

> *Me encuentro de vuelta en Sudáfrica, caminando por una carretera bordeada de árboles. De pronto se anuncia que la lluvia que está a punto de caer estará en las manos de las mujeres. Me siento muy dichosa por el anuncio, al igual que muchas de las personas que están a mi alrededor.*

El sueño se refería a la nueva vida de esta mujer, libre de inhibiciones y miedo. Sudáfrica le traía a la mente las emociones que experimentó allí: optimismo, libertad, aventuras nuevas, contacto con la tierra, reorientación de su vida. La carretera simboliza su nuevo camino en la vida. Está bordeada de árboles, que representan fuerza, vitalidad y perseverancia. La expresión «en las manos de las mujeres» significó para ella que algo iba a estar totalmente bajo el control del instinto femenino: su modo de vida, sus actitudes, su manera de cuidarse, etc. En otras palabras, la expresión de sus emociones estaba ahora por completo bajo su control. Ya no tenía que reprimirse para complacer a su ex marido ni a nadie. En su matrimonio, tenía que reprimir y negar constantemente sus propias emociones. Ahora era libre para «llover» cuando quisiera. Era libre para reinar en su vida, y los demás se alegraban por ella.

El sueño incluía un agradable estado emocional, que la acompañó al despertarse. Se dio cuenta de que se trataba de un mensaje curativo.

La nieve y el hielo representan a menudo emociones que están congeladas. Caminar o esquiar sobre campos helados puede indicar el rechazo o la incapacidad de reconocer nuestros verdaderos sentimientos por algo o por alguien. Por eso nos deslizamos por la superficie.

Recuerdo que bajaba esquiando por una pista ancha y reluciente, y tan lisa que podía ir bastante deprisa. El sol brillaba y el cielo era de un azul intenso. Iba bastante deprisa cuando me di cuenta de que había serpientes enroscadas en varios puntos de la pendiente. La voz de mi hermano (creo que esquiaba detrás de mí) me avisó de las serpientes para que pudiera esquivarlas. Eran muy grandes, de color beige, y tenían dibujos geométricos y en forma de diamante de color negro. Destacaban mucho recortadas contra el fondo blanco de la nieve. Recuerdo que me acercaba a una gran serpiente y, para esquivarla, tuve que salir de la pista y choqué contra un montón de nieve polvo a medio derretir. Entonces me desperté.

Esta mujer seguía una terapia y estaba intentando reconciliarse con muchas emociones reprimidas y mal resueltas. Intenta pasar por la vida sin apenas tocar la superficie (esquiando rápido), pero se precipita sobre grandes serpientes (curación, sabiduría). Se ve forzada a enfrentarse a sus emociones (la nieve polvo). Cuando entra en contacto con la nieve, se da cuenta de que se está derritiendo. Las emociones empiezan a liberarse. El descenso de la montaña simboliza un descenso de la consciencia para tratar con asuntos más «terrenales».

Soñar con aguas furiosas puede simbolizar turbulencias emocionales, como en el siguiente sueño:

Estoy en la orilla del mar, de noche. Una enorme ola de agua blanca y resplandeciente se acerca a la costa a toda velocidad. Quiero correr, pero parezco paralizada.

Las grandes olas o las mareas altas pueden indicar que uno se siente engullido o inundado por emociones desbordantes, y suelen presentarse en los sueños de personas que han tenido que afrontar una pérdida importante. La mujer que tuvo este sueño había perdido a su marido. Sentía que la vida era un embrollo y que no podía cambiar las cosas.

Las ventiscas pueden indicar que una persona está en peligro de ser enterrada por sus emociones congeladas o no expresadas. Encontrarse con una crecida súbita de agua o caerse a un río de aguas turbulentas puede ser indicativo de algún trastorno emocional grave.

Tierra

Después del agua, la tierra es el elemento que aparece con más frecuencia en los sueños. Es un símbolo de fundamento, estabilidad y firmeza. También representa las cosas materiales, como las posesiones, los bienes, el bienestar físico, el cuerpo...

Los sueños en los que aparece la tierra como una cavidad en la que entrar (una cueva o un agujero) pueden representar un retiro o la necesidad de retirarse para regenerarse o para gestar algo nuevo. El interior de la tierra es un símbolo del útero. Penetrar en la tierra puede representar también penetrar en el lado oscuro de uno mismo.

El siguiente sueño tiene un gran contenido tanto de símbolos de agua como de tierra:

Me vi obligada a sumergirme en una caverna medio llena de agua, que estaba muy sucia. Aunque parecía agua de cloaca, tenía que sumergirme en ella. No fue tan desagradable como podría parecer. No me preocupaba la suciedad. La cueva tenía las paredes de piedra roja, oxidada. Seguí nadando y llegué hasta una especie de habitación subterránea. De hecho, era una gran caja de hierro oxidado, descubierta por el techo y empotrada en las paredes de la cueva. Empujé una pequeña puerta de hierro oxidado que había estado pintada de blanco y entré en la habitación. En un lado había puertas parecidas a las de los contenedores de basura, o a las de los hornos antiguos. De repente, sentí la necesidad de vomitar, y deposité lo que salió de mi boca en una bandeja que sostenía en las manos. Lo miré con sorpresa. Era un objeto alargado, muy parecido a un excremento, con forma de zanahoria y de color marrón rojizo. Abrí una de las puertas, que resultó ser la entrada a un depósito de basura, y lo tiré allí. El depósito era tan profundo que el objeto desapareció y no me llegó ningún sonido. Entonces pensé que ya había hecho lo que tenía que hacer y volví nadando. Vi que la pequeña puerta de hierro estaba cerrada. Pensé que no podría abrirla y me ahogaría allí. Pero para mi sorpresa, conseguí abrir la puerta con los dedos y, aunque el agua seguía estando muy su-

cia, nadé hacia la luz sabiendo que estaba a salvo y que iba a salir de esta. Pensé que no me importaba que el agua estuviera tan sucia, porque tenía algo importante que hacer y lo había hecho.

Este sueño habla de introspección y de librarse de basura no deseada. Cuando descendemos hacia nuestras propias profundidades, vemos que hay mucha suciedad allí, muchas emociones de las que no nos hemos librado. Esto no preocupa a la mujer que tuvo este sueño. Debemos estar dispuestos a hacernos cargo de nuestra propia suciedad para poder mejorar.

Esta mujer se ve obligada a adentrarse en las profundidades de su ser por una relación que no avanza, pero de la que no quiere desprenderse. La situación la obliga a realizar una introspección y a volver a evaluar lo que quiere frente a lo que tiene. Sin embargo, una vez que ha iniciado el proceso, se mueve ya por su propia voluntad (nadando).

Allí abajo todo está oxidado (no solemos visitar demasiado nuestras profundidades). Descender de esa manera le permite vomitar algo que ya no necesita y que estaba atascando su organismo. En este sueño, el excremento representa aquello que ya está gastado, que ya no sirve. Lo arroja al vacío. Consigue abrir las puertas de hierro para marcharse, lo que demuestra fuerza interior y decisión. Vuelve a la luz, o pensamiento iluminado. Esta mujer se sintió renovada y purificada por este sueño, y también percibió su situación de un modo muy claro.

Otro símbolo de la tierra que hace frecuentes apariciones en los sueños es el bosque, que representa el inconsciente, o el yo ingenuo o infantil. Es un lugar oscuro que puede provocar miedo por lo que se esconde en él. En los cuentos de hadas o en los mitos, los bosques son mágicos y misteriosos, y sirven a menudo como escenario de donde parte el héroe o la heroína hacia su viaje o aventura. El camino que sigue el héroe a través del bosque y las pruebas que tiene que superar representan el paso a un estadio más consciente. Es la búsqueda del Yo Superior.

En la leyenda del Santo Grial, una de las figuras clave es el joven e inocente Perceval, que crece en un bosque y después parte en busca del Grial. En su vagar, llega hasta el castillo del Grial y entra en él. Allí se encuentra con el rey del Grial, que se está consumiendo a causa de una grave herida en los genitales. No puede morir de esa herida, y tampoco pueden curarle hasta que alguien le haga la pregunta adecuada. Mientras tanto, su reino se cae a pedazos. Perceval aún no es lo suficientemente consciente para hacerle la pregunta adecuada. Ni siquiera hace ninguna pregunta cuando ve una procesión del Grial.

Después de abandonar el castillo, Perceval quiere volver, pero no puede. Debe viajar más y ser más consciente antes de poder volver al castillo, guiado por una damisela, y hacer la pregunta que curará al rey: «¿A quién sirve el Grial?». Cuando la pregunta ya tiene su respuesta, el rey sana y muere. Su reino renace.

En sueños, los bosques pueden representar una oscuridad emocional o espiritual en la que vagamos, quizás incluso sin ser conscientes de que estamos limitados por ataduras. Tal vez tenemos una perspectiva limitada sobre algo, es decir, que «los árboles no nos dejan ver el bosque». Los bosques suelen aparecer en los sueños cuando estamos viviendo algún periodo de cambios. Encontramos el camino a través del bosque de lo desconocido y salimos a una nueva consciencia.

El siguiente sueño tiene el aire de un cuento de hadas:

Me encontraba en un bosque muy grande. Iba andando por un camino y me topé con una hermosa joven. No la conocía, y sin embargo tenía la sensación de conocerla. Todavía recuerdo su rostro. Estaba muy triste. La seguí a lo largo del camino y llegamos a un hermoso jardín. A nuestra derecha había dos lápidas pequeñas. Me dijo que eran las tumbas de sus dos hijos. No me contó cómo habían muerto, y yo no leí las lápidas. Tuve la sensación de que eran muy pequeños cuando murieron, entre los cinco y los ocho años. Ella estaba muy triste, y supe que era por algo que no podía superar. Quería consolarla, pero no sabía qué decir. Detrás nuestro, a la izquierda, había un precioso castillo, rodeado de grandes árboles, bonitos jardines y flores. La joven siguió recorriendo el camino y yo me desperté.

La joven es la mujer que tuvo este sueño. Las lápidas de los niños representan la muerte de su inocencia en un periodo de tiempo comprendido entre las edades que aparecen en el sueño. Esta mujer había tenido hacía poco dos pérdidas: su padre murió, y ella sufrió escarnio público por una presunta relación con un hombre. Ella era inocente de lo que la gente pensaba, pero el daño ya estaba hecho. Además, se sentía muy reprimida en su matrimonio.

El bonito castillo rodeado de jardines representaba cómo solían ser las cosas, o tal vez cómo deberían ser. Un jardín es un refugio, un lugar donde se está a salvo y en paz. Cuando hay flores, eso significa crecimiento interno (si las flores están muertas, eso indica que hay asuntos emocionales o espirituales que necesitan nuestra atención). Según Jung, los árboles representan los contenidos del inconsciente, y muchas veces simbolizan también la personalidad. La personalidad de esta mujer florece (grandes árboles, bellos jardines) aunque ella no parece darse cuenta y continúa su duelo por lo que perdió. En vez de ir hacia el castillo, sigue por el camino del bosque.

«Me sentía muy a gusto en el bosque, me encantaba su belleza y me sentía como en casa —apuntó esa mujer en su diario de sueños—. Sabía que la dama vivía allí, y también en el castillo. He estado creciendo y tratando de conseguir un yo ideal, de acuerdo con lo que quiero en mi vida exterior.»

Esta mujer sintió que el castillo era la clave de su curación espiritual. Fuera lo que fuera lo que necesitaba, lo tenía delante de sus ojos. No necesitaba seguir buscando. Se dio cuenta de que el camino por el que vagaba (las decisiones que había ido tomando a lo largo de la vida) la estaba apartando de sus ideales. En la época en la que tuvo el sueño no se sentía preparada para afrontar cambios radicales en su vida. Sin embargo, el sueño la animó a confiar en los dictados de su corazón (su intuición).

En este sueño aparecía un bonito jardín, símbolo de un lugar de paz. Poseer un jardín o cuidar de él puede representar traer a la vida algo bonito, o tener una vida de belleza y abundancia. En el siguiente ejemplo, los sentimientos que provocó un sueño en una mujer al despertarse, junto con los que le inspiraba la jardinería, aportaron la información necesaria para descifrarlo:

Estaba de rodillas plantando flores en un jardín con mis propias manos. Estaba totalmente sola.

A esta mujer no le gustaban las tareas relacionadas con la jardinería y se despertó un tanto malhumorada. El sueño apuntaba a un trabajo que no le gustaba realizar sola. Había adquirido un compromiso con un proyecto de voluntariado que había «florecido» y dado buenos frutos beneficiando a los demás, pero le quitaba mucho tiempo y se estaba convirtiendo en una carga demasiado pesada para llevarla ella sola. Era una persona autosuficiente, que no acostumbraba a pedir ayuda, así que cada vez asumía más responsabilidades sin quejarse. El sueño sirvió para que entendiera que la labor que estaba realizando era muy positiva, pero que debería pedir a otras personas que compartieran las responsabilidades con ella.

Al igual que los bosques, los jardines pueden ser lugares mágicos y encantados en los sueños:

Tengo el privilegio de ver una enorme verja lírica que da paso a un jardín encantado. La vegetación que hay detrás de la majestuosa y regia verja está demasiado crecida, pero es muy bella y poderosa; se trata de un jardín secreto, salvaje e inexplorado, un auténtico regalo. Siento alegría y respeto.

Los sentimientos de alegría y respeto fueron tan fuertes que esta mujer pudo volver a entrar en el sueño durante el taller de análisis de sueños. Entró en el jardín y vio a una niña rubia corriendo; llevaba un vestido blanco y una corona. La niña le recordó a los dibujos de niñas hadas del pintor Salamith Wulfing.

El sueño tuvo lugar trece días después de que esta mujer regresara de un mágico y encantador viaje a Rusia. Posteriormente observó: «Creo que esa verja se parecía mucho a las verjas ornamentadas que había en el exterior de la catedral de la Sangre Derramada de San Petersburgo. Era muy lírica, fantasiosa, como en el cuento de la Cenicienta. Las plantas del jardín habían crecido demasiado. Llegaban hasta la altura de la verja, pero el sentimiento era de estar contemplando algo exótico, de otro mundo, un regalo sólo para mí. El mensaje parecía ser que las verjas estaban ante mí, esperando que las abriera para explorar un país de cuento de hadas, de magia y sorpresa. Me sentía excitada, entusiasmada, encantada, sorprendida... ¡No podía creer que tuviera ese regalo ante mis ojos!».

Cuando nos enfrentamos con algún obstáculo o nos esforzamos para conseguir una meta, a menudo soñamos con que subimos una montaña. Podemos subir en coche, caminando o incluso volando por nuestros propios medios. El camino puede cambiar de repente, y volverse estrecho o rocoso, o incluso llegar a desaparecer, y nos vemos obligados a encontrar otro. Podemos ir subiendo y bajando sin llegar a ninguna parte. Todas estas imágenes reflejan situaciones que vivimos en la vida consciente.

Las montañas pueden simbolizar también iluminación

espiritual. Bajar de una montaña suele representar una reorientación de la vida, especialmente después de un periodo de retiro.

En este sueño, la montaña se asocia con el aislamiento:

Estaba viendo un paisaje montañoso desde arriba, como si fuera en helicóptero. Era como un paisaje chino, con muchos caminos que se adentraban en las montañas. Cuanto más penetraba en ese territorio, cuanto más me acercaba a las cumbres, más lloraba. Y me desperté llorando también.

El «paisaje chino» tenía un significado de algo desconocido o extraño para esta mujer. Las imágenes evocaban sentimientos de soledad: ella iba completamente sola en su helicóptero, y se adentraba cada vez más en un territorio extraño. No se veía a nadie, aunque había caminos, lo que significaba que otras personas habían estado allí anteriormente. Esta mujer se sentía muy sola enfrentada a sus problemas personales, y lloraba tanto dentro como fuera del sueño.

Los desiertos pueden representar esterilidad o lugares de retiro espiritual. Durante los primeros tiempos de la cristiandad, los eremitas se retiraban a cuevas excavadas en la montaña para dedicarse a la vida espiritual. Eran conocidos como «los padres del desierto». Los desiertos son también símbolo de vida nómada y búsqueda. El siguiente sueño, en el que aparecen un desierto, montañas y un cañón, está muy ligado a la tierra:

La escuela está cerrada temporalmente. Alguien me lleva a una casa en las montañas del desierto que está vacía. Es una mujer. No sé seguro si va acompañada de otra persona de sexo indeterminado. Se mudan de la casa y ya no hay muebles. Hay un patio en la parte trasera. El sol ha salido y se está muy a gusto. Digo que tal vez traeré una tumbona y me sentaré al sol. Entonces me preocupo por el hecho de quedarme sola. Hay dos pistas de tierra que se cruzan justo al lado de la casa. La gente que pase por allí podría ver que estoy sola. De hecho, mientras estamos allí, pasan dos vehículos. Uno toma el camino de la izquierda, que se adentra en el desierto. El otro, un camión pequeño, toma el de la derecha, que desciende vertiginosamente hacia un cañón. Un hombre con gafas va al volante. La mujer y yo caminamos hasta el borde del camino mientras el camión desaparece cañón abajo. Me pregunto qué habrá allí. Todas las rocas que hay a mi alrededor son de color marrón.

El sueño hacía referencia a una decisión que esta mujer, que era novelista, debía tomar. El género que cultivaba ya no la motivaba, y deseaba hacer un giro en su carrera. Pero eso significaría tener que escribir bajo un seudónimo, crearse una nueva identidad y llegar a otro tipo de público. La escuela (el trabajo que realizaba en aquel momento) estaba cerrada. Esta mujer estaba viviendo un periodo de retiro (la casa en las montañas del desierto) para gestar su cambio artístico. El sol (iluminación) ya había salido y el cambio era agradable, pero podría sentirse sola en el futuro, y tal vez amenazada (por el fracaso). Ella interpretó que la mujer que aparecía en el sueño era su propia intuición. Los caminos representaban opciones. Todas las rocas eran marrones, lo cual quería decir que le resultaba difícil diferenciar unas cosas de otras y hacer una elección clara. La intuición la guiaba hasta la opción que descendía hacia el cañón, es decir, hacia sus propias profundidades. Tendría que buscar en su interior para encontrar su nueva voz.

Los terremotos hacen su aparición en los sueños durante periodos de trastornos, cuando tenemos la sensación de que hemos perdido los cimientos que nos sostenían y que todo se agita a nuestro alrededor. Los volcanes en erupción suelen representar rabia contenida que amenaza con estallar, o una situación a punto de explotar. En el siguiente sueño repetido, los cambios espectaculares que tienen lugar en el cielo y en la tierra hacen presagiar cambios muy importantes en la vida de esta mujer:

Es de noche, y estoy en lo alto de una colina, mirando la luna. El aire es pesado, presagia cambios. Mientras miro la Luna, ésta empieza a metamorfosearse justo ante mis ojos. Para empezar, le aparece una alta forma cónica en la parte superior. Entonces la luna se oscurece y el cono brilla con un resplandor dorado rojizo. Parece volcánico. Luego desaparece, y aparecen otras formas por toda la superficie de la luna: varios fetos, dos elefantes y un buda. Todo de un modo muy caleidoscópico. La luna empieza a descender en el cielo, y cada vez es más grande. Este descenso hace que se pongan en movimiento las fuerzas de la tierra y empieza a soplar un fuerte viento. Sé que esto es el inicio del Cambio, la Transformación, el Fin y el Principio.

Decido echar a correr para buscar refugio. Lo primero que pienso es en ir hacia el mar, pero cambio de idea y me dirijo a las montañas. Entro en una cueva y me arrastro por hendiduras estrechas en la roca hasta llegar a una cámara interior. No soy la única que se ha refugiado allí, pero todos sabemos que no estamos realmente seguros. Me deslizo bajo la última hendidura mientras una luz blanca brillante empieza a inundarlo todo. Parece que la Luna ha descendido del todo. Una voz masculina profunda e incorpórea se nos dirige desde arriba. No recuerdo las palabras exactas, pero se refieren a los Cambios que se avecinan, por qué son necesarios, que no todos sobreviviremos, por qué sobrevivirán unos sí y otros no, etc.

Sé que voy a sobrevivir. Lo que siento es más respeto que miedo. No sé exactamente lo que va a pasar, sólo sé que nada volverá a ser como antes.

Me despierto antes de que empiece el Cataclismo. El sueño tarda en marcharse y se disipa lentamente. Veo las palabras que esa voz ha pronunciado. Aparecen en mi mente como impresas en letras itálicas, pero no puedo retenerlas. Intento recordar aunque sólo sea algún retazo, pero tan pronto como me acabo de despertar del todo, las olvido.

Es tentador interpretar este sueño como una profecía sobre el fin del mundo. Muchos de los sueños sobre cataclismos y desastres que se tuvieron a finales del siglo XX se interpretaron de ese modo. Como comentaba en mi libro

Dreamwork for the Soul, es posible que algunos de esos sueños reflejen un mar de fondo colectivo provocado por la atención que se concede al tema del juicio final cada fin de milenio. Pero la mayor parte de sueños en los que aparecen cataclismos y desastres son, como todos los demás, de naturaleza muy personal, y tratan de circunstancias de la vida de la persona que los tiene.

Este sueño se presentó varias veces durante un periodo en el que la presión interna necesaria para el cambio se estaba fraguando. Es principalmente un sueño de tierra, ya que la superficie del planeta va a cambiar y va a haber mucha destrucción. Pero hay también elementos de aire (el aire pesado, y el fuerte viento) y espirituales (el firmamento también cambia). La Luna es un símbolo de la feminidad. En el sueño se transforma, se convierte en un cono volcánico y desciende del cielo. Esta mujer había estado alejada de su lado femenino y sexual (la luna remota). Estaba a punto de explotar a causa de las presiones internas y bajaba a la tierra, es decir, a la vida consciente. Las formas que aparecen en la superficie de la Luna anuncian un renacimiento de varios aspectos de su vida (los fetos), la sabiduría que proviene del cambio (los elefantes) y el crecimiento espiritual (el Buda).

Decide no refugiarse en las emociones (el mar), sino mirar hacia su interior (la cueva, un lugar de gestación). Incluso aunque el mundo está a punto de sufrir un cataclismo, sabe que ella sobrevivirá. El descenso de la Luna (la feminidad) baña el espacio con una brillante luz, que es un símbolo positivo de totalidad e iluminación. La voz incorpórea le trae un mensaje de su Yo Superior.

En un periodo inferior a los dos años después de haber tenido este sueño repetido, esta mujer puso fin a un matrimonio que llevaba mucho tiempo muerto, se mudó a una ciudad lejana, cambió todo su círculo de amigos, renovó su estilo de vida y su vestuario, y se embarcó en una nueva carrera profesional. Su vida entera había muerto y había vuelto a nacer. Tal como le indicó su sueño, nada volvió a ser como antes.

Fuego

El fuego destruye, pero la destrucción purifica. Arrasa lo viejo y obsoleto para que una nueva vida pueda nacer de las cenizas. Los sueños en los que aparece el fuego pueden representar enfado, pasión, energía sexual o creatividad. Usadas correctamente, esas cosas son beneficiosas, incluso el enfado. Pero también pueden escaparse de nuestro control. El fuego nos pone a prueba y nos fortalece. Los sueños relacionados con él pueden presentarse también en épocas de intenso estudio espiritual, cuando se activa la energía *kundalini*.

En el siguiente sueño, el fuego representa el deseo de la mujer que lo tuvo de erradicar lo que consideraba una vida aburrida:

Mi casa está en llamas. El fuego se extiende a todos los edificios de alrededor. Todo el mundo sale corriendo a la calle y trata de escapar. Yo también corro, pero las llamas están a punto de alcanzarme. De repente, un hombre misterioso aparece y me arrastra. No sé si vamos a ser capaces de escapar del fuego.

Esta mujer consideraba que su vida era aburrida y sentía un gran deseo de que la rescataran. El fuego no sólo quema su casa, sino también todo lo que la rodea. Pero entonces, se descontrola y la persigue, lo que simboliza consecuencias inesperadas de su deseo de librarse de su vida actual. El hombre misterioso refleja su deseo de ser rescatada por fuerzas exteriores. El mensaje de este sueño era doble: en primer lugar le decía que si no realizaba los cambios con cuidado, éstos podían ser más devastadores de lo que imaginaba, y en segundo lugar, que no podía confiar en que alguien viniera a rescatarla.

Aire

El aire representa los esfuerzos mentales, los pensamientos, la búsqueda intelectual y las actividades lógicas, del lado izquierdo del cerebro. Tiene una energía masculina. También representa la libertad o el hecho de escapar, especialmente si volamos. Otros tipos de sueños típicos del elemento aire incluyen resolver acertijos o misterios; asumir papeles que implican autoridad, como el de maestro, el de juez o el de policía, y vernos como estudiantes, haciendo un examen o revisando papeles. Los sueños que incluyen la organización de materiales y actividades (tener que llegar a algún sitio a tiempo, presentar un tema, dar una conferencia, etc.) o subir y bajar en ascensores también son sueños del elemento aire.

Había estado muy ajetreada en la oficina y trabajado toda la noche. De repente me pareció que me estaban exa-

*minando para poner a prueba mi capacidad para un pues-
to en otra oficina. El jefe de personal señalaba a una pizarra donde había un «examen de capacidad» que consistía
en números confusos con muchas cifras y divisiones con
fracciones. El director se volvió hacia mí de repente para
que le diera la respuesta y yo me eché a reír por lo irreme-
diable de la situación.*[1]

La mujer que tuvo este sueño era redactora de una revista femenina y se sentía orgullosa de su eficiencia y de su
capacidad de trabajar muchas horas seguidas. Detestaba
todo lo que tenía que ver con las matemáticas. Desalentaba
a cualquiera que quisiera entablar una relación romántica
con ella y se escudaba en sus amigos. El sueño apuntaba a
una falta de preparación social. El jefe de personal era el encargado de hacerle el «examen de capacidad». Se trataba de
un tema en el cual prefería no pensar, y por lo tanto estaba
representado por las matemáticas. Se consideraba a sí misma un caso sin remedio en lo tocante a la vida social, pero
intentaba tomárselo a risa. La nueva oficina hacía referencia
a un deseo de avanzar en la vida hacia nuevos territorios.

Un sueño del elemento aire bastante común es subir
una montaña. La montaña simboliza iluminación, pensamientos elevados y la ascensión personal en la vida. La ascensión, o el viaje, representa un desafío en este ámbito.

*Me encontraba en alguna parte donde había una
montaña muy empinada con varias carreteras y caminos
que conducían a la cumbre. Iba en bicicleta. Había otro
ciclista conmigo, un hombre al que no conocía. Es posible*

que también hubiera una mujer en bicicleta, a la que tampoco conocía.

La montaña era muy alta, y la cima estaba muy lejos. Desde donde me encontraba con mis compañeros no se veía la cumbre. Discutíamos acerca de qué camino tomar. Había dos carreteras asfaltadas, una muy directa y transitada, con coches que pasaban a toda velocidad arriba y abajo. La segunda no era tan directa ni tan empinada y tenía mejores vistas. Cada una de las carreteras tenía caminos peatonales al lado. Se podía subir andando.

Miré hacia arriba y hacia las carreteras. Si tomaba la ruta secundaria (como según parece había hecho en el pasado) podría seguir en bicicleta. Si tomaba la ruta directa, sería demasiado empinada para pedalear, y tendría que ir andando y empujando la bicicleta. Le expliqué al hombre que yo siempre había tomado la ruta secundaria, que ahora estaba por debajo de nosotros, porque me gustaba mirar el paisaje. Esa carretera bordeaba la montaña. Él prefería tomar la ruta más directa y empinada. Miré hacia arriba, y vi que a cada lado de la carretera había un camino. El de la izquierda también bordeaba la montaña, pero parecía peligroso. Era estrecho y mal definido, y pensé que podría caerme, aunque las vistas debían de ser muy buenas. El camino de la derecha era más ancho y estaba mejor definido y protegido. Parecía subir muy directo. Vi que había un pequeño grupo de ciclistas subiendo por él. Obviamente, se trataba de una elección, pero no recuerdo haber tomado ninguna decisión, ni haber llegado a la cumbre. Eso es todo lo que recuerdo.

El sueño se presentó en un periodo de cambios en la vida de esta mujer. Estaba atravesando una etapa de reubicación en la mitad de su vida. Ante esta situación, algunas personas optan por retroceder, mientras que otras obtienen nuevas energías para seguir adelante. Este sueño simbolizaba su deseo de seguir afrontando retos, incluso aunque eso implicara tener que tomar el camino empinado.

Las turbulencias aéreas que aparecen en los sueños pueden presentar la forma de vientos huracanados, tormentas, tornados o huracanes. Los tornados simbolizan acontecimientos que nos alteran, o situaciones que se presentan de modo inesperado y repentino y lo dejan todo destrozado. Los huracanes son también muy destructivos, pero hay más oportunidades de huir.

L. y yo vivimos en la planta baja de un edificio muy alto. Hay una gran extensión de hierba alrededor del edificio. Tenemos cinco búfalos y un perro como mascotas. Saco fuera todos los animales. Una tormenta aparece de repente. Cuando termina, voy a buscar a los animales, pero han desaparecido. Los búfalos han dejado gran cantidad de excrementos.

Esta persona grabó las siguientes observaciones:

Los búfalos son símbolos de abundancia. Parece que lo que me están diciendo en el sueño es que, aunque vengan malos tiempos, siempre tendré lo que necesito. El perro representa al guía que lleva al reino del inconsciente. Hay un tema de abandono que ya me han planteado otros sueños con animales anteriormente: no los cuido bien y se mueren. En este caso, huyen ante una tormenta a la que yo no doy importancia. La tormenta viene de repente, pero no es demasiado fuerte y no me siento amenazada en mi edificio. Tal vez el sueño me está diciendo que estoy demasiado limitada (encerrada en mi torre) y por eso mi creatividad se escapa.

Los excrementos de búfalo son regalos de la creatividad, y yo tengo grandes cantidades a mi alrededor. No me falta nada, a pesar de mi descuido. Si pienso usar los excrementos, tendré que salir a recogerlos yo misma.

Parece que me olvido de la abundancia que me rodea. La dejo salir y se escapa, pero siempre queda algo que puedo utilizar.

Otros sueños sobre turbulencias del elemento aire son los de guerra o de explosiones nucleares. Estas imágenes, al igual que otras que han aparecido anteriormente en este capítulo, pueden llevar a interpretaciones apocalípticas sobre el fin del mundo. Sin embargo, es más probable que traten de la explosión del mundo personal de quien tiene el sueño.

Me levanto por la mañana y sé que las cosas han cambiado. El paisaje es diferente. Miro por la ventana y veo un gran embudo en el horizonte, como si fuera un cruce entre un hongo nuclear y un tornado. No es nuclear, pero es venenoso, y deja caer partículas tóxicas con la lluvia. Se está extendiendo.

El sueño trataba de un cambio drástico en la vida de este hombre, cuyo paisaje personal se encontraba amenazado por el divorcio. Él asociaba el divorcio a una vida arrasada y estéril, sobre la que «llovería» durante mucho tiempo. El cambio era inevitable y se sentía impotente para detenerlo. El sueño le ayudó a comprender que su miedo y su ansiedad estaban afectando a su capacidad de afrontar la situación.

16

Persecución, violencia y muerte

A lo largo de la vida se nos presentan sueños en los cuales se nos amenaza con hacernos daño, o incluso se nos llega a hacer daño. Estos sueños nos llaman la atención sobre miedos y ansiedades, y sobre las consecuencias de conductas o situaciones destructivas. A menudo estamos en guerra con nosotros mismos, y hacemos cosas que nos perjudican. Nuestro Yo Superior, a través de los sueños, intenta constantemente restablecer el equilibrio en nuestra vida.

Persecución

Los sueños sobre persecuciones empiezan en la infancia. Soñamos que nos persiguen personas oscuras y amenazadoras o monstruos terroríficos de forma indefinida. A veces notamos la presencia del perseguidor, pero no llegamos a verlo. Podemos tener sueños repetidos sobre persecuciones a lo largo de toda la vida. O podemos atravesar fases en las que tengamos frecuentes sueños de ese tipo.

Los sueños sobre persecuciones tratan de temas que deben ser confrontados, resueltos o integrados. Estamos evitando algo, así que nuestra vida se desequilibra. El perseguidor trata de llamarnos la atención. A menudo, evitamos algo porque tenemos miedo del enfrentamiento. Por eso, el perseguidor adquiere un aspecto malvado o amenazador.

A veces, el perseguidor es nuestra propia sombra, que quiere ser aceptada e integrada. Marie-Louise von Franz, famosa analista junguiana, observó que a veces la sombra representa algo que debemos evitar, como, por ejemplo, alguna tendencia destructiva de la psique. En todo caso, estimó que el ochenta por ciento de lo que nos persigue en sueños es una parte valiosa de nosotros que debería ser reconocida e integrada. Cuando dejamos de tener miedo de lo que nos persigue, nos damos cuenta de que no era tan malo ni amenazador como creíamos.

Muchas veces sueño con hombres que me persiguen y tratan de matarme. Siempre consigo escabullirme y escapar de ellos, pero me despierto exhausta, físicamente agotada y, por supuesto, un poco nerviosa.

Esta mujer estaba luchando contra su propio sentido de la feminidad. En sus esfuerzos por ser más femenina, negaba su lado masculino, su *animus*. Éste la perseguía, porque no podía ser negado y reprimido de aquel modo. Ella sentía un miedo inconsciente de aceptar su parte masculina, porque pensaba que eso significaría la destrucción, o muerte, de su parte femenina. En los sueños, ella se sentía inteligente porque podía escapar de sus perseguidores, pero tanto esfuerzo la dejaba exhausta.

Persecución, violencia y muerte

Cuanto más ignoramos o reprimimos algo, más desesperado está el perseguidor por atraer nuestra atención, así que a menudo recurre a la violencia. A veces, esa violencia es un aviso del daño que nos estamos haciendo a nosotros mismos.

Me persigue un hombre de aspecto amenazador. Corro tan deprisa como puedo, pero me alcanza, se saca un cuchillo del abrigo y me apuñala por la espalda. Siento cómo la sangre brota de mi cuerpo. Consigo avanzar un poco más, y de repente, me desmayo.

La mujer que tuvo este sueño lo asoció con una relación negativa. Ella y su pareja se enzarzaban a menudo en peleas violentas, en las que ella sentía que las palabras de él eran «muy cortantes». También se sentía traicionada (apuñalada por la espalda) por las cosas que él le decía. La relación la estaba vaciando emocionalmente y estaba minando su vitalidad (la sangre). El sueño la advertía de que no podía continuar evitando la situación, corriendo indefinidamente. El desmayo representa las consecuencias.

La sombra puede asumir la forma de un animal que nos persigue, tal como vimos en el capítulo 10, «El animal que llevamos dentro». En el libro de Marie-Louise von Franz *The Way of the Dream*, la analista relata el caso de un paciente suyo que tenía sueños repetidos en los que lo perseguían animales poderosos. Von Franz opinaba que los animales representaban la creatividad de ese hombre, que quería ser aceptada (tenía un don para la escritura que se negaba a reconocer). Él, sin embargo, creía que los animales eran símbolos de sexualidad, a pesar de que sus relaciones eran satisfactorias. Una noche soñó que lo perseguía un toro. Saltó una valla, y el toro se levantó sobre las patas traseras. Cuando miró hacia atrás, vio el pene erecto del toro, que tenía forma de bolígrafo. Al oír esto, Marie-Louise von Franz comentó secamente: «Bien, ahí lo tiene». El hombre empezó a escribir.

Un sueño muy común es el de sentirnos paralizados o incapaces de movernos mientras algo nos persigue, o correr a una agonizante cámara lenta. Tales imágenes pueden simbolizar que ya no somos capaces de evitar o ignorar algo. Se nos han acabado las opciones y debemos enfrentarnos a nuestro perseguidor.

Al trabajar con esos sueños, hemos de preguntar a nuestros perseguidores qué representan y por qué nos persiguen. Cuando les plantamos cara, muchos pierden su carácter amenazador, e incluso se vuelven amables y agradables. Aconsejo consultar sobre ellos con un especialista.

Violencia

En los sueños, la violencia puede simbolizar situaciones impredecibles y destructivas, o conflictos internos:

Voy caminando por una calle y adelanto a un joven de aspecto salvaje y despeinado. Justo al pasar a su lado, saca una pistola del abrigo y empieza a disparar como un loco a su alrededor. Algunas personas, entre ellas yo, nos tiramos al suelo y esperamos no resultar heridas.

Persecución, violencia y muerte

La mujer que tuvo este sueño estaba casada con un hombre de carácter explosivo e impredecible. Explotaba por cualquier cosa, por pequeña o insignificante que fuera. Con el paso del tiempo, esta mujer había ido perdiendo su sensación de seguridad, y se sentía como si tuviera que mantenerse constantemente en guardia contra sus ataques, que muchas veces carecían de sentido para ella. El hombre despeinado que de repente empieza a disparar a su alrededor es una buena imagen para representarlo.

En el siguiente sueño, la violencia toma la forma de una amenaza de bomba:

Yo tenía el cabello oscuro... y formaba parte de un grupo policial de tipo militar; iba montada en un caballo. Estaba al frente de un grupo, junto con un hombre. El grupo estaba formado totalmente por hombres. Oí que dos de ellos hablaban a mi espalda y decían que yo estaba en el grupo porque quería ponerme a prueba. Entonces, recibimos órdenes de ir a la ciudad para intentar detener algo que estaba pasando allí. Cuando llegamos, era demasiado tarde. Alguien había puesto una bomba. Sabíamos que sólo disponíamos de unos cuantos segundos para ponernos a cubierto. Me vi tirándome de cabeza hacia un edificio de cemento con una columna que había a mi izquierda, y supe que no me pasaría nada. La parte de la bomba se repitió dos veces.

Este sueño se repetía con frecuencia, aunque con alguna variación. A veces, ella era rubia, otras morena. En los sueños, lo claro y lo oscuro pueden simbolizar las dos naturalezas de una persona. Lo claro, como la luz, representa la consciencia, mientras que lo oscuro es la sombra o el inconsciente, las cosas que están reprimidas o escondidas bajo la superficie. Una persona que en un sueño tiene el cabello oscuro (sea la persona que sueña o cualquier otra) puede simbolizar alguna cosa que está reprimida.

Un oficial de policía o una figura militar que se ha puesto a prueba obtiene respeto y autoridad. La oficial de cabello oscuro representa el deseo reprimido de esta mujer de ser más respetada por los demás y de tener más control sobre su propia vida. La policía y el ejército son los encargados de mantener el orden. Esta mujer intentaba poner su vida en orden. Quería hacer cambios, pero no se acababa de decidir por miedo a molestar a los demás.

La bomba representa algo que está a punto de estallar en su vida. La situación que no se ha atrevido a afrontar, va a cambiar por sí misma, y quizás de un modo violento o tumultuoso. Cuando hay algo que no está resuelto, la presión sube y puede explotar. Una relación o una situación (tal vez la capacidad de esta mujer para soportar la tensión) puede romperse de repente. En el sueño, ella trata de evitar que la bomba explote, pero explota igualmente, aunque no resulta herida. El sueño la avisaba de que una situación en su vida se estaba volviendo potencialmente explosiva, con el fin de que pudiera hacer lo necesario para evitarlo.

¿Tiene la violencia siempre un sentido negativo en los sueños? En el siguiente, un hombre se mutila a sí mismo, pero él vio en ello un mensaje positivo:

Soy pintor de brocha gorda. Últimamente he estado intentando convertirme en un artista, un pintor de cuadros. La pasada noche soñé que estaba en un estudio, pintando una puesta de sol. Usaba todos los colores y sombras que se me ocurrían, pero no lograba el efecto adecuado.

Parecía como si estuviera pintando una obra maestra, pero no pudiera conseguir darle vida. Finalmente, me saqué una navaja del bolsillo, la abrí y me rasgué la ropa. Después me abrí el pecho de una cuchillada. La sangre salió a borbotones. Tomé un trozo de tela, la mojé en la sangre y unté el lienzo.

En un instante, la pintura cambió. Era la puesta de sol más hermosa que había visto nunca. En aquel momento, me desperté.[1]

La sangre es un símbolo de vitalidad, pasión y fuerza vital. El sueño le está diciendo a este pintor que, para conseguir ser un artista, debe poner la pasión de su corazón en el trabajo. Encontrar el núcleo de uno mismo requiere sacrificio (la cuchillada en el pecho). Sin embargo, una vez que se ha conseguido, tiene lugar una mágica transformación. Cuando rasga la ropa, se está desprendiendo del antiguo pintor de brocha gorda.

El tono emocional del sueño no es de ansiedad ni de miedo. La belleza de la puesta de sol que es capaz de pintar cuando abre su corazón capta toda su atención.

Morir y la muerte

Me disparan en el estómago dos veces. No sé quién me ha disparado. Caigo al suelo. Oigo que alguien me dice que me estoy muriendo.

Los sueños que implican violencia o muerte suelen tener un carácter de pesadilla para mucha gente, especialmente cuando se repiten. Muchas personas se preguntan si soñar con su propia muerte significa que van a morir pronto. Hay quienes tienen sueños premonitorios sobre la muerte inminente de otras personas, pero esos sueños pertenecen a otra clase. Los sueños ordinarios sobre la muerte no tratan de la muerte física, sino que suelen llamar la atención acerca de circunstancias graves y preocupantes en la vida de la persona que los tiene. Se valen de la impactante imagen de la muerte para atraer su atención. El experto en sueños Gayle Delaney escribió: «Una persona que sueña que es asesinada, que se suicida o que muere de enfermedad suele ser alguien con pensamientos, comportamientos o relaciones autodestructivos. La gente que he conocido que tenían ese tipo de sueños, al ser interrogados al respecto, llegaban a la conclusión de que sus sueños eran como banderas rojas que les indicaban que alguna parte de su vida iba terriblemente mal».[2]

La mayor parte de los sueños nos llaman la atención sobre algo que debe ser cambiado. Cuanto más dramáticas sean las imágenes, mayor es la necesidad de atención y cambio. Podemos creer que somos capaces de ignorar o dejar a un lado estas situaciones, aunque lo cierto es que quizás estemos en peligro de morir emocional y espiritualmente. Eso es lo que nuestros sueños tratan de decirnos.

El sueño anterior estaba avisando a la persona que lo tuvo del peligro que le suponía seguir manteniendo una mala relación sentimental. El pistolero desconocido representa su negativa a afrontar los hechos. El estómago y los intestinos son imprescindibles para la vida. Un disparo en el vientre es fatal.

A veces, los sueños sobre la muerte nos transmiten un mensaje curativo con respecto a cosas que ya no necesitamos, como, por ejemplo, viejas creencias o pautas de comportamiento, trabajos que ya no nos llenan o relaciones que ya no funcionan. A veces esos sueños nos ayudan a prepararnos para la muerte de nuestros seres queridos. En el siguiente ejemplo, en el que una mujer sueña con la muerte de su marido, se refiere tanto al cambio como a la preparación:

Había una zanja llena de barro de unos tres metros de largo por uno de ancho. B. estaba en la zanja, completamente vestido, primero boca abajo y después boca arriba. Estaba lleno de barro, incluso por la cabeza y la cara.

Se hallaba absolutamente inmóvil. Tuve que apartar el pensamiento de que estaba muerto. Sin embargo, parecía estar tan muerto, que empecé a temerme que no fingía. ¿Realmente estaba muerto? ¡Oh, no! Muy asustada, le grité: «¡B., me estás asustando!». No se movió. Fin del sueño.

Esta mujer sabía de modo intuitivo que no se trataba de un sueño premonitorio sobre la muerte inminente de su marido, pero no entendía lo que el sueño trataba de decirle. Lo presentó ante su grupo de trabajo con los sueños, donde se dio cuenta de hasta qué punto tenía miedo de que su marido pudiera morir. Era un miedo que estaba enterrado muy profundamente en su inconsciente. «Me di cuenta de que la posibilidad de que B. muriera antes que yo me asustaba mucho, porque, después de cincuenta años de vida en común, sería como perder una parte vital de mi propio organismo —dijo—. De repente, me di cuenta de todo lo que B. significaba para mí, y lo mucho que lo amaba, y vi que esto iba a cambiar mi manera de tratarlo.»

Esta mujer decidió demostrarle a su marido cada día cuánto le amaba. Vio que su comportamiento cambiaba. Sin esfuerzo, era más amable y paciente, no sólo con su marido, sino con todo el mundo.

«Creo que mi ser interior (Dios o la luz que llevamos dentro) me regaló este sueño para que me despertara, para que comprendiera, para que cambiara», me dijo. Se reafirmó en esta opinión después de haber asistido a algunos talleres de preparación para la muerte. Sintió que el sueño le había ofrecido la oportunidad de cambiar antes de tener que revisar su propia vida después de morir, viendo las cosas positivas y negativas que había hecho.

Este sueño sobre la muerte estaba directamente relacionado con el miedo de perder a un ser querido y con la necesidad de cambiar. En los ejemplos siguientes, los temas relativos a la muerte van ligados a situaciones más destructivas y llaman la atención sobre la urgente necesidad de cambiar.

RELACIONES DESTRUCTIVAS

Una mujer que sufría malos tratos en su matrimonio tuvo los siguientes dos sueños. Sabía que debía abandonar esa relación, pero le daba miedo hacerlo. Los sueños le mostraron, de un modo dramático, cómo los malos tratos la estaban matando espiritual y emocionalmente.

SUEÑO 1:

Estoy enferma, estirada en una estera y tapada. Tengo una extraña enfermedad que hace que la piel se me vuelva cada vez más delgada, hasta que sangro a través de ella. Se me abren grandes ronchas sangrientas que parecen heridas. La sangre, más que brotar, rezuma. Sé que no hay remedio. Hay una o dos personas a mi alrededor. Está mamá. Le digo que voy a morir. Me siento muy débil, pero me aterra la idea de desmayarme, no vaya a ser que sea el final y me muera. No me siento preparada para morir. No tengo mi casa espiritual en orden. Estoy demasiado débil para levantarme.

SUEÑO 2:

Oigo que F. (un amigo) se está muriendo de cáncer. Le ha afectado el cerebro. Quiero ir a verle, pero me da miedo. No le he visto en los últimos quince años, y me preocupa que pueda no ser bienvenida, por él o por su esposa. Además, no puedo creer que esté en fase terminal, y tengo miedo de los estragos que le haya podido causar la enfermedad. Era tan vital y guapo, y sólo tiene cinco años más que yo (en realidad, cuatro). Me cuesta mucho aceptar este hecho, que alguien que conozco y que es casi de mi edad tenga cáncer.

Así que en vez de ir a verle, voy a ver a O. (una amiga) al centro. Vamos a ir a dar un paseo, hacia ningún lugar en particular. Empiezo a contarle a O. lo que le pasa a F. Todavía quiero ir a verle, pero sé que ella no querrá acompañarme. Hago hincapié en que no puedo creer que esté enfermo, solo ante la muerte, especialmente porque solamente tiene cinco años más que yo. O. no está muy afectada por la semejanza de edad.

De repente, estamos las dos en el hospital donde se encuentra F. Es una estructura grande, de muchas plantas. Las habitaciones están abiertas, como si se tratara de una colmena. Estamos muy arriba, y miramos hacia la habitación donde se supone que está F. Nos encontramos tan arriba que no puedo ver a nadie en la cama. Entonces entra una grúa desde la parte trasera de la habitación y empieza a desmantelar la cama. Me doy cuenta de que he llegado demasiado tarde. F. está muerto y se están llevando sus cosas para quemarlas.

Aún no puedo creerlo. Sigo recordándolo como si estuviera vivo. Me recrimino por no haber ido a verlo antes. Seguramente, en el umbral de la muerte, el aspecto físico o las viejas rencillas pierden importancia. Hubiera estado contento de verme, pero ahora se ha ido para siempre.

Me despierto sintiéndome angustiada y triste.

La mayor parte de los malos tratos que le infligía su marido eran verbales. Si ella reaccionaba contra sus insultos y críticas, él la acusaba de tener la «piel muy fina» y de ser incapaz de aceptar una broma. En el primer sueño, su piel es tan fina que la sangre, es decir, la vitalidad, literalmente se escapa. Este es el peaje emocional que ha de pagar por los malos tratos. La madre en el sueño es la parte suya que la nutre y la cuida, su yo instintivo.

En el segundo sueño, su parte racional está representada por un amigo, F., enfermo y a punto de morir de cáncer de cerebro. No puede creer que esté enfermo, igual que no puede aceptar que los malos tratos la estén afectando de un modo tan profundo. El cáncer de cerebro representa lo que no va bien en su pensamiento. Su miedo a visitar a F. y a enfrentarse a su enfermedad simboliza su miedo a enfrentarse a su propia situación.

El siguiente sueño muestra cómo una mujer está siendo literalmente «asesinada» por una relación:

Me encuentro sumergida en el agua. Probablemente se trata de un lago. El agua me llega hasta el pecho. Hay un grupo de personas allí. Dos de ellas, un hombre y una mujer, son los líderes. En algún momento tengo la sensación de no formar parte del sueño, sólo de estar contemplándolo. No distingo las caras de nadie del grupo, sólo la de una joven atractiva, que se encuentra frente al líder del grupo. El hombre sostiene una pequeña pistola en la mano, y sé que va a matar a la joven que está mirándolo. Ella también lo sabe, pero no tiene miedo. El hombre le dispara tres veces, primero en el corazón, después en la boca y por último en el estómago. No veo sangre, y ella no se hunde en el agua. Él la arrastra hasta la orilla. La mujer que también es líder del grupo dispara contra uno de los niños más pequeños. Parece que así es como han de ser las cosas, y todo está bien así. No recuerdo las caras de las demás personas.

Sólo la de la joven. Es probablemente uno de los sueños más extraños que he tenido nunca, y no tengo ni idea de cómo relacionarlo con mi vida. Me parece extraño que la cara de la joven esté tan vívida en mi mente, como si la conociera en el sueño, aunque no conozco a nadie como ella. A veces tengo la sensación de que la joven soy yo. Al escribir esto, siento una opresión en el pecho.

El trabajo posterior con el sueño ayudó a esta mujer a entender cuál era el mensaje que le transmitía sobre su propia vida. Su matrimonio le resultaba sofocante, y se sentía encerrada en los ámbitos personal, emocional y creativo. Había decidido que no estaba preparada para cambiar las cosas, pero ese sueño (y otros parecidos que tuvo) estaba tratando de avisarla de lo que podía sucederle si permitía que su alma se marchitara.

Reconoció lo que ya sabía de modo intuitivo: que la joven era ella. En el sueño, el agua le llega hasta el pecho (o el corazón). El agua simboliza las emociones. Tranquilamente acepta la «necesidad» de que le disparen tres balas en tres centros espirituales clave: la boca, que expresa el yo verdadero de cada persona; el corazón, que conoce la verdad, y el estómago, o instinto que viene de lo más hondo de nuestro ser. Su instinto le decía que dejara la relación; su corazón le daba el mismo mensaje; su voz ansiaba poder expresar su verdadero yo. Los tres fueron violados y «asesinados» por su decisión de mantener aquella relación. Aunque el hombre del sueño puede ser visto como un símbolo de su marido represivo, es también un símbolo de su propio lado masculino, racional, que está obligando a su otra parte a aceptar las circunstancias. El resultado de esta coacción es que la creatividad (la expresión de su verdadero yo) es asesinada. Esto queda plasmado no sólo en la muerte de la joven, sino también en la del niño. Los bebés suelen simbolizar algo nuevo. Una parte nueva de ella misma es asesinada antes de que pueda crecer y desarrollarse.

En el sueño, además de la aceptación de la violencia como algo natural, hay una atmósfera de apatía. A veces, cuando nos sentimos atrapados, nos asalta una cierta apatía, una especie de muerte emocional. Nos sentimos impotentes para cambiar las cosas. Este tipo de sueños, sin embargo, nos dicen que eso no es así. Nos dicen qué es lo que debemos curar. Y junto a esa revelación, nos proporcionan la fuerza y la intuición necesarias para llevar a cabo el cambio.

En el siguiente sueño, la imagen de un vampiro es muy adecuada para representar las consecuencias de una relación:

Un vampiro persigue a una joven, y al final la atrapa. Veo cómo el vampiro la muerde en el cuello y le chupa la sangre. Me siento mareada. Me pregunto si la víctima morirá.

La mujer que tuvo este sueño describió a la joven como «una buena chica», aunque no era nadie que conociera en la vida real. La joven era, por supuesto, ella misma. El vampiro era el hombre con el que estaba saliendo: posesivo y manipulador. La relación estaba empezando a minar la energía y el interés de esta mujer. Quería romper con aquel hombre, pero no encontraba la manera. El sueño le explicó que corría el riesgo de sufrir una muerte emocional si no hacía algo en defensa propia.

RELACIONES QUE SE ESTÁN MURIENDO O QUE YA ESTÁN MUERTAS

Estoy en un aeropuerto y veo aterrizar los aviones. Me fijo en su aspecto y en el ruido que hacen. Se supone que tengo que recoger a unas personas que vienen a casa debido a la muerte de alguien. Esta muerte (de un hombre) tuvo lugar en un sueño anterior que ahora no recuerdo. Tenía que ver con un gran grupo de personas que vivían juntas en una casa que parecía ser del lejano oeste. En realidad, esas personas eran fantasmas (del Círculo de la Amistad), aunque los demás creían que eran reales.

Encuentro a las personas que esperaba, una pareja, y las llevo a casa. Hay flores marchitas (rosas de color rosa), ya sea por una fiesta o por el funeral. Deshacen las maletas y me entregan una caja llena de cosas. No está claro si se han enterado de la muerte o si soy yo quien tiene que darles la noticia. Hay otro montón de cajas que tienen algún significado secreto.

Mientras voy registrando los objetos que hay en la caja que me han dado, empiezo a comerme las rosas. Algunas saben bien, pero escupo una que está especialmente seca y marchita y tiene una hormiga en el interior. Hay perlas en una cajita que está dentro de la caja que me han dado. Se supone que debo saber lo que significan.

Suena el teléfono y es Frank, el «jefe de los fantasmas». Me dice que los demás fantasmas tienen cosas que hacer, pero que puedo reunirme con él. Más tarde, el Círculo de la Amistad quiere reunirse conmigo. Cuando pregunto por qué, el teléfono suena de verdad y me despierto.

Las rosas de color rosa son un símbolo del amor. Lo que está muerto aquí es el amor, un matrimonio. Hay un vacío emocional insalvable entre ellos, representado por la muerte de alguien en un lugar lejano. Los aviones son muchas veces símbolos del deseo de escapar, de huir volando de un problema o de una situación desagradable.

Cuando esta mujer se come las flores marchitas, está intentando reavivar la relación, pero una hormiga (algo desagradable) frustra el intento. Las cajas con objetos secretos representan el autodescubrimiento. Ella interpretó que los fantasmas del Círculo de la Amistad (encabezados por Frank, es decir, la franqueza, la sinceridad) eran su círculo de guías intuitivos. La intuición es algo intangible para algunas personas, pero muy real para otras. Aquí la intuición es real para esta mujer, ya que ve a los fantasmas y se relaciona con ellos. La franqueza y la sinceridad la llaman por su línea interna y se ponen a su disposición. Estará bien guiada si sigue su intuición.

El deseo de una mujer de acabar con un matrimonio infeliz (pero sin que eso implique tener que pasar a la acción) subyace en este sueño sobre la muerte de su marido:

Estoy en una gran ciudad con W. [su marido]. Va vestido con traje. Estamos intentando cruzar una calle muy transitada en el extremo de un puente altísimo, con un arco de acero que lo cruza por encima. El semáforo está verde, pero a punto de cambiar. W. quiere cruzar corriendo, pero le digo que no lo haga, porque cuando los coches arranquen, no tendrán piedad.

Cruza igualmente. El semáforo cambia y los coches empiezan a zumbar. W. va sorteando vehículos mientras yo lo observo horrorizada. Corre de un lado a otro para evitar que lo atropellen. Entonces, como ve que un camión se le echa encima, se abalanza sobre la barandilla del puente y se cae. Grito. No sé si abajo hay agua o cemento. Estoy segura de que se ha matado. Durante unos angustiosos momentos, me quedo paralizada y chillo histérica. Al final, me doy cuenta de que debo pedir ayuda. Empiezo a bajar las escaleras del puente. A mitad de camino comienzo a ver el agua. Es cristalina, como si fuera una piscina. Veo la figura de W., sin la chaqueta, hundida en el fondo. Hay gente en la orilla, mirando, y alguien se ha echado al agua para tratar de rescatarlo. Me invade un sentimiento de esperanza. Tal vez no esté muerto después de todo. Debo apresurarme y buscar ayuda.

Este sueño expresa un deseo inconsciente de muerte. Esta mujer no era feliz, y quería que la situación se resolviera por sí misma, gracias a *Deus ex machina*, es decir, la mano de Dios. Al interpretar sus sentimientos al final del sueño, se dio cuenta de que le horrorizaban las consecuencias que el final de su matrimonio podría tener. Sin embargo, reconoció no estar segura de querer que la relación continuara. Vio el puente como un símbolo de transición potencial hacia algo nuevo, una manera de sortear los obstáculos a los que se enfrentaban, simbolizados por el tráfico intenso.

NECESIDAD DE CAMBIO

Mi hermana gemela murió. Me sentí muy feliz por ello. Me sentí muy aliviada cuando hicieron descender su ataúd hacia la tumba.

Esta mujer no tenía ninguna hermana gemela. Tenía un hermano mayor. La gemela era ella misma. El sueño reveló un gran sentimiento de insatisfacción con respecto a sí misma. Se le aconsejó iniciar una terapia.

Sueños de muerte premonitorios

Hay muchos casos registrados de personas que han soñado con la muerte inminente tanto de extraños (un accidente aéreo) como de gente a la que conocen. Estos sueños no son simbólicos, sino premoniciones de hechos reales que aún han de suceder, y son significativamente diferentes de los sueños ordinarios. La persona que los tiene los diferencia de manera intuitiva. Pueden tener una luz extraña y brillante que les da un aire surrealista, aunque al mismo tiempo son muy reales. Suelen repetirse.

Soñé que me despertaba el sonido de un coche que se detenía frente a la casa. El motor hacía un ruido extraño, y el coche seguía parado. Mi dormitorio estaba en el primer piso. Me levanté y miré por la ventana. Era un co-

che blanco y largo, muy brillante, aunque no era una limu-
sina. No pude ver al conductor, ni si había algún pasajero.
Mientras miraba y me preguntaba de qué podía tratarse, vi
que se abría la puerta de la casa y que mi hermano salía.
Llevaba puesto el pijama. Se subió al coche y éste se ale-
jó. Tuve la curiosa sensación de que no volvería a verle.
Fue un sueño extraño. De algún modo yo sentía que era
«diferente». Todo estaba iluminado por una luz extraña.

Su sentimiento de inquietud continuó después de despertarse. Esta persona era una joven de veintitantos años
que ya se había graduado en la universidad pero aún vivía
con sus padres. Era la mayor de cuatro hermanos; el más
joven, que era el que aparecía en el sueño, tenía catorce
años. Este sueño se repitió varias veces, y después de tenerlo siempre se quedaba intranquila. Al cabo de un mes, el
chico murió en un accidente de esquí. El sueño fue muy perturbador para la joven, ya que sintió que había sido un aviso de la muerte de su hermano. El coche blanco es una versión moderna del carruaje de la muerte, que en las leyendas
populares visita la casa de las personas que están a punto
de morir. El carruaje de la muerte suele ser negro, aunque
también puede ser blanco. En las leyendas populares, el co-
chero no tiene cara, o la mantiene oculta.

Esta joven no había tenido nunca experiencias de este
tipo, y le preocupaba la idea de tener otros sueños de la
misma naturaleza. Sin embargo, no fue así, ni siquiera
cuando murió su padre varios años después. ¿Por qué entonces tuvo ese aviso de la muerte de su hermano? Hoy por
hoy no tenemos respuesta a esa pregunta. Tal vez todas las

condiciones psíquicas y emocionales necesarias para este tipo de sueños se dieron en aquel momento.

En el siguiente caso, una niña de once años tuvo un vívido sueño premonitorio:

Bajo en una balsa por los rápidos de un río. Es muy real. Un amigo al que quiero mucho, un amigo de la familia, viene conmigo. Se cae y no puedo encontrarlo. Sigo navegando río abajo hasta que llego a un árbol lleno de pájaros negros, y oigo una voz que dice: «Tu amigo no volverá. Se ha ido».

El amigo murió tres meses después. Es interesante remarcar que, en las leyendas y la mitología, las aves negras se consideran presagios de muerte. Cuando esta niña creció, desarrolló habilidades psíquicas y tuvo otros sueños premonitorios. Uno trataba de su madre:

Sólo recuerdo que estaba en una habitación con mi madre. La ventana estaba abierta. Era un edificio muy alto. Se inclinó para mirar por la ventana y se cayó. Cuando me asomé, estaba ya en el suelo, y supe que estaba muerta. El sueño me despertó, y me encontré sentada en la cama y diciendo: «¡Oh, no, mamá no!».

Cinco meses después, su madre sufrió un grave ataque al corazón y fue llevada al hospital, donde murió tres días después. Ella estaba en la sala de espera con su familia cuando un médico entró para darles la noticia. Entonces gritó: «¡Oh no, mamá no!».

Es importante entender que no todos los sueños en los que nosotros u otras personas estamos en peligro son necesariamente premonitorios. La gran mayoría son simbólicos y están relacionados con situaciones de tensión.

Si se tienen con frecuencia sueños de muerte o violencia, debería buscarse ayuda profesional de manera inmediata. Cuando nuestra vida se desequilibra, los sueños nos mandan señales de aviso. Si no les hacemos caso, las señales se vuelven más directas. Lo normal es que se repitan los temas hasta que entendamos el mensaje y pongamos remedio a la situación. No podemos permanecer en circunstancias destructivas sin que nuestra salud emocional, mental, espiritual o incluso física sufra las consecuencias. La muerte del alma agota la vitalidad a todos los niveles.

17

Los muertos

Dos semanas después de cumplir 49 años, Bob sufrió un ataque cardíaco a las cuatro de la madrugada y murió. Su muerte, totalmente inesperada, fue un duro golpe para su esposa, Anne. Poco después, ella tuvo el sueño más profundo de su vida:

Estábamos abrazados y sentí que algo se derramaba por mi pierna. Miré y era sangre. Él intentó ayudarme a limpiarla, y entonces me di cuenta de que me había quedado sin piel. Estaba en carne viva. Él me acariciaba con cuidado para que dejara de sangrar. Supe que trataba de decirme que siempre estaría allí y que, aunque me sintiera absolutamente expuesta y desprotegida y no estuviera preparada para su muerte, él siempre me ayudaría.

El sueño mostraba de una manera muy gráfica la intensidad del dolor de Anne: estaba totalmente expuesta y desprotegida, y la vitalidad se escapaba de su cuerpo. Cuatro años después, aún se emocionaba al recordar ese sueño. A pesar de sus imágenes dolorosas, contenía un bálsamo curativo:

El hecho de que mi amor acariciara suavemente mi cuerpo descarnado para consolarme fue un mensaje sobre el camino que estaba a punto de emprender hacia mi renacimiento espiritual. Su muerte me liberó de las preocupaciones físicas, y el hecho de saber que no todo acaba con la muerte ha cambiado mi vida. ¿Quién necesita la piel para conectar? ¡No la necesitamos!

La muerte de Bob condujo a Anne hacia un viaje espiritual en el que se despertaron sus dotes psíquicas naturales de intuición y curación. El consuelo que le supuso el sueño le dio la energía y el valor necesarios para emprender el viaje.

Cómo y por qué los muertos se aparecen en sueños

A diferencia de los sueños que tratan de la muerte, que suelen ser dolorosos, los sueños sobre personas que han fallecido normalmente aportan consuelo, alivio y alegría. Cuando estaba preparando mi segundo libro sobre sueños, *Dreamwork for the Soul*, pedí que me enviaran sueños transformadores, es decir, que hubieran tenido un fuerte impacto en la vida de las personas que los tuvieron. Recibí más sueños sobre los muertos que sobre cualquier otro tema. Está claro que ese tipo de sueños nos impactan de una manera profunda y duradera.

Dado que alivian el dolor, se los suele considerar un sistema de hacer realidad los deseos y compensar el proceso del duelo. Echamos de menos a la persona que ha muerto, o tenemos algún asunto pendiente con ella, así que en sueños nos asegura que todo está bien.

La psicología suele considerar que los muertos de los sueños aportan alguna cualidad o capacidad que poseían en vida y se incorpora al sueño.

Esto puede aplicarse en algunos sueños. Al ir haciéndonos mayores, es normal que en nuestros sueños aparezcan cada vez más personas difuntas. Sin embargo, creo que algunos de los sueños en los que aparecen seres queridos fallecidos, especialmente si han muerto hace poco tiempo, son verdaderos encuentros, hechos reales en una realidad diferente. Gracias a la capacidad de escapar a las leyes del mundo físico durante el sueño, podemos tener breves encuentros con los muertos en el país de los sueños. Estos sueños suelen ser vívidos, muy emotivos y muy reales. Tan reales, que las personas que los tienen se despiertan convencidas de que no ha sido un sueño ordinario. Además, muchas veces, al despertar sienten que se han librado de la pesada carga de dolor que las oprimía.

La capacidad de los vivos y los muertos para encontrarse en los sueños no es nueva. Ha sido algo aceptado en muchas culturas desde la Antigüedad. Se creía que las relaciones continuaban después de la muerte, especialmente con la familia, ya que los difuntos tenían la capacidad de intervenir en la vida de los vivos. El contacto con los fallecidos en sueños ha sido considerado siempre algo positivo, tanto para los muertos como para los vivos.

Tipos de sueños con encuentros

Los sueños donde se producen encuentros con los muertos pueden dividirse en tres tipos. Uno de ellos es el de «despedida», y suele darse en el caso de enfermos terminales. Una persona sueña que el enfermo viene y se despide. Al día siguiente, descubre que ha muerto la noche anterior o a primera hora de la mañana, que es cuando suelen tener lugar la mayor parte de los sueños. Este tipo de sueños también puede darse en casos de muerte súbita e inesperada, como en los accidentes.

El segundo tipo de sueños con encuentros es el «tranquilizador», en el que una persona que acaba de morir se aparece en sueños para tranquilizar a alguien que la quiere y decirle que todo va bien. Es frecuente que la persona fallecida se aparezca joven y sana, radiante de felicidad y de energía.

El tercer tipo de sueño con encuentro es «el don». Una persona fallecida, no necesariamente hace poco, se aparece en un sueño para dar consejos, soluciones a problemas o ideas creativas, o para impartir bendiciones de amor y perdón. El don puede ser simplemente su visita. A veces, se mantiene una larga conversación, aunque al despertar no puedan recordarse los detalles.

Los temas que se repiten en estos sueños son siempre el vínculo eterno del amor, el perdón, la bendición, el hecho de tranquilizar a alguien, el don y la información sobre el Más Allá.

Si se sueña un encuentro con una persona fallecida, es importante dejarse guiar por la intuición y los sentimientos que despierta el sueño. Mucha gente se despierta segura de lo que el sueño significa. Hay que tener en cuenta factores como el de hacer realidad los deseos o el del duelo, pero éstas no son las únicas explicaciones posibles para este tipo de sueños.

El apreciado periodista, crítico y autor teatral escocés William Archer, que hizo subir el nivel de las producciones teatrales en Inglaterra, estuvo muy interesado en los sueños durante más de veinticinco años. El argumento de la única obra suya que tuvo éxito, *The Green Goddess*[7][La diosa verde], se le ocurrió en sueños. Durante los últimos diez años de su vida llevó un diario de sueños, que se incluyó en su obra *On Dreams* [En sueños], aparecida póstumamente.

En 1918, el único hijo de Archer, Tom, un oficial del cuerpo de voluntarios del Colegio de Abogados, murió luchando en la Primera Guerra Mundial. La muerte de Tom le afectó muchísimo, y le empujó a explorar el campo del espiritismo, una reacción muy común entre los afectados por aquel conflicto. En 1923, Archer tuvo lo que él mismo definió como «el sueño más breve, vívido y real que he tenido nunca»:

Recuerdo vagamente que tuve otros sueños anteriormente, pero nada que tuviera que ver con éste. Me encontré de repente sentado en mi silla giratoria frente a la mesa del estudio. La señora M. (el ama de llaves) abrió la puerta muy excitada y dijo: «Es vuestro hijo, señor, ha vuelto después de todo» (no recuerdo el tono exacto de su voz). Entonces Tom, vestido de paisano, igual que en la vida cotidiana, entró de prisa y se quedó junto a la silla. Extendí

los brazos hacia él, pero de alguna manera parecía parali-
zado y no pude tocarle. Pensé que era efecto de la emo-
ción, y durante un tiempo considerable no dudé de que la
escena era real. Recuerdo que me preguntaba cómo iba a
darles la noticia a su madre y a su esposa. Su cara parecía
haber cambiado y estaba más serio y más canoso, pero no
había envejecido en absoluto. El sueño acabó de manera
tan brusca como había empezado y me desperté. Todo
pasó, diría, en menos de un minuto.

No había estado pensando en él más de lo normal, ni
había sucedido nada especial que justificara su llegada al
primer plano de mi mente.[1]

Este sueño lleva el sello de una despedida. La mayor
parte de sueños de este tipo suceden poco después de la
muerte, pero tampoco es extraño que tengan lugar mucho
más tarde. Parece que siguen su propio calendario, y que no
tienen en cuenta nuestras preocupaciones (como Archer dijo,
no había estado pensando en él de manera especial). Pero el
vívido realismo del sueño le impresionó mucho a Archer.

Un año y medio después, Archer murió al no superar
una operación. El sueño no tenía las características de un
sueño premonitorio, pero tal vez le ayudó a prepararse
para la transición.

Después de la muerte inesperada de su cuñada de 49
años, Sharon tuvo un vívido sueño tranquilizador sobre
ella:

M. era una persona que lo hacía todo lo mejor que po-
día. Era una mujer muy brillante, y apasionada en muchos

318

aspectos. *Licenciada en psicología, trataba casos muy graves (gente que vivía en la calle, etc.). Encabezó un programa de ayuda a mujeres maltratadas. No es que estuviéramos muy unidas. La quería como a un miembro de la familia. Ella y mi hermano vivían en la Costa Oeste, y yo primero viví en el centro del país y posteriormente me trasladé a la Costa Este.*

Tenía la sensación de que ni mi hermano ni ella eran personas religiosas. Estaban más interesados en la condición humana. Tenían muchos amigos, comunes o por separado. Aunque M. mostraba una personalidad fuerte que podía haber generado sentimientos negativos cuando se acercaba a alguien, era tan brillante que creo que ni se le pasaba por la cabeza la idea de que alguien pudiera sentirse intimidado por sus conocimientos y habilidades, ni tampoco de que alguien que no estuviera de acuerdo con sus ideas no pudiera rebatirlas con la misma facilidad de expresión que ella tenía.

El sueño: Estaba en un camino al lado de un campo vacío que acababa de ser segado. El camino estaba gastado y polvoriento. Seguía a una mujer que tenía el cabello largo, moreno, muy voluminoso, como si flotara en el aire. (Parecía el cabello de mi cuñada. Aunque no llegué a verle la cara, interpreté que se trataba de ella). Esa mujer avanzaba con paso rápido. Yo intentaba alcanzarla. Nos acercamos a una casa, un pequeño chalé blanco. Ella entró y yo la seguí. Dentro había muchas damas vestidas con ropa de seda y turbantes en la cabeza. La ropa era muy rica en colores y tejidos, y el ambiente era de mucho lujo, belleza y hasta reverencial. Después de mirar a mi alrededor, no vi a la mujer que seguía, así que entré en la habitación de al lado. Era una habitación enorme (nada relacionado con la habitación de un chalé). Parecía el gran vestíbulo de un hotel, aunque mucho más alto, y sin aquel aire comercial. El ambiente era solemne, pacífico, reverente. Había una escalera de caracol que bordeaba la habitación, y en cada nivel personas vestidas con ropa muy elegante, hombres y mujeres. Me dio la sensación de que eran seres sagrados. Los miré, y ellos me miraron a mí. Vi la mujer a la que había estado siguiendo. Estaba a punto de salir por la puerta de atrás. La seguí. Descendió rápidamente por un camino y se adentró en un bosque. Estaba siguiéndola cuando de pronto desapareció en el suelo. Me turbó mucho verla desaparecer de aquel modo, como si se la hubiera tragado la tierra. Empecé a buscarla utilizando la técnica Reiki, es decir, tratando de captar las radiaciones que emitía su cuerpo con las manos apoyadas en el suelo, con la idea de sentir dónde se encontraba y sacarla de allí. No pasó nada, así que seguí intentándolo, moviéndome un poco alrededor.

De repente, del suelo surgió un hombre tumbado, con los ojos cerrados. Vestía una ropa preciosa de terciopelo azul, y llevaba un magnífico medallón en el pecho. Me sorprendió mucho, pero cejé en el intento de encontrar a la mujer. Después de un rato, oí que había gente a mi alrededor y que me decían algo. Me decían: «Gracias por traernos de vuelta a Pir Vilayat Khan». Reconocí el nombre de un líder espiritual sufí, un hombre santo. Me pregunté qué querrían decir con eso, pero seguí buscando a la mujer. Aquí se acabó el sueño, o ya no recuerdo nada más.

Interpreté que significaba que mi cuñada tenía una misión importante que cumplir en el mundo, y que renacería pronto. Este pensamiento me consoló, como si sólo hubiera hecho una pausa en su vida antes de volver a completar una misión muy importante.

Aunque Sharon no se comunicó directamente con la figura que sabía que era su cuñada, le llegó información sobre sus actividades y sus objetivos, que continuaban después de la muerte. El sueño fue un gran consuelo para ella.

Penetrar en la tierra sugiere un tiempo de incubación o gestación, un tiempo durante el cual salimos de la circulación. El azul es un color que suele ir unido a sueños de naturaleza espiritual.

De igual modo, un sueño vívido tranquilizó a D.:

Mi madre murió el 7 de enero. Pocas noches después del entierro, tuve un sueño. Era la vida de mi madre. Era como si estuviera mirando un álbum de fotos de tamaño cartera. Todas las fotos eran de tamaño cartera. La primera era de mi madre de pequeña. Era como si alguien fuera girando las páginas una a una. La última foto era la que le hicimos el día de Navidad. Creo que mi madre intentaba decirme que había completado su ciclo vital.

Esta mujer describió así su reacción ante el sueño:

Me sentía como en los viejos tiempos, cuando iba de visita a su casa y mirábamos juntas las fotos antiguas. Fue la primera noche que pude descansar después de la muer-

te de mamá. Creo que quería que yo supiera que era hora de dejarla marchar. Recuerdo que sonreía mientras veía su vida. No había conseguido llegar a tiempo antes de que muriera (vivo a mil quinientas millas de distancia). Le pedía que aguantara hasta que llegara, pero no pudo. No sé si esto pudo tener algún impacto en el sueño.

Este sueño compensó el hecho de que esta mujer no pudiera llegar a ver a su madre antes de su muerte, y su realismo tuvo un inmediato efecto curativo en ella.

En el siguiente sueño, una abuela fallecida aparece en un sueño en el momento preciso, y trae con ella un regalo de ánimo y confianza. La abuela había sido una de las dos personas que firmaron el ingreso de su nieto en el cuerpo de marines de los Estados Unidos a los 17 años de edad, y había muerto ese mismo día. Los dos estaban muy unidos. Ella había sido una fuente espiritual de fe y fortaleza durante la infancia difícil de su nieto, a quien la estancia en el campo de instrucción se le hizo muy penosa. Durante un periodo especialmente agotador, tuvo este sueño, vívido y realista:

Mi abuela estaba al lado de la cocina, sacando algo del horno. Yo me encontraba cerca de ella, mirando, y ella se volvió hacia mí y me dijo: «Todo va a salir bien». Lo que más me sorprendió del sueño fue que era tan real como si estuviera sucediendo en aquel momento, y sin embargo, en el sueño, ¡¡¡ yo tenía sólo nueve o diez años!!!

Recuerdo el sueño con mucha viveza, y se lo he contado a mis hijos, que ya son mayores. Lo interpreto como un consuelo y una inspiración para mí, y lo recuerdo a menudo en momentos difíciles.

El hecho de que en el sueño sea un niño hace que se sienta todavía más a gusto. La cocina y el horno son símbolos muy interesantes. Ambos tienen que ver con la preparación de alimento espiritual. Era el momento adecuado, ya que, fuera lo que fuese lo que estaba en el horno, ya estaba listo.

El siguiente sueño fue un don, y durante más de veinte años su impacto curativo permaneció vivo en la memoria de Michelle, que perdió a su primer marido por culpa del cáncer cuando tenía 22 años:

Nos conocimos en la escuela secundaria, nos enamoramos, nos fuimos a vivir juntos cuando cumplí los quince, y nos casamos cuando tenía diecisiete años. No faltaron las dificultades, porque nos vimos obligados a crecer muy deprisa, pero Chris se tomaba muy bien las cosas. Lo único que quería era pasárselo bien, y como a mí también me gustaba mucho pasármelo bien, éramos perfectos el uno para el otro. Fue el amor de mi vida.

La diversión se acabó cuando Chris empezó a encontrarse mal. Al principio no le creí. Pensé que era una excusa para no ir a trabajar. El día que vomitó sangre, supe que no mentía.

Los médicos no le creían. ¡Quién iba a tomarse en serio a un joven con el pelo largo y aspecto extraño! Desgraciadamente, cuando le encontraron el tumor, el cáncer estaba muy extendido.

Al principio, traté de cuidar de él en casa, dándole las medicinas para el dolor cada tres horas, pero era terrible. Ya no podía comer, y le veía sufrir mucho. Después de aproximadamente un año y medio, lo visité en el hospital por última vez.

Pedí que el ataúd estuviera cerrado durante el funeral. Pesaba menos de cuarenta y cinco kilos cuando murió. Una mera sombra de su esplendorosa belleza. Quería que todos lo recordaran como era, y no con el aspecto que tenía al final.

Durante más de un año, antes de irme a dormir, revivía cada noche el funeral. Veía el ataúd y volvía a sentir el dolor de su muerte. Todas las noches. Era como un acontecimiento permanente. Aunque intentaba no pensar en ello, en cuanto reposaba la cabeza en la almohada, empezaba a desarrollarse la película del entierro. Estaba segura de que seguiría llorando cada noche durante el resto de mi vida.

Entonces, una noche tuve un sueño. Chris entró en la habitación y se quedó de pie al lado de la cama. Extendió la mano hacia mí y me ayudó a levantarme. Y empezamos a andar. Estuvimos caminando durante horas. Hablamos de mil cosas. Le pregunté todo lo que quería saber. Después nos reunimos con todos nuestros amigos en un círculo, tanto los vivos como los muertos. Todos tenían preguntas que hacerle. Él las respondió todas. Reímos y bromeamos. Nos lo pasamos muy bien.

Después volvimos a quedarnos solos. Me llevó hasta la cima de una montaña. Me estiré en el suelo. Puso un pie con mucha suavidad encima de mi cabeza y señaló al espacio, como si estuviera dando órdenes al universo.

Me dijo: «Ahora mira..., mira como miran los pája-
ros». Y así lo hice. Ví con los ojos de las aves. Volé por los
aires. Pude verme en el suelo, y ví a Chris sobre mí, diri-
giendo la experiencia. Ví las cosas de un modo distinto,
pero en muchos aspectos iguales. Fue una experiencia
muy intensa.

Cuando terminó, Chris y yo volvimos a mi habitación.
Me volví hacia él y le pedí que me llevara consigo. Él sólo
sonrió. Pude sentir cómo me decía sin palabras que le hu-
biera gustado, pero que conocía el Plan Supremo para am-
bos, así que una sonrisa fue lo más adecuado. No acabé de
entender aquella sonrisa hasta pasados veinte años.

Después de aquella noche, el «vídeo» del funeral ya
no volvió a repetirse en mi mente antes de dormir. Chris
me visita a menudo en sueños, pero su forma favorita de
contactar conmigo es a través de los pájaros que pían tres
veces seguidas diciendo: «Te quiero». Y hoy, veinticinco
años después, veo las cosas de un modo muy distinto, aun-
que en muchos aspectos son iguales.

El sueño no sólo acabó con el duelo, sino que supuso
también un despertar espiritual. Para algunas personas, este
tipo de sueños puede tener un efecto mucho más curativo
que la terapia convencional, y en mucho menos tiempo.

En el siguiente caso, un sueño con encuentro fue un
don curativo que permitió a un joven dar un giro completo
a su vida:

Creo firmemente que los sueños son una puerta entre
dos reinos. He recibido la visita de una tía abuela y de dos

primos en sueños. La última y más intensa fue la de una prima de 17 años, que murió de un defecto congénito en el corazón. Aunque éramos primos, nos habíamos criado como hermanos, porque nuestras madres estaban muy unidas. Me desperté con lágrimas en los ojos, porque antes de irse me abrazó y me llenó del sentimiento de amor y compasión más intenso que he sentido nunca.

Me visitó diez meses después de morir. Durante ese periodo, yo había sufrido una depresión muy fuerte, con pensamientos obsesivos de suicidio. No paraba de preguntarme por qué había tenido que morir cuando ya era la tercera de la lista de transplantes, y todos albergábamos la esperanza de que se iba a curar. Estaba bajo tratamiento con antidepresivos, pero no funcionaba. Tras la visita, la depresión ya no volvió a afectarme de aquella manera y pude dejar la medicación. Tres años después, mi vida ha mejorado muchísimo. Gano más dinero, me he mudado a una zona más tranquila y mis relaciones con el resto de la familia han mejorado. Para mí, esta es la prueba de que la visita de mi prima fue real, y no una fantasía ni una quimera.

Cuando la intuición nos dice que la experiencia que hemos tenido es real, debemos aceptar su sabiduría. Eso quiere decir que se trata de una experiencia que tiene mucha fuerza y significado para nosotros.

Los siguientes sueños fueron verdaderas visitas para esta mujer:

He tenido dos sueños en los que aparecían personas queridas que habían muerto. La primera fue mi abuela. La segunda fue mi suegra. Ambos sueños responden más a la definición de visitas que de sueños. Quiero decir que ellas se dirigían a mí y me hablaban. No es que formaran parte de la secuencia de un sueño. Las dos trataban de animarme, y me decían que estaban a mi lado. En ambas ocasiones me desperté muy contenta y agradecida por haberlas visto.

Los dos sueños fueron muy vívidos. Tras el segundo (el de la visita de mi suegra), tomé nota de todos los detalles que fui capaz de recordar. Me ocupó unas cuatro páginas. Me sorprendí a mí misma al agradecerle la visita. Ella simplemente sonrió. Quería que tranquilizara a su hijo (mi marido) y le dijera que ella estaba a su lado. Le pregunté por qué no lo visitaba en persona, y me respondió que no podía, a causa de «su manera de soñar».

Esta mujer no estaba segura de lo que significaba ese comentario. Otras personas que han tenido este tipo de sueños se han preguntado también por qué el fallecido ha decidido visitarlas a ellas, en vez de a un pariente más cercano. La respuesta parece formar parte de los misterios de la consciencia. Hay que pensar que un encuentro en un sueño es como la electricidad, que busca el camino que le ofrezca menor resistencia. Hay una visita programada que se «envía» por el mejor canal. Esta mujer reconoció que era de naturaleza intuitiva, y muy sensible a lo que los demás pensaban o sentían. Tenía también frecuentemente sueños premonitorios y sueños lúcidos. Le encantaba soñar porque era como «disfrutar de un buen libro o una buena película». En consecuencia, pudo haber sido mucho más fácil de alcanzar desde el Más Allá.

Esta mujer describió características de ambos sueños:

El sueño de mi suegra fue muy diferente. Sabía que estaba dormida, pero no sentí como si tuviera que tratar de no despertarme. Recuerdo que pensé, mientras ella iba acercándose a mí: «Oh, Dios mío, es N. No voy a intentar controlar nada. Voy a dejar que las cosas sucedan». No quería despertarme y echarla de menos después. Lo primero que dije fue: «Gracias por visitarme. Te echaba mucho de menos». Ella sonrió como si me comprendiera. Ambas sabíamos que yo estaba soñando. Las cosas más fuertes, más claras, fueron: el tacto de sus manos (suaves y regordetas) en las mías; el tacto de su mejilla contra la mía cuando la abracé; su olor; su ropa (vestía igual que siempre); sus pensamientos, que me parecieron muy claros (quería que le dijera a mi marido que todo estaba bien, que ella estaba a su lado); su perrito. No oí su voz. Parecía como si sus respuestas fueran pensamientos que yo podía oír.

Cuando soñé con mi abuela, aunque la acción tenía lugar en la actualidad, o al menos eso parecía, yo era pequeña. Estaba sentada en sus rodillas. El sueño en el que se me apareció mi suegra se desarrolló sin duda en la actualidad. Mi hija estaba conmigo, y tenía su edad actual, nueve años. De hecho, cuando le dije a mi suegra: «Esta es K.», sonrió y dijo: «Ya lo sé». Lo dijo de una manera que me hizo sentir que había estado observándonos todo el tiempo (murió cuando K. tenía dieciocho meses).

Hubo algo que me sorprendió mucho. Cuando se levantó para irse, llevaba un niño de la mano. Era pequeño, estaba empezando a andar. Tengo un niño de dos años, pero no era él. Durante el sueño, creí que se trataba de mi marido, pero al despertarme, me di cuenta de que se trataba de mi padre cuando era pequeño. He visto fotos suyas a esa edad. Esto me inquietó porque tiene una enfermedad terminal, y me pareció que podía ser una especie de premonición. Después de todo, ella estaba muerta, y si mi padre se encontraba con ella, eso significaba que él también debería estar muerto. No le di demasiada importancia hasta que me desperté.

Durante todo el tiempo, supe que estaba dormida. No quería que N. se fuera. Al final, no se desvaneció. Simplemente se marchó por el mismo camino por donde había venido. Me dejó con un sentimiento muy bueno, de bendición. Estaba deseando despertarme para escribirlo todo. Desde antes de despertarme, ya sabía que quería anotarlo todo.

Información sobre la muerte

John Russell, de Cornualles, Nueva York, tiene capacidades psíquicas y está acostumbrado a recibir mensajes de los muertos, que se comunican con él en las sesiones que realiza con sus clientes. En una ocasión, una mujer se comunicó con él por medio de un sueño sorprendente para compartir su experiencia de la muerte:

En el sueño, yo estaba en una sesión con un hombre que acababa de perder a su madre y se sentía tremendamente afligido. Su madre se comunicó conmigo desde «el más allá», cosa bastante habitual en este tipo de sesiones. A veces he visto fantasmas, incluso de consistencia sólida, y ella se me apareció durante el sueño, aunque su hijo no podía verla. Me dijo que le dijera algo de su parte, y la verdad es que nunca había oído que relataran esa experiencia de aquel modo. Explicaba cómo había sido su muerte, y dijo: «¿Sabes como cuando vas conduciendo, miras el indicador de la gasolina, ves que está en rojo y te das cuenta de que te vas a quedar sin gasolina? En ese momento tienes la seguridad, la certeza, de que va a ser así y de que no puedes hacer nada por evitarlo. Y, cuando el coche empieza a fallar, y lo llevas a un lado para estacionarlo, sabes que lo único que puedes hacer es salir de él e ir a buscar ayuda a la gasolinera más cercana. Pues bien, eso mismo sentí cuando fallecí. Tuve la certeza de que en aquel momento, mi vehículo, mi cuerpo, se había quedado sin gasolina. Me di cuenta de que lo único que podía hacer era dejarlo e ir a buscar ayuda, caminar en busca de ayuda, es decir..., hacer la transición. Y en aquel momento, déjame que te diga que estaba totalmente consciente, era del todo coherente, nunca había estado tan lúcida. Y en el momento de la transición, experimenté una paz y un bienestar tan completos que no podían compararse con nada que hubiera sentido antes».

El sueño fue muy realista. Fue igual que si hubiera estado consciente. John se quedó muy sorprendido, pero muy satisfecho. La explicación de la transición de la mujer era perfectamente coherente.

Ver el Más Allá

William Archer tuvo otro sueño vívido en el que se encontró en el Más Allá:

Soñé que estaba en el otro mundo (el de después de la muerte), pero casi no recuerdo nada de él. Lo que sí recuerdo es que no había nada espectacular ni sensacional en él. No vi a nadie conocido. Tomé un gran libro verde de una estantería, esperando encontrar iluminación espiritual, pero un desconocido que estaba a mi lado señaló el libro de modo desdeñoso y dijo: «Aquí estamos más allá de todo esto».

Entonces encontré un teléfono y llamé a Dooie. Le dije: «¿A que no sabes dónde estoy? Estoy en el otro mundo. No estoy muerto, ahora volveré, pero esto es el otro mundo». No recuerdo nada más. No creo que fuera un sueño muy largo. Pero fue uno de los muchos sueños inconexos que he ido teniendo y de los que sólo he conservado fragmentos incoherentes.[2]

Quizás este sueño representaba la visión que tenía Archer del otro mundo. Es decir, que probablemente no se trataba del lugar magnífico que retrataban las religiones, sino de algo mucho más cercano, más terreno, por decirlo de alguna manera. O tal vez él tenía estas ideas y tuvo esta experiencia en sueños para validar sus creencias. Esto ocurrió siete años antes de su muerte.

De manera ocasional podemos atisbar el Más Allá en sueños. Estos sueños complementan nuestro crecimiento espiritual y pueden servirnos también para despertar nuestra consciencia a la contemplación de la vida que hay después de la muerte. Como los demás sueños, nos ayudan a descubrir nuestro camino en la vida.

18

Embarazo y alumbramiento

Con el embarazo y el alumbramiento, la vida cambia de un modo espectacular y permanente. Para la mayor parte de las mujeres, traer al mundo una nueva vida es el milagro más grande que van a experimentar nunca, y el cumplimiento de sus mayores aspiraciones. El momento de la concepción inicia un proceso de profundas transformaciones físicas, mentales, emocionales y espirituales. Los sueños reflejan esos cambios. Incluso los hombres ven alterados sus sueños cuando su mujer está embarazada.

Hay sueños sobre el embarazo y el alumbramiento que se presentan sin necesidad de estar embarazada. Tener uno de estos sueños no implica necesariamente que una esté embarazada sin saberlo, o que lo vaya a estar pronto. Por el contrario, son símbolos que se refieren a otros aspectos de la vida. En este capítulo también trataré este tipo de sueños.

La investigación ha demostrado que las mujeres embarazadas sueñan con más frecuencia que las mujeres que no lo están. Hay diferentes factores que explican este hecho. En la primera fase del embarazo, el cuerpo experimenta un aumento de producción de progesterona, que a su vez provoca un aumento de la somnolencia. Así pues, las mujeres embarazadas duermen más, al menos durante las primeras semanas del embarazo. Después, cuando el vientre prominente dificulta el sueño, se despiertan más a menudo durante la noche, y eso hace que recuerden más sueños. Además, el embarazo causa un retraimiento natural. Se presta más atención a la vida que crece dentro, a los cambios que se producen y a pensar en el nacimiento del bebé. Siempre que nos volvemos hacia el interior, o que centramos la atención en algo de un modo intenso, aunque sea en los estudios, tenemos más posibilidades de recordar los sueños.

Muchas mujeres simplemente «saben» cuando se han quedado embarazadas. Su intuición está en sintonía con los cambios de su cuerpo. A veces, la primera confirmación de un embarazo la proporciona un sueño. Nuestros sueños son intuitivos, y a menudo nos cuentan lo que está pasando en el interior de nuestro cuerpo, incluso antes de que haya señales externas:

Recibo una llamada telefónica. Una voz masculina me anuncia que llama «desde el centro» para decirme que estoy embarazada.

Esta mujer no estaba tratando de quedarse embarazada, pero ella y su marido estaban de acuerdo en que, si eso sucedía, sería una buena noticia. Las llamadas telefónicas representan muchas veces una conexión con la intuición. La voz que llama «desde el centro» tiene autoridad, y puede verse como un símbolo del «centro del ser», es decir, el útero. Aunque el sexo del bebé no se mencionaba en el sueño, esta mujer se despertó «sabiendo» que estaba embarazada y que esperaba un varón. Y así fue.

Se calculó que el siguiente sueño tuvo lugar la noche posterior a la concepción:

Estoy en una casa (unifamiliar) hablando con B. (una amiga) con un pequeño teléfono móvil, cuando un gran tornado golpea la casa directamente. Se lo cuento a mi amiga y se me cae el teléfono.

El pequeño teléfono móvil simboliza el nuevo ser que empieza a crecer. La casa unifamiliar anuncia los cambios que va a haber en la vida de la mujer que tuvo este sueño. El gran tornado refleja los miedos y ansiedades normales sobre cómo va a cambiar su vida y si va a ser capaz o no de afrontar esos cambios.

Los temas y los símbolos cambian a medida que el embarazo va evolucionando. Muchas mujeres se sorprenden al descubrir que otras embarazadas tienen sus mismos sueños.

Sueños característicos de cada trimestre

Primer trimestre

Durante el primer trimestre, una mujer puede tener muchos sueños en los que aparezcan el agua, nadar, jardines, frutas, flores, nuevas edificaciones, pequeños edificios, animales acuáticos pequeños como pececillos o renacuajos, alumbramientos sencillos en forma de niños que salen disparados sin dolor, y a veces ya nacen crecidos, etc. También es posible que sueñe con intrusos que entran en su hogar (el bebé que crece en su cuerpo), casas nuevas o que se están ampliando (cambios en la vida) y ventanas (símbolos de ventanas hacia el interior del cuerpo).

Este sueño se presentó la semana siguiente a la concepción:

Estoy jugando en un río muy grande; otros compañeros de clase están allí. Es muy profundo. S. D. comenta los colores que pueden verse si uno se sumerge. Me tiro de pie y me sumerjo. Veo capas y capas de colores preciosos, pero no me fijo en ellos. Desciendo a mucha velocidad y es difícil frenar. Finalmente lo consigo. Doy una patada y vuelvo a la superficie. B. T. me dice que es mejor tirarse de cabeza, porque cuesta menos darse la vuelta.

Después estamos en lo alto de los árboles, sobre el río, muy arriba. Vemos focas, leones marinos y personas, todos muy pequeños.

La belleza de la nueva vida se encuentra muy por debajo de la superficie del agua. Esta mujer ya se va acostumbrando a la idea de estar embarazada, como se refleja en la amiga que le aconseja que se lance de cabeza. Las focas, los leones marinos y las personas, a los que ve «muy pequeños», simbolizan al pequeño ser que crece en su vientre.

En el siguiente sueño salen criaturas diminutas y un intruso:

Vamos a un castillo. Hay una gran tina llena de renacuajos, que parecen lagartijas con cabezas grandes y dibu-

jos en la piel de color malva. Me muerden una vez, luego otra, en la muñeca, y no me dejan escapar. Tengo que golpearlos para que me suelten y nadie me ayuda. Después un hombre me ataca. Voy a golpearle. Golpeo la pared que está al lado de mi cama y me despierto.[1]

Las lagartijas de cabeza grande hicieron pensar a esta mujer en espermatozoides. La habían «mordido» o impregnado. Experimentaba sentimientos contradictorios. Por un lado, la felicidad de estar embarazada, pero por otro, el enfado que le provocaba el hecho de haber sido «tomada» por un hombre y estar sufriendo las consecuencias en forma de fatiga, mareos matinales y la sensación de hallarse súbitamente inmovilizada.

En el siguiente sueño del primer trimestre, una casa nueva y diferente (tan diferente que está en otro estado) es una anticipación del cambio que se producirá en su vida cuando llegue el bebé:

Nuestra casa es diferente. Parece estar en otro estado. S. [su marido] la ha reorganizado y ahora hay tres estancias que sirven de sala de estar en vez de una. Hay una habitación muy pequeña en la parte de atrás, y dos más grandes en las partes central y delantera. Ahora la casa queda más oscura. Las escaleras del sótano llevan directamente a la habitación central. Me gusta todo menos la pérdida de luz.

Ahora hay tres habitaciones que son sala de estar en vez de una, lo que puede ser visto como una reminiscencia del cuento infantil «Ricitos de oro y los tres osos». La habitación pequeña de la parte trasera es el bebé. La oscuridad representa la incertidumbre que siempre precede a la llegada de un hijo, por muy preparada que se esté, sobre todo si se trata del primero, ya que una no sabe exactamente cómo va a cambiarle la vida. Esta mujer está satisfecha con los cambios. Las escaleras que llevan al sótano, partiendo de la habitación central (la madre), indican un giro hacia el interior.

Los primeros sentimientos sobre el cuidado del bebé pueden ser vistos de un modo romántico:

Tengo una niña pequeña, tal vez dos. La llevo apoyada en la cadera mientras voy haciendo cosas, como la colada. S. [su marido] está por allí.

El siguiente sueño, tenido a las diez semanas de embarazo, refleja la esperanza de la futura madre de que el parto sea fácil, y alguna ligera inquietud sobre su capacidad para cuidar al bebé:

Estoy cuidando de un bebé estupendo, el mío. Se parece mucho a A. La habitación es grande y soleada, pero no me resulta familiar. Parece que no sé qué debo hacer a continuación, aunque el bebé está contento y no llora. Una enfermera me dice que debería estar dándole vitaminas para bebés, ácido fólico. No se las he dado, así que me quedo preocupada.

Segundo trimestre

En el segundo trimestre, los sueños cambian. El vientre que crece día a día hace que la mujer se plantee dudas acerca de su atractivo. Puede que en sueños aparezcan antiguos amores que se reavivan, o el marido mostrándose poco interesado en ella e incluso teniendo una relación sexual con otra persona. Los edificios y los animales que aparecen ya son más grandes, y en vez de pececillos y ranas, abundan más los animales peludos y mimosos, como cachorros, gatitos o pollitos. También es común que las mujeres sueñen con su pareja y con su madre, algunas veces como una ayuda y otras como un estorbo. Puede haber un aumento de la preocupación sobre si se sabrá cuidar bien al bebé o no, y también sobre si el bebé «vendrá bien».

El siguiente sueño tuvo lugar justo al inicio del segundo trimestre:

Me pongo de parto y tengo un bebé sin darme cuenta, en casa. Es un niño, con una pierna extraña, multicolor. Llamo a la maternidad y les informo. Entonces me doy cuenta de que el bebé está enfermo, tiene fiebre alta y todo eso. No sé qué hacer.

Quiero llamar a diferentes personas para darles la noticia, pero lo voy dejando para más tarde.

No es inusual soñar que se da a luz un animal, o un ser mitad humano, mitad animal, u otras criaturas extrañas, como sucedió en el siguiente sueño, que tuvo lugar a las diecinueve semanas de embarazo:

Nuestro nuevo bebé es un Furby,* y uno de los malos, muy travieso. No para de escaparse y se esconde en sitios pequeños, ajeno al peligro. Le agarro, le riño y le amenazo, pero no me hace caso.

Muchas mujeres embarazadas se preocupan en exceso por la forma «deforme» de su cuerpo a medida que el bebé crece. Incluso mujeres que habían planificado su embarazo, se sorprenden con pensamientos negativos acerca de los cambios que experimenta su cuerpo. En sueños, se comparan con amigas delgadas, y se prueban ropa sin parar buscando algo que les siente bien.

Voy a clases de ballet con la misma profesora que tenía cuando era pequeña. No ha cambiado en absoluto. Encuentro que me cuesta seguir la clase. Hay algunos estiramientos que no puedo hacer. Se acerca a mí, me cuenta las vértebras y dice: «Ah, sí». Sé que la razón por la que no puedo hacer los estiramientos es mi embarazo.

Cada vez soy más grande, se me nota más. Me pruebo ropa.

Hay mujeres que sueñan que no son capaces de hacer algunas cosas por culpa de su tamaño:

* Un Furby es un muñeco infantil, pequeño, peludo, de orejas puntiagudas, y que pronuncia algunas frases. *(N. de la T.)*

Embarazo y alumbramiento

Estoy en una piscina. Trato de andar por el agua, ya que el estilo libre me cuesta mucho (porque estoy embarazada), aunque cada vez lo hago mejor.

Los sueños sobre coches, camiones, barcos y vehículos descomunales insisten en la preocupación acerca del cuerpo.

Los niños demoníacos o desagradables levantan inquietudes en los padres sobre si van a ser capaces de educarlos bien (como en el sueño del Furby), y los intrusos malvados pueden representar emociones enfrentadas acerca de convertirse en padre o madre.

Durante este periodo, es común soñar con que se pierde al bebé o no se le cuida correctamente. Hay mujeres que sueñan que lo han perdido y más tarde lo encuentran en la cesta de las verduras, en el canasto de la ropa sucia, en la lavadora o en un cajón. También es común soñar con accidentes por culpa de errores o negligencias que amenazan o dañan al bebé:

¡Nuestro pequeñísimo bebé (de unos diez o doce centímetros) ha nacido! No tiene forma de bebé, parece un adulto, pero es un bebé. El parto no me ha supuesto ningún esfuerzo. Estoy en una habitación trasera y le pido a S. que suba los laterales de la cuna. Pongo al bebé, que es un varón, en la cuna, y él se enreda en la ropa y se cae. Deja de respirar durante unos momentos y me preocupa pensar que pueda haber sufrido algún daño cerebral.

La imagen del imposible bebé diminuto, pero con forma de adulto, que aparece sin esfuerzo ni dolor, hace referencia al miedo al parto y las dificultades de tratar con un bebé.

La educadora infantil Patricia Maybruck narra la siguiente pesadilla en su libro *Pregnancy & Dreams*:

Soñé que estaba ante el mostrador de la carnicería del supermercado. El dependiente, que era exactamente igual que mi ginecólogo, me invitó a pasar tras el mostrador para que escogiera lo que quisiera. Entramos en la cámara frigorífica, donde había todo tipo de reses colgando. Me sentí horrorizada ante aquella visión tan sangrienta. A un lado había unos animales pequeños. Le pregunté qué eran y me respondió con una sonrisa malvada: «Son los bebés humanos que nacen defectuosos o muertos. Están deliciosos, pero no solemos decirles a los clientes qué son. ¿Quiere probar uno?». Me sentí muy asustada y mareada, y me desperté absolutamente aterrorizada.[2]

Algunos días antes de tener este sueño, esta mujer se había sometido a una amniocentesis que reveló que el bebé estaba bien. Sin embargo, ella seguía preocupada. No acababa de fiarse de la prueba y también tenía miedo de abortar. Eran unos miedos irracionales que se expresaron en la pesadilla. Maybruck trató de ayudarla mediante afirmaciones y ensoñaciones positivas. Tras dieciocho horas de parto, los monitores mostraron que el bebé estaba sufriendo. Sin embargo, nació sano y normal. Esta mujer reconoció que no había practicado las técnicas de relajación ni las ensoñaciones positivas, y que le costó terriblemente relajarse durante el parto.

Embarazo y alumbramiento

Las pesadillas en las que perdemos a un bebé, tenemos un niño deforme, nuestro bebé sufre un accidente o somos incapaces de cuidarlo bien son terroríficas. Trabajar con esos sueños de manera constructiva puede ayudarnos a liberarnos del terror que nos provocan.

Algunas mujeres se preocupan al pensar que esos sueños puedan ser premonitorios. La verdad es que sólo una minoría muy pequeña son un aviso de aborto o de malformaciones. La gran mayoría son sólo un reflejo del miedo y la ansiedad que alberga la futura madre, especialmente si se trata de su primer hijo. Toda futura madre (y todo futuro padre) que se precie se preocupa de la salud y la seguridad de su bebé, y de si será capaz de cuidarlo y protegerlo. Según la psicóloga y analista de sueños Patricia Garfield: «La mayoría de mujeres embarazadas tienen pesadillas alarmantes que se demuestran totalmente infundadas».[3] De hecho, tales sueños pueden ser beneficiosos, ya que ayudan a los futuros padres a enfrentarse y tratar con los miedos naturales.

Hay constancia de algunos sueños premonitorios. En ellos aparecía, por ejemplo, un bebé que decía adiós con la mano y partía navegando en un río de sangre; una mujer que se estaba bañando en una bañera llena de agua que se convertía en sangre; un bebé encontrado en la nevera, o un extraño que anuncia que no va a llegar ningún bebé. Sin embargo, es importante tener en cuenta que estas mismas imágenes pueden presentarse en los sueños de mujeres que llevan en su vientre un niño sano. Otros factores que suelen aparecer en los sueños premonitorios son: una atmósfera opresiva; un intenso sentimiento de que lo que se está viviendo es real; emociones turbadoras tanto en el sueño como al despertarse, y una «certeza» intuitiva. Es muy útil para las mujeres embarazadas hablar de sus sueños e inquietudes durante el embarazo, ya sea con un psicólogo o con un grupo de ayuda.

Cuando se atraviesa la transición entre el segundo y el tercer trimestre, es común que las mujeres revisen su relación con su propia madre antes de asumir ellas ese papel. No es tan común soñar con el padre. Ese tipo de sueños se encargan de recordarle a la mujer embarazada cómo veía a sus padres cuando era niña, aunque también demuestran la necesidad de apoyo parental durante ese periodo de su vida. Algunos de esos sueños muestran la preocupación que despierta en ella la idea de que su madre sea demasiado entrometida o dominante una vez que haya nacido el bebé.

Tengo mucho trabajo en la oficina. Estoy enorme, el bebé va a llegar en cualquier momento. Empiezan los dolores de parto. Mi madre entra y me dice que ella irá al hospital a tener el bebé por mí.

Muchas mujeres que intentan combinar el trabajo y la vida familiar tratan de trabajar hasta el último momento antes del parto. Este sueño reflejaba el miedo de la mujer que lo tuvo a no ser capaz de compaginar las dos actividades, así como también su temor ante la posible intromisión de su madre en el cuidado del bebé.

Los sueños en los que el marido es una ayuda para la futura madre o todo lo contrario, aparecen también en este periodo. A veces, muestran de una manera dolorosa el verdadero estado de un matrimonio. Una mujer que tenga problemas en su matrimonio puede albergar la idea (incluso de manera inconsciente) de que la responsabilidad común de un niño ayudará a unir la pareja. La verdad es que la llegada de un niño a una casa puede suponer una tensión difícil de superar incluso por el más sólido de los matrimonios. En su innovador estudio *The Dream Worlds of Pregnancy*, la investigadora Eileen Stukane narra el caso de una mujer embarazada y soñó con Elizabeth Taylor y Richard Burton, pareja famosa por sus peleas y reconciliaciones. El sueño llamaba la atención sobre una crisis en la vida matrimonial de esa mujer. «Se sabe que los sueños revelan verdades que incluso nos estamos escondiendo a nosotros mismos», dice Stukane.[4]

Tercer trimestre

En el tercer trimestre, el bebé se vuelve más «real». Las mujeres sueñan con el sexo, el aspecto y el nombre de su hijo. Sueñan que lo ven a través de su vientre transparente, que se comunican con él, que participan en rituales (símbolos de nacimiento). Pueden ser las estrellas de sus propias obras de teatro y encontrar que la gente las aplaude y las felicita por su «producción». Los sueños en los que aparece el miedo al parto son muy comunes, como en el siguiente ejemplo:

S. [su marido] y yo vamos a la maternidad. Las tres salas ordinarias están llenas, así que una mujer nos dice que vayamos a otra sala, la «trasera». Miramos las otras salas, desilusionados, y vemos que están ocupadas con objetos femeninos. Así que vamos a la sala que nos han indi-

cado, escogemos una cama y nos sentamos en ella. Me siento un poco avergonzada, ya que en realidad no estoy de parto, sólo muy preocupada. Cuando entra la comadrona, le cuento lo que pasa. Ella es muy amable, pero nos dice que debemos asistir a clases especiales. No ha interpretado bien mi ansiedad.

En el siguiente sueño, una mujer da a luz en unas condiciones muy extrañas que recuerdan a las torturas medievales:

Veo una imagen, una especie de película, en la que una mujer está dando a luz. No sé cómo, pero está suspendida en el aire, en posición vertical. El bebé sale disparado, y unas heces salen disparadas a la vez. Pienso que ya comprendo por qué ponen enemas en los hospitales.

Las heces son un símbolo interesante de producción de algo que surge del interior del propio ser.

Los sueños que tratan de la ansiedad que provoca la propia imagen corporal continúan:

Estoy en una planta baja con un grupo de mujeres mayores. Una dirige la clase de yoga. Yo hago mis ejercicios de espalda por separado, en parte porque no puedo seguir el ritmo a causa de mi embarazo, y en parte porque me duele la espalda.

En este trimestre, las mujeres pueden soñar también con viajar en vehículos a toda velocidad, a veces fuera de control; con perderse (miedo a lo desconocido); con grandes edificios o animales; con que alguien las ha tocado o toca al bebé, o con que ellas mismas tocan al bebé.

Estoy en una tienda de ropa premamá, mirando y pensando lo que necesito. Paso al lado de esas largas hileras de ropa de embarazada rebajada. Recuerdo una camiseta roja y blanca con cuello en forma de pico que me va pequeña, y otras camisetas. La tienda está abarrotada de gente. Una mujer pasa por mi lado y me pone la mano en la barriga. Me enfado mucho y me encaro con ella. Ella se ríe y se aleja. Le digo a gritos que por lo menos podía pedir permiso antes.

Aunque cada trimestre viene caracterizado por algunos temas e imágenes dominantes, esos sueños pueden aparecer en cualquier estadio del embarazo. Prestar atención a los sueños durante el embarazo ayudará a la mujer a descubrir pistas que le señalarán cuáles son sus emociones conflictivas, sus preocupaciones sin resolver y las tensiones que experimenta en sus relaciones.

Ventajas de tomar un papel activo en los sueños

Las investigaciones de Maybruck y otras personas han demostrado que las mujeres que toman un papel activo para resolver los conflictos que se les presentan en sueños, es menos probable que tengan partos prolongados (de más de once horas). En el libro *Women's Bodies, Women's Dreams*, Patricia Garfield da el siguiente ejemplo:

Me pongo de parto. Mientras doy vueltas por el salón, noto cómo la cabecita del bebé asoma. La cojo con las manos y estiro. Es una niña. La cabeza tiene carne y piel, pero el resto del cuerpo, sólo huesos.

Estoy preocupada, porque no es normal. Soplo sobre la niña y entonces se infla hasta adoptar un aspecto normal. Todavía estoy preocupada y me pregunto si seguirá normal cuando me despierte.[5]

El aliento es símbolo de vida, de la fuerza de la vida, y soplar sobre la niña es infundirle una nueva vida. Esta mujer, posteriormente, dio a luz una niña, su primera hija, tras un parto de sólo seis horas. Garfield subraya la importancia de repetirse antes de ir a dormir que una no va a dejarse intimidar por las pesadillas, sino que va a tomar una actitud activa. Ella afirma que asumir el control, tener confianza en una misma y estar al mando supone una gran ayuda para la mujer a la hora del parto.[6]

Maybruck descubrió que las mujeres que se enfrentaban a sus pesadillas en un periodo temprano de su embarazo, tenían sueños más placenteros en el tramo final del mismo. Es posible inducir a los sueños a ser agradables, afirmando antes de ir a dormir que tendremos sueños felices.

Los sueños del padre que espera

Aunque el foco de atención durante el embarazo sea la madre, el padre no queda al margen a la hora de soñar. Al igual que las madres, los padres experimentan cambios en los temas y símbolos que aparecen en sus sueños. En un estudio que rompió moldes en la década de 1980, el psicólogo de adultos y niños Alan B. Siegel examinó los sueños de futuros padres. Ellos también experimentan un incremento de los sueños de agua; sueñan con que su mujer da a luz un animal pequeño; tienen sueños que reflejan su ansiedad con respecto a la salud o la normalidad del bebé; sienten en sueños emociones contrapuestas sobre su hijo; sueñan con bebés precoces de apariencia adulta, y con el aspecto o el nombre de su hijo; se dan perfecta cuenta en sueños de los cambios que sufre el cuerpo de su mujer; sueñan que tienen aventuras amorosas con antiguas amantes o que son seducidos por una desconocida, y tienen sueños que reflejan su preocupación sobre si serán capaces de cuidar bien al bebé. Hay hombres que sueñan que son ellos los que dan a luz, tanto por las axilas como por el ano, la boca, etc. Alguno de esos sueños pueden ser vistos como parte del «síndrome de la gallina clueca», en el cual los hombres mimetizan los síntomas físicos del embarazo de su mujer como manera de identificarse con ella y participar del proceso. Un tema significativamente diferente de los sueños de los padres es el de sentirse excluido. Mientras las mujeres sueñan que ya no volverán a ser sexualmente atractivas para su marido, los hombres sueñan con la ansiedad que les provoca redefinir su masculinidad y su sexualidad ante su nuevo papel de padres. La sexualidad disminuye durante el embarazo, y los hombres pueden sentirse celosos o reemplazados como objeto principal de la atención de su mujer:

Se me acerca una mujer voluptuosa. Quiere seducirme, y me siento muy tentado. De repente, sé que me he metido en un lío. Se dispara una alarma y creo que es la del reloj, pero cuando me fijo, veo que se trata de la alarma de mi anillo de boda. Tengo que volver a casa con mi esposa.[7]

Este hombre sintió que el sueño trataba de sus necesidades sexuales y de su deseo de que su mujer se preocupara por él. Había tenido muchas fantasías sexuales. La alarma del sueño le hizo darse cuenta de esta necesidad, y se dedicó a mejorar su relación con su esposa.

Según Siegel, un tema recurrente en los sueños de los hombres durante el embarazo de su mujer es el de las fiestas, generalmente de cumpleaños:

Observo cómo la gente baila y juega a mi alrededor. Nadie me ve ni me escucha. Un grupo se acerca a mí, y cesa el alboroto. Parece que este grupo lo controla todo. Me gustan. Tienen mucha energía, y eso me calma. Se acercan a mí y me rodean. Uno de ellos me da un bulto. Es un bebé.[8]

Este hombre se había sentido muy al margen del embarazo de su mujer, y distanciado de ella. El sueño, según Siegel, trataba de decirle que ya había superado esos sentimientos, y que estaba preparado y expectante ante su nueva paternidad.

Al igual que las madres, los padres que esperan un hijo encontrarán muchos beneficios si prestan atención y trabajan con sus sueños durante el embarazo de su mujer. Entender los mensajes que nos envían esos sueños nos influye de modo positivo, y pone a hombres y mujeres en un plano de igualdad frente a este cambio tan significativo en la vida de ambos.

Embarazo, alumbramiento y bebés en los sueños de personas no embarazadas

Los sueños sobre embarazos y nacimientos pueden presentarse en cualquier momento de la vida, especialmente en las mujeres. Pueden causar confusión, especialmente si la mujer sabe que no está embarazada, o incluso si ya le ha pasado la edad de tener hijos. Muchas mujeres jóvenes se imaginan que esos sueños significan que pronto se quedarán embarazadas. Como ya he dicho antes, quizá anuncien un embarazo, pero lo normal es que simbolicen otros aspectos de la vida.

El embarazo y el nacimiento son símbolos muy poderosos de algo nuevo que aparece en la vida. Estos sueños pueden presentarse en periodos de transición, especialmente si ha habido una etapa previa de «gestación», en forma de retiro interior, contemplación o preparación. Los fetos y los bebés nos llaman la atención de un modo muy fuerte, y pueden hacer que el centro de interés de una persona cambie de un tema a otro.

Estoy en un parque de atracciones y me lo estoy pasando muy bien. De pronto, miro hacia abajo y veo que tengo un bebé en los brazos. ¡Me doy cuenta de que es mío!

El sueño sorprendió muchísimo a esta mujer, que no tenía hijos. El bebé representaba un tema que intentaba atraer su atención. Al trabajar con el sueño, se dio cuenta de que se trataba de su carrera profesional. Trabajaba en un campo que le resultaba divertido y no requería un gran esfuerzo (el parque de atracciones en el sueño), pero donde no sacaba partido de sus capacidades y su talento, ni tenía posibilidades de ascender. Había estado satisfecha al «pasárselo bien» en un empleo sencillo, pero ahora el mensaje que recibía era que debía hacer otra cosa.

El embarazo y los bebés también pueden referirse a la creatividad y las ideas, como en el siguiente sueño:

Sueño repetidamente que tengo un bebé y que siento otra vez aquella ternura. De hecho, más, ya que todos los sentimientos se acentúan en los sueños.[9]

La mujer que tuvo este sueño, una escritora sin hijos, relacionó al bebé con sus proyectos, y con la satisfacción de sacar a la luz un nuevo proyecto con éxito.

Los sueños sobre embarazos pueden reflejar también la expectación que sentimos ante algo que va a suceder. Los bebés y los niños pequeños son un excelente símbolo de lo que hay de nuevo y fresco en cada uno de nosotros, y de nuestra capacidad de redescubrirnos.

Apéndice

Más información sobre los sueños

Visionary Living
http://www.visionaryliving.com
La página web de la autora Rosemary Ellen Guiley recoge artículos sobre sueños e información acerca de sus grupos de trabajo con los sueños, sus libros y sus cintas.
Correo electrónico: rosemary@visionaryliving.com

Association for the Study of Dreams
http://www.asdreams.org
La ASD es una organización, sin ánimo de lucro, internacional y multidisciplinar, dedicada a la investigación pura y aplicada de los sueños. Su página web recoge información sobre los beneficios obtenidos por sus miembros, sus actividades, libros y artículos.
Correo electrónico: asdreams@aol.com

Dream Network

Revista trimestral de artículos e información sobre sueños.

http://www.DreamNetwork.net

Correo electrónico: dreams@lasal.net

O contactar con Dream Network en la siguiente dirección:

1337 Powerhouse Lane, Suite 22

PO Box 1026

Moab, UT 84532-1026

USA

Teléfono: (435) 259-5936

Notas

Capítulo 3: Volar y caer

1. Mary Arnold-Forster, *Studies in Dreams*, Macmillan, Nueva York, 1921, pp. 38-39.
2. Anthony Shafton, *Dream Reader: Contemporary Aproaches to the Understanding of Dreams*, Universidad del Estado de Nueva York, Albany, 1995, p. 443.
3. Arnold-Foster, *op. cit.*, p. 40.
4. *Ibíd.*, p. 43.

Capítulo 5: Ropa y desnudez

1. Jean Dalby Clift y Wallace B. Clift, *Simbols of Transformation in Dreams*, Crossroad, Nueva York, 1989, pp. 57-58.
2. Clement Wood, *Dreams: Their Meaning and Practical Application*, Greenberg, Nueva York, 1931, p. 53.

Capítulo 6: Sexo, bodas y matrimonio

1. Wood, *op. cit.*, p. 225.

2. Frederick Pierce, *Dreams and Personality*, D. Appleton and Co., Nueva York, 1931, p. 264.

Capítulo 7: Dinero, objetos de valor y tesoros

1. Wood, *op. cit.*, p. 16.
2. *Ibíd.*, p. 4.

Capítulo 8: Otras personas

1. Pierce, *op. cit.*, p. 197.
2. *Ibíd.*, p. 154.
3. *Ibíd.*, p. 51.
4. *Ibíd.*, p. 63.
5. *Ibíd.*, pp. 63-64.
6. *Ibíd.*, pp. 64-65.

Capítulo 9: Celebridades y gente famosa de la historia y la literatura

1. Pierce, *op. cit.*, p. 74.
2. Wood, *op. cit.*, p. 156.
3. William Archer, *On Dreams*, editado por Theodore Besterman, Methuen & Co., Ltd., Londres, 1935, pp. 164-165.
4. Pierce, *op. cit.*, p. 139.

Capítulo 10: El animal que llevamos dentro

1. Wood, *op. cit.*, p. 25.
2. *Ibíd.*, p. 95.

Capítulo 11: Insectos

1. James Hillman, «Going Bugs», *Spring: A Journal of Archetype and Culture*, 1988, p. 49.
2. *Ibíd.*, p. 52.

Capítulo 12: La comida

1. Peter Bishop, *The Greening of Psychology: The Vegetable World in Myth, Dream, and Healing*, Spring Publications, Dallas, 1990, p. 106.
2. *Ibíd.*, p. 302.

Capítulo 13: Casas, edificios y estructuras

1. Pierce, *op. cit.*, p. 50.
2. *Ibíd.*, p. 302.

Capítulo 14: Transporte y Tráfico

1. Pierce, *op. cit.*, p. 48.

2. Archer, *op. cit.*, p. 199.
3. Pierce, *op. cit.*, p. 154.
4. *Ibíd.*, p. 227.

Capítulo 15: Paisajes y los cuatro elementos

1. Pierce, *op. cit.*, p. 263.

Capítulo 16: Persecución, violencia y muerte

1. Wood, *op. cit.*, p. 164.
2. Gayle Delaney, *In Your Dreams,* Harper-SanFrancisco, San Francisco, 1997, pp. 93-94.

Capítulo 17: Los muertos

1. Archer, *op. cit.*, p. 212.
2. *Ibíd.*, p. 148.

Capítulo 18: Embarazo y alumbramiento

1. Lucy Goodison, *The Dreams of Women: Exploring and Interpreting Women's Dreams,* Berkley Books, Nueva York, 1997, p. 191. (Hay traducción al castellano: *Los sueños femeninos: la exploración e interpretación de los sueños de la mujer,* RBA, Barcelona, 1998. *N. del E.*)

2. Patricia Maybruck, *Pregnancy & Dreams,* Jeremy P. Tarcher, Los Ángeles, 1989, pp. 185-186.

3. Patricia Garfield, *Women's Bodies, Women's Dreams,* Ballantine Books, Nueva York, 1988, p. 174.

4. Eileen Stukane, *The Dream Worlds of Pregnancy,* Station Hill Press, Barrytown, Nueva York, 1985, 1994, p. 87.

5. Garfield, *op. cit.*, p. 204.

6. *Ibíd.*

7. Alan B. Siegel, *Dreams That Can Change Your Life,* Jeremy P. Tarcher, Los Ángeles, 1990, p. 89.

8. *Ibíd.*, p. 93.

9. Garfield, *op. cit.*, p. 208.

Bibliografía

Archer, William, *On Dreams,* editado por Theodore Besterman, Methuen & Co., Ltd., Londres, 1935.

Arnold-Forster, Mary, *Studies in Dreams*, Macmillan, Nueva York, 1921.

Barrett, Deirdre, ed., *Trauma and Dreams*, Harvard University Press, Cambridge, Massachusetts., 1996.

Baylis, Janice Hinshaw, *Sex, Symbols & Dreams*, Sun, Man, Moon, Inc., Seal Beach, California, 1997.

Bishop, Peter, *The Greening of Psychology: The Vegetable World in Myth, Dream and Healing*, Spring Publications, Dallas, 1990.

Boa, Fraser, *The Way of the Dream: Conversations on Jungian Dream Interpretation with Marie-Louise von Franz,* Shambhala, Boston, 1994.

Bulkeley, Kelly, *An Introduction to the Psychology of Dreaming*, Praeger, Westport, Connecticut, 1997.

—, *Transforming Dreams: Learning Spiritual Lessons from the Dreams You Never Forget*, John Wiley & Sons, Nueva York, 2000.

Clift, Jean Dalby, y Wallace B. Clift, *The Hero Journey in Dreams,* Crossroad, Nueva York, 1988.

—, *Symbols of Transformation in Dreams,* Crossroad, Nueva York, 1989.

Delaney, Gayle, *Sexual Dreams: Why We Have Them, What They Mean*, Fawcett Columbine, Nueva York, 1994.

—, *In Your Dreams*, HarperSanFrancisco, San Francisco, 1997.

—, *All About Dreams*. HarperSanFrancisco, San Francisco, 1998.

Dieckmann, Hans, *Twice-Told Tales: The Psychological Use of Fairy Tales*, Chiron Publications, Wilmette, Illinois, 1986.

Ellis, Havelock, *The World of Dreams*, Houghton Mifflin Co., Boston, 1926.

Garfield, Patricia, *Women's Bodies, Women's Dreams*, Ballantine Books, Nueva York, 1988.

—, *The Dream Messenger,* Simon & Schuster, Nueva York, 1997.

Goodison, Lucy, *The Dreams of Women: Exploring and Interpreting Women's Dreams*, Berkley Books, Nueva York, 1997. (Hay traducción al castellano: *Los sueños femeninos: la exploración e interpretación de los sueños de la mujer*, RBA, Barcelona, 1998. *N. del E.*).

Guiley, Rosemary Ellen, *The Encyclopedia of Dreams: Symbols and Interpretations*, Crossroad, Nueva York, 1992, Berkley, 1995.

—, *Dreamwork for the Soul*, Berkley Books, Nueva York, 1998.

Hillman, James, «Going Bugs», *Spring: A Journal of Archetype and Culture*, 1988, pp. 40-72.

Jung, C. G., *The Archetypes and the Collective Unconscious*, Princeton University Press, Princeton, 1968.

—, *Man and His Symbols,* Anchor Press/Doubleday, Nueva York, 1988.

—, *Dreams,* en *The Collected Works of C.G. Jung,* vol. 4, 8, 12 y 16, Princeton University Press, Princeton, 1974.

Mallon, Brenda, *Dreams, Counselling and Healing,* Gill & Macmillan, Dublín, 2000.

Maybruck, Patricia, *Pregnancy & Dreams,* Jeremy P. Tarcher, Los Ángeles, 1989.

Pierce, Frederick, *Dreams and Personality*, D. Appleton and Co., Nueva York, 1931.

Shafton, Anthony, *Dream Reader: Contemporary Approaches to the Understanding of Dreams,* State University of New York, Albany, 1995.

Siegel, Alan B., *Dreams That Can Change Your Life*, Jeremy P. Tarcher, Los Ángeles, 1990.

Stukane, Eileen, *The Dream Worlds of Pregnancy,* Station Hill Press, Barrytown, Nueva York, 1985, 1994.

Van de Castle, Robert L., *Our Dreaming Mind*, Ballantine Books, Nueva York, 1994.

Von Franz, Marie-Louise, *Shadow and Evil in Fairytales,* Spring Publications, Dallas, 1974.

—, *Dreams*, Shambhala, Boston y Londres, 1991.

Walsh, William S., *The Psychology of Dreams,* Dodd, Mead & Co., Nueva York, 1920.

Whitmont, Edward C., y Sylvia Brinton Perera, *Dreams, A Portal to the Source*, Routledge, Londres, 1990.

Wood, Clement, *Dreams: Their Meaning and Practical Application*, Greenberg, Nueva York, 1931.